U0136525

SUNNY BOOKS

飛星紫微斗數闡秘

解析圖示星相學的斗數精華

鮑黎明 著

序文

易經曰：「形而上者謂之道，形而下者謂之器。」在天地宇宙之間，物可區分為有形與無形兩種。可喻為人體五官，五感所感受到的物體，就是吾人所謂形而下，易經稱之為器；反之形而上者是無形，又稱之為道。換言之，這也就是超自然的現象。而在這種現象的背後，必然存在著某種緣由，因此我們稱研究超現象根源的學問為「形而上學」。一般的科學，主要是用在解明構成事物的原理原則，在科學的領域中，可利用特殊方法來研究對象，並從而發現事物的原理原則。然而對形而上學來說，欲窮究宇宙、世界的根源，並不能僅憑藉部份，或某種知識而能達到這種目標，必須有賴普遍而全面性的知識，方得求知。

由此我們可以斷定，形而上學具有二種特性。一是超越特殊知識領域的超越知識性，以及超乎時間的永久性。在變化無窮的自然事物之中，追求永恒不變的眞理，這是歷代中國先哲達人，孜孜不倦所追尋的目標。

宋代的理學，在中國思想史上，佔有非常重要的地位。而其中以陳希夷的影響力最鉅。當時有周濂溪、張橫渠、邵康節、程明道、程伊川、朱子、陸象山等偉大哲學家輩出，更成為近代哲學蓬勃發展的主因。而由陳希夷所創的紫微斗數，就是宋朝哲學的產物，在中國它與四柱推命術，併列為星相學中的雙璧，至今仍然膾炙人口，同時也廣泛流傳著，成為命相學中的一大主流。

然而四柱推命術的文獻資料非常豐富，並且也受到妥善的保存。反觀紫微斗數，除了在「道藏精華」中有收錄，以及現今僅存的「紫微斗數全書」一書外，其他業已失傳。值得慶幸的是，近代印刷業的發達，上述兩書在台灣、香港，經有心人士的推廣，已流傳開來。物換星移，時勢變遷，吾人最盼望的，莫過於是紫微斗數能重新再現，而今亦將成為事實。近十幾年來，幸蒙台灣、香港兩地許多人士的努力，方能將紫微斗數的奧秘，逐漸解明闡揚。

在這個星象學大轉換的時期中，筆者適逢停留在台灣，因此有幸能夠直接承授紫微斗數的奧義。本書出版的目的，主要是在加強中、日文化交流，這同時也是我身負的重要使命。

壬戌歲正值行星並列之年，本書能夠順利出版，不禁要感謝紫微玄天上帝。

八月八日立秋　鮑黎明謹識

目錄

〔收載圖表一覽〕

第一章　紫微斗數之基本認識

紫微斗數相傳在唐朝末年，由陳希夷所創，至今約有六百年的歷史，曾爲獨門之學。本書在明世宗嘉靖年間由羅洪先進士重新編撰，並名爲「紫微斗數全書」，雖然歷經幾百年的歷史，但書名仍沿用至今。

羅洪先由陳希夷先生第十八代後裔處，直接承襲紫微斗數的奧義。根據證實，以紫微斗數來斷定個人的命運，是非常靈驗。羅洪先之所以編撰本書的目的，以筆者之見，主要是在告誡世人，自知天命，培養逆來順受的個性。

羅洪先進士是位性格高尚的篤學之士，否則陳氏第十八代子孫，焉有直接授與紫微斗數奧秘的道理，反之，如果沒有羅洪先的過人睿智，當然本書也無法出版問世。今日我們能夠明白指出紫微斗數的原著者，主要是由於除了本書外，無法再見其他類似的書籍出土。

邇後紫微斗數，廣泛流傳於中國各處，至今已與八字（四柱推命術）併稱爲命理學雙璧。經過數十年來，台灣、香港兩地許多人士的證實，其準確性極高。並且又更進一步地加以修正補筆，再灌入獨創的見解，於是產生了許多新學說，各家紛紜，令人難以採決。

梁湘潤先生所著「紫微斗數考證」，主要是在引用文獻，來解說紫微斗數的特質，並指出疑惑之處。

梁湘潤本爲空門（和尚）之人，後還俗成爲星相學研究大師，著書頗多。先生的著作中，大多是引用文獻，就理論上來解釋紫微斗數，具有學術上的參考價值。而許多星相研究家，也認定他爲考證學家。

其後觀雲主人也出了一本「紫微斗數宣微」，本書的特徵是，根據命盤實例來解說紫微斗數，對應用於實際觀命上而言，有莫大的助益，雖然在「紫微斗數全書」卷四中，有解析古今歷史人物的命盤，但與本書比較起來，未免過於繁雜，而失之簡明。

民國六十五年，曾坤章先生出版了一部「中國命相哲理學術講義」，他更進一步以現代化方式，來研究紫微斗數。該書對十二宮諸星的配合，與吉凶禍福的關係，有詳盡的解釋。然而曾氏並未完全棄古守新，在書中我們可以見到，許多記述仍是轉載於古籍。

民國六十七年，黃家騁先生著「易術概要」。此書中除了論及易學之外，其他尙談論到邵康節的先天象數、皇極經世書、梅花易數，以及陳希夷的河洛理數、太乙神數等，並概要陳述紫微斗數，非常具有參考價值。雖然書中對紫微斗數僅做概要介紹，但以易學立場來解釋斗數的學說，並不多見，故頗值得重視。

民國七十年，余雪鴻先生自費出版「紫微斗數精義」，書中對紫微斗數的解析，要較一般研究者來得深入。余雪鴻爲一少壯派學者，對星相學的造詣頗深，特別是對「論十二宮中諸星之吉凶」深有研究，而內容也合於現代化。其所使用的星曜之數，不過四十九數而已！在解釋諸星性質與吉凶時，大多是以現代人的立場來判斷。因此余氏對古籍中誤謬之處，以及不合時代性的解釋，往往加以訂明改正，這一點值得大家注意！

一九五八年，京都書院出版了一本由阿部泰山所著的「天文紫微斗數」，成爲日本首篇與紫微斗數學有關的文章。本書雖然直接由「全書」翻譯而來，當時也曾仔細的介紹過紫微斗數，不過令人惋惜的是，仍有許多地方不完備，錯謬之處亦不少。今舉二、三例說明。

①流年斗君法　求各年斗君時，以當年十二宮爲正月起，逆行至生月止，以該宮爲子，順行至生時（爲正月之宮），此爲求斗君正確的方法，然而阿部泰山卻以生時，逆行至生月的方法來求斗君，是極不正確的。讀者無論翻開任何一部紫微斗數典籍，就可以明白，凡求命宮、身宮時，必須要對照生月與生時，在求斗君時，也應採用這種方法，才是正確無誤的。

②一日之交替時辰　紫微斗數原本就與子平術有異別，並不區分夜子時與正子時。然而阿部泰山在觀紫微斗數時辰時，仍然無法脫離子平術的觀念，將子時分爲夜、正二者，而且

還明言：「研修陰陽學之諸氏，動輒將午後十一時子刻，視爲翌日，爲大誤謬也」。

如果就阿部泰山的觀點來論，衆所皆知斗數由子至亥，每巡一次計有十二宮。今若斗數正當子時之宮，又該如何分別，何謂正子時，何謂夜子時，有關此點阿部泰山並未加說明。

更則以午後十一時，做爲一日之交替界線，並非只有在斗數才如此，其他五行易也是以此爲標準，根據阿部這番說詞來看，莫非五行易不屬於陰陽學的範疇嗎!?

尙有其他許多誤謬之處，今則省略不述，近來聽聞阿部泰山門流，不再鑽研紫微斗數消息後，筆者深感惋惜。阿部先生莫因一時之拂逆而如哽在喉，退縮放棄研修紫微斗數的奧義。

一九七二年，武田考玄先生出版了一本「奇門遁甲玄義」，其中也談論不少紫微斗數之事，可惜的是仍然不能超越轉載古籍的範疇，以及將諸星分別爲五等級之說，並且認爲化權、化祿、化科、化忌之四化並不重要，寧取長生十二星。殊不知實際上四化爲甲級星，爲重要星斗，而長生十二星爲丙級星，並不做爲判斷的依據。在書中武田先生是以遁甲的觀點，粗略地來說明紫微斗數，可是卻未更明確的做分析解釋，僅一味地妄加評斷，未免有失偏頗，愚昧讀者之嫌吧!

筆者曾於一九八〇年出版一書，名爲「紫微斗數推命術」，當時武田氏在某雜誌上，公然批評拙著爲「惡書」，並發表不當言論，考玄先生在日本占術界極富盛名，同時以四柱推命術見長，又善於發表唯我獨尊的言語！在其著作中隨處可見「科學的」、「理論的」語句。然而事實上不論是在四柱推命，或紫微斗數中，如想以理論性、科學性的方法來證明其原理原則，是極其困難的。若武田先生仍剛愎自用，堅守這種主張的話，那就請證明給廣大的讀者看，否則就不要企圖做個物理學家，動輒採用「科學的」、「理論的」之說。

對研究斗數並不十分精闢的武田先生，曾在其創辦的雜誌上批評道，紫微斗數的靈驗率奇低，並舉出手中幾個例案來證明。事實上眞正的原因是，武田並未與台灣、香港占星家共同鑽研切磋過斗數實義，又加上自己對斗數未能充分理解的關係。子曰：「知之爲知之，不知爲不知，是知也！」，相信武田先生應該明白其中的道理！

近代將奇門遁甲、四柱推命推廣流傳於日本者，據我所知是張耀文先生，而武田所著的「奇門遁甲玄義」，大多擷取於張氏之言，這僅能說是抄襲之文，何來著作之說！

一九六七年，佐藤文栞出版了「薔薇占星」一書，次年又與張耀文共同編著「東洋占星術」，二書的內容大同小異。

邇後張耀文再與佐藤六龍共著「五術占卜全書」，並在該書中介紹「紫微斗書」。

其中是以紫微斗數中，宮不動派中之星不動派做爲基本內容，而十二宮中的諸星配合法，也深合現代化，是本饒富趣味的書籍。

一九七五年，出版了一本由張耀文口述，弟子陳信蒼編纂的「紫微斗數推命術」，由佐藤文栞譯爲日文（佐藤六龍夫人）。本書雖將吉星、凶星雜混相處，不過在斷定吉凶時，可令人一目了然，不失爲一本簡單論吉凶的書籍。

一九七七年出版的「紫微斗數鑑法全書」，是由張氏與佐藤文栞共同著作，該書是將「紫微斗數全書」的內容，一字不變地譯爲日文。

張氏與佐藤皆爲明透派的著者，並且同將紫微的微，寫成「薇」，而台灣竹林書局與瑞成書局等，所出版的「紫微斗數全書」中的微，卻皆以「微」論。並且在「五術占卜全書」中亦曾言道：「紫微即紫色的薔薇花，代表北斗七星系之星狀。」

然而卻未將紫色的薔薇花與北斗七星系之間的關係，加以說明，反而將原本的紫微星，以北斗七星系的形狀表示之，這種說法並不適切。其他尚有許多錯謬之處，如：

在「紫微斗數全書」卷二，天府入女命吉凶訣，說道「火鈴擎陀來沖會，性格庸常多晦滯，六親相背子難招，只好空門爲尼計」，而張氏與佐藤翻譯爲「天府星與炎星、鈴星、羊刃、陀羅等星的關係惡劣，性格平凡多愚盹，與六親無緣，剋子女，女性在尼寺中工作」。

由「性格庸常多晦滯」，譯爲「性格平凡多愚鈍」，我們便可看出，書中的原義盡失。又「天機星與太陰星同宮，物質生活富裕，然身份低微，爲娼婦、爲妾、爲淫泆之女」。

上述的譯文過於極端，亦錯謬矣，殊不知命宮爲天機、太陰的女性，是百分之百的女性，若一讀到這種記載，必會墜入絕望的深淵中。只有天機與太陰同宮，以寅申之地爲命宮，又逢凶星者才如此，張氏與佐藤的這種說法，難免有以偏概全之弊。縱使以三十多個主要星，做爲判斷之用的主星派人士，也未曾有此極端的說法。「紫微斗數全書」天機入女命吉凶訣曰：「天機星與太陰同，女命逢之必巧容，衣祿豐饒終不美，爲娼爲妾主淫風。」而其中「爲娼爲妾主淫風」，是指三方加會見四殺（擎羊、陀羅、火星、鈴星）時才適用。在斷女命的同時，必須要兼觀察夫妻、子女、福德宮的吉凶，方能準確論斷。若要解釋的話，只能說明爲「三方逢四殺，婚姻戀愛多障礙，主有色情煩惱」。

在論吉凶時，不僅要看四殺，同時須依據左輔、右弼、天魁、天鉞、化祿、化權、化科、化忌等，在判斷上不可欠缺的諸星配置，方能準斷，若隨意妄斷吉凶，必會使人誤爲，紫微斗數是簡單至極的命理學。這種錯誤如讓台灣、香港的占學家聞之，必會爲之噴飯，大笑爲無稽之言。

「紫微斗數鑑法全書」又云：「巨門與破軍、化忌、羊刃、陀羅等星同宮時，爲盜娼，早夭折。」

在紫微斗數中，巨門絕不會與破軍同宮，這是最基本的常識。

余雪鴻先生在其著作中曾言道：

「古籍所載之斗數，常以斷定語調論斷，有失荒謬，多用惡毒之詞，致使算命之人，多生無謂煩惱。故於清朝所編纂之「四庫全書」中，有關紫微斗數之文，余全盤割捨，不加轉載，以免遺害大衆。現在以子平法（四柱推命）爲宗者，大多斥爲無稽之談（斗數），眞爲一針見血之見，故多排斥，其原因正在此。例如在斷女命時，不僅限看命宮，其他如夫妻宮、福德宮凡見七殺、破軍、貪狼、巨門、廉貞、文昌、文曲、四殺（擎羊、陀羅、火星、鈴星），一律斷爲淫賤、偏房、侍妾之命。若以此爲判斷基準的話，則百人之中，至少有六、七十人合於上述原則。如此荒謬之說，只稍須動腦想想，便可明白。」

諸如似「天機與太陰同宮，爲娼婦、爲妾」，以及「貪狼入命宮之女命，必爲娼婦」等暗中傷人、杜撰的記載，多如麟毛難以計處，實在不足以採信！

雖然筆者的批評過於苛刻，但曾有許多讀者，見到一些內容不當的斗數書籍，心中感到困擾不安，而來求教於我，請求解惑，由此可知不明究理的讀者，常會奉書中內容爲不變的鐵則，故各著書者，在撰稿時應多愼重。

如有純粹爲了研究而研究的斗數研究家，能多搜集中國古籍資料，則絕無可能會陷入此種荒謬的見解中。換言之不論是任何學說，如果只一味地堅持己見，則難有進步。能將原文擧一反三，併有良師指導者，不消多日必可成大器。

註：「薇」，為山中野生的下等植物。紫薇即百日紅。

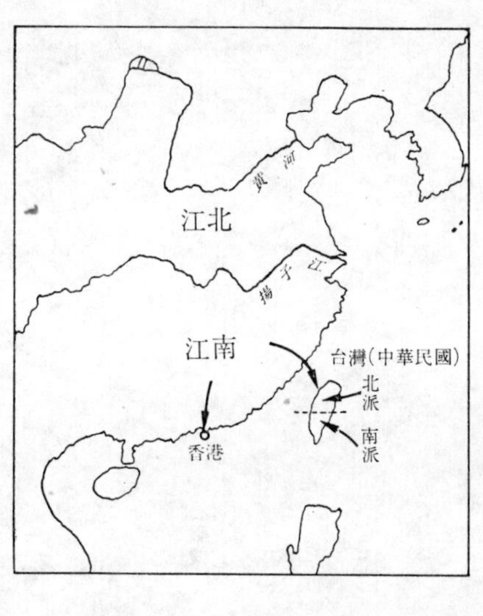

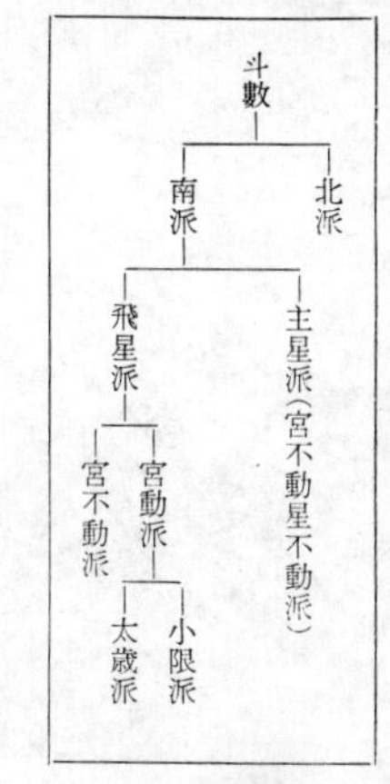

第二章　紫微斗數之源流與派別

相傳紫微斗數，是由唐朝末年，陳希夷先生創始。

星相學中所謂的七政四餘，自唐朝以後便被廢禁，然而研究紫微斗數的風氣卻取而代之，逐漸抬頭了。

唐初，道士李虛中發現「八字」之理，經過二百年間的闡義，已廣爲人用。

李虛中的命理之法，以生年爲本，然而同年生人甚衆，依理命應相同，但實際上命卻各異，足見以生年爲斷命之本有誤！

直到唐末、宋初徐子平出，發明以生日爲本的方法後，方能極精確地推算出個人的命運，這種劃時代，又合於現代的命理學，我們稱之爲「子平法」。

創立紫微斗數的陳希夷，與徐子平爲同時代生人，且爲知己，併共同鑽研命理之數。

紫微斗數與子平法（四柱推命），誠爲中國命理學上的雙寶，但有時亦會隨著時代的變遷，成爲對立的學說，有時又可相互融合。

流傳於唐末、宋初的初期紫微斗數學說，與現行的斗數比較，在份量上幾乎只有一半。

紫微斗數之所以有此名稱，主要是因爲北極星卽指紫微，爲天上最尊貴之星。而今檢視許多出版的書籍中，竟連紫微的意思，都混淆不清，還奢談傳授相命之術呢！有關此點本章會詳加說明。而「斗數」又爲何呢!?所謂「斗」，卽是指北斗、南斗諸星。而「數」，卽指命數。天地陰陽之數，或可做易數、理數等各種解釋。

如果以通俗的解釋來看，斗數就是：「包括了以紫微星爲主的中天斗星，配合北斗星、南斗星諸星之吉凶，來判斷個人天命之術者，稱爲斗數。」

而紫微斗數中，又可分爲「斗」、「數」兩部份，而今所採用的，大多屬於「斗」，而「數」的部份，據聞業已失傳。有關斗數的占法，亦有種種方式。由此我們可以看出，紫微斗數實在是一門應用範圍極廣的占術。今詳細說明如下：

「斗」之占法種類

△宿命漏盡法（卽一般所採用，以各人出生年月日時，來推測宿命的方法。也可應用在其他的占法上，做爲基盤之用）。

△紫微斗數占課（以事件發生之時間，來測知事情之吉凶）。

△紫微斗數卦象法（將十二宮地支及諸星，以八卦的排列方式，來斷定種種事情）。

△紫微斗數行限秘法（以運限的變化，來做爲判斷事象的方法）。

△紫微斗數測局法（此法可以預測國運，以及世界局勢之歸趨）。

△紫微斗數風水術（可藉本法判斷陽宅、陰宅、地理等吉凶）。

△紫微斗數造命法（利用本術可以推求，願望是否得以達成）。

「數」之占法種類

△河洛理數（將四柱八字變爲數，配合大成六十四卦，藉此預測各人的宿命）。

△鐵版神數（其中囊括了周易河洛數序、卦爻策數、五行干支、斗數、子平、七政四餘等一萬二仟條，爲命理學的巨峰）。

△太乙神數（由天道數法、地道運法、人道命法、兵機陣法、占驗術法等五法組合而成的，與六壬、遁甲併稱爲最古的易數玄學）。

△先天象術（由陳希夷始，至邵康節止，集理術易學之大成）。

上述各法的內容，恐怕在日本也鮮有人知，更遑論談論這方面的知識與成就。據聞數十年前，有位紫微斗數大師，由台（灣）來日（本）傳授斗數的奧理，相信已有許多人風聞這則消息吧？自從這位大師潛居關西後，筆者就未曾有過他任何音訊。

事實上紫微斗數的義理十分深奧難明，縱使在中國，能完全明白斗數奧義者幾稀。

而紫微斗數這種罕有的學問，究竟是如何形成的，而其發展演變的過程又是如何，相信必定會令許多人感到好奇。斗數的演變過程，是由天盤至地盤、人盤，同時並歷經天、地、人三盤兼有的時期（轉述梁湘潤氏「紫微斗數考證」）。

原先斗數是以天盤、地盤、河洛理數、鐵版神術等四種命理來論命的。後來天盤部分，逐漸脫離斗數的範圍，反被應用在奇門遁甲學術中。而河洛神數與鐵版神數，獨自發展成爲新的系統。

採用天地人三盤的斗數，名爲「鐵朴子法」，而三盤合論的典籍，因爲散佚也早已失傳矣！倘使能利用三盤論命，相信在斷命上，必可得到非常準確的結果，如此瑰寶不得流傳後世，殊爲可惜！

現行的斗數部份，是由地盤衍生而成的，並擷取了七政四餘、堪輿風水、擇日天文、八字神煞、易經八卦的原理而成，其內容可謂近於完備了。

若問斗數與子平法之間最主要的區別，我認爲是斗數不重節氣（廿四節氣），以數論斷。而此「數」又以河圖先天之數爲基礎。

有關此點，陳希夷先生曾在「起例總訣」中說道：「希夷仰觀天上之星，以斗數推人命，不依『五星要過節』，來論『年月日時生』」。

根據黃家騁先生的指正，『五星要過節』這句話，一般書籍上的解釋，早已喪失本意，與原旨不符。

但是在紫微斗數中，是不論節氣的，有關此事白玉蟾眞人，曾經明言：「斗數與五星觀法不同，此爲星辰與諸術之大異。」

關於此點今特加說明，一般民間大多是以立春爲一年之始，而子平法是以各節氣來論月份，在斗數只有一派，亦依節氣來論月份，然而本說業已脫離了原本以先天之數爲主的斗數之理。

考察斗數的創立歷史，要較子平法更爲悠久，而其以年爲本的論命方法，是受李虛中命理的影響所致。因此徐子平派之流，批評斗數爲未盡理想的推命方法。

這種說法未免有失公允，對於批判唐末、宋初斗數不精準的子平法，是經過後世之人加以改良後，才能達到今日的精準率，同樣地斗數幾經命理學家的改良修正，其論命的準確性，可與子平法並駕齊驅了。

明、清二代之際，爲子平法的隆盛時期，而斗數在命理學上，也佔有重要地位，更甚有人將斗數與子平法融合爲一，用以斷命，實在是具有深遠的意義。

在中國，斗數要較子平法廣受大衆採用。其理由大致如下：

①斗數不須要排八字，也不須對照萬年曆來排命盤，在方法上較爲簡便（中國人自古以來，大多以陰曆的年月日時爲生辰，至今仍沿用不輟）。

②無須看節氣。由生月卽可知月齡，再配合氣候與地理的關係，就能夠論命。

③在採用陰曆時，必須將朔望月（月之盈虧）與一太陽年，列入考慮範圍，每隔二、三年，則要設一「閏月」，做爲調節日差之用。

而斗數中所採用的年月日時，是以陰曆爲主。若臨到有閏月的情形時，可將該閏月分爲前半與後半，用此方法來論命，是十分合理的。

④以廟旺地利不陷七星的強弱，來決定諸星氣勢的強弱，並訂命格之高低。

⑤欲知六親的興廢、地位及財運時，子平法要以偏財爲父、印綬爲母的複雜方法來判斷。但斗數只要配合十二宮內的諸星，便能判斷吉凶，本法要較子平術來得簡單容易。

基於上述五大理由，因此斗數多受江湖術士的愛好。偶爾他們也在斗數中，兼用子平法來論命。

由於明、清的命理學家，將星曜衆多的斗數，分爲有根據與無根據兩大派，其間又分衍出許多流派。

總之斗數在判斷大局的吉凶上，雖不及子平法來得明確，靈驗率也較低，但在判斷事象的細微末節上，其準確性之高則所向披靡。

這是根據太陰星（月亮）的運行，所得來的效果。

中國的文明、文化，大多以長江爲分界，區分江北、江南二種色彩。斗數亦不例外，也有北、南兩派之分。

台灣的斗數，均承襲南派學說。但居住在台灣北部的外省籍相士，則屬北派，而居住在南部的本省籍相士，大都屬南派。

香港的斗數，也是沿用南派學說，但無派別之分。

由此可以看出，今日的斗數仍以南派爲主流。北派因資料文獻的缺漏散佚，也未聽聞有傳人，已逐漸式微了。

南派的斗數可分爲主星派，與飛星派兩大別。而飛星派又分爲宮不動派、宮動派；其中宮動派又分別太歲派、小限派、星動派三者。今比較如下：

①主星派（宮不動派）

以紫微系、天府系諸星爲主，合計共有十四個主星曜。根據主星曜所具的性質，並配合副星曜（包括甲級星與乙級星）的吉凶增減，來分析各事象的變化。

本流派的特徵是，就命盤所示，瞭解各人一生的命運，並做詳細的判斷，在預測有關流年運限時，主星派中亦兼用子平法來判斷各人行運。主星派爲斗數的基本流派。由於主張星曜與宮位皆不動，故又名「宮不動派」。

承傳本流派者，爲明透派第十三代傳人張耀文。

②太歲派

以十四個主星爲論命重點，與主星派學說別無二致。斷流年運限時，以太歲宮爲主要的判斷依據（命宮），並配合流年星曜，及十二宮，見該年的吉凶得失。

太歲派的特徵是，在行運看法上，可彌補主星派的弱點，並較具實用性。

在判斷流年運限時，主要是以「太歲宮」爲準，故可發揮極大的效力。這一點對研究斗數的人而言，確實是非常有利的方法。

③小限派

以十四個主星曜，及原命盤爲重點。在行運的看法上主要是以大限宮與小限宮的關係，做爲判斷的依據。此點與上述各流派有所差異。

斷流年運限時，主要是用小限宮中的流年星曜爲本，而不採用大限宮。或許本流派認爲，小限宮較大限宮更爲重要，因此才廣爲利用。然而與太歲派相比，小限派也未佔多大的優勢，僅略佔上風而已！

小限派與上述二派，在判斷地準確率上，是不分軒輕的！

陳希夷傳

後周世宗顯德年間，一位樵夫由山中返回，行經山麓時，見一人斃死在路旁。日積月累其上覆滿灰塵，表示死後經過一段相當長的時間，然而並未化做一堆白骨。樵夫見到此情此景，不禁好奇的趨前近看，想探個究竟，走進死屍方知是一位老者躺在地上。樵夫心中也不免狐疑起來。無論怎麼看，地上的死屍彷彿尚未摒息，但爲什麼身上又覆蓋著厚厚一層塵埃，有如死去一般，令人「百思不得其解」。

樵夫在難以理解之下，於是用腳去蹴屍體，企圖試探究竟。突然死屍發生呵呵大笑，坐了起來，向樵夫說道：「我睡的正香，你爲何來打攪呢!?」

樵夫聽聞此語之後，立刻把辛苦砍來的柴拋掉，頭也不回的拔腿就逃。這位被樵夫誤爲死屍的怪異老人，就是被後周世宗賜號爲「白雲先生」的陳希夷。

在廿六史，以及正史上，皆有記載先生的一生事蹟。

陳摶（八六七～九八四）字圖南，號扶搖子，別號白雲先生，又名希夷先生。安徽省亳州眞源人。

四、五歲時，至有渦流的河邊嬉耍，被一青衣老婦抱起，授以奶飲，至此才能牙牙學語。

希夷先生的生父母，不知爲何人，但他依然受到良好的照顧。

在青衣老婦未拾獲撫養之前，希夷先生是以天上星辰爲父，山谷溪泉爲母，以草爲被褥而眠，他能生存下來，不啻是奇蹟。

青衣老婦在接踵而至的災害與戰亂下，夫離子散，獨自過著孤苦伶仃的生活，是位心存良善的婦人。

當她見到在河邊獨自玩耍、天眞無邪的希夷先生時，就彷彿看到自己孩子的影子般，心中不禁油然生起一股疼愛之情。

拾獲希夷先生後，老婦人認爲，這是天賜麟兒，喜不自勝。當時希夷尚不能言語，青衣老婦視爲己出待之，不懼艱困地撫養他。

母愛是偉大的，老婦人在喜獲麟兒，欣喜雀躍之餘，不可思議的是，竟然分泌出乳汁。

希夷先生與青衣老婦的相逢，實在是一種特有的因緣。

天寶、開元年間，是唐朝政治由隆盛轉爲衰微的時代，安史之亂以後，便進入傾覆時期。此時唐朝已呈疲弊之態，爲了挽救財政危機，於是改革稅制，將鹽列入專賣，並創設新稅，爲了達到充裕府庫的目的，不惜採取任何手段，令百姓痛苦不堪。

庶民如果有租稅滯納情形，便以皮鞭笞罰之。爲了籌款納稅，變賣祖產、典妻當子的人不在少數。

而所得的款項，爲了應付因徵稅而來的官吏費用，也花去了泰半，稅金依舊是無法繳納，而生活原本就窮困的農民，只有四處告貸來過活。而民間的利息，每月高達二分，如果無法償還借金時，只得賣身爲奴，過著牛馬不如的生活。

再加上唐末連年發生水災、旱災及蝗害，使得百姓生活更陷入絕境，八七三年華北一帶發生嚴重旱災，河南、山東地方毫無收成。農民只得賴蓬子及槐樹葉子裹腹。

爲了求食，兩地的百姓大多避荒到鄰省去，但是在一片飢饉中，又那來的餘糧可食，於是只有坐以待斃。向官府投訴也是枉然，甚至有些官吏指著農民院中的樹，說道：「樹上還有葉子，不是可以吃嗎!?」並且邊說邊用鞭子抽笞。

因重稅而受苦的農民，在連年逢災的情況下，唯一可以走的道路是淪爲盜賊，以掠奪爲生。

這種情形不斷地演變下去，最後造成了裘甫之亂、龐勛之亂，及黃巢之亂。其中又以黃巢之亂爲最，十年間整個中國都淪爲戰場，百姓死傷更不計其數，其狀況之淒慘，叫人不勝唏噓！

唐朝雖然一一剿平內亂，但從此國力大損，威令不及，相反地各地藩鎭，藉此機會擴展勢力，並相互鬪爭佔據勢力範圍。結果朱溫（朱全忠）在立昭宣帝（在位四年）不久後，又廢帝自立爲黃帝，國號後梁（西元九〇七年）。三百年來，享盡榮華富貴的大唐帝國，從此瓦解傾覆，中國的歷史上，進入了五代十國的分裂局面。

生長在這種激變時代中的希夷先生，受青衣老媼的養育，而逐漸長大成人。成長後的希夷，其聰明睿智一天一天地顯露出來，凡是經史百家之說及著作，均閱讀過，更能過目不忘，立刻背誦。

希夷先生酷愛詩詞，其詩賦在詩界頗富盛名。唐宋之際，士君子之間，除了閱讀經書外，並喜愛吟詩作賦，在當時成爲一股風尙。其間人才輩出，如李白、杜甫、韓愈、白居易等，都是當代大文學家。而希夷先生也參加了科擧，由鄉試至省試，均能順利通過，最後參加進士考試時，突然放棄官位與名利，毅然決然地遁入山林。

當時有二位摒棄官位的高尙學者，對希夷先生言道：「可隱遁至武當山之九室巖。」陳希夷聽聞此番話後，立刻移居武當山，仰賴辟穀服氣之法，生活了廿餘載，但每日必定飲數杯酒，數十年如一日，直到圓寂。

而後又遷往華山的雲台觀。一但入眠就百日不起，當時已年屆七十多矣。

後周世宗爲五代第一名君。他爲求修練錬丹之術，於顯德三年（九五六），多次命華州官員，召希夷先生入京，費一個月時間請教希夷先生玄妙之術。

希夷先生曾向世宗言道：

「陛下貴爲天下之王，生爲天子又爲天下黎民百姓之父，心中爲何懸念神仙錬丹之術呢!?」

世宗聽聞希夷先生一番話後，便不敢再詰問，於是封先生爲諫議大夫，先生不受，不得已只好送他回華山，並命華州長吏，爲先生身邊護衞，經常上奏其近況。

西元九六〇年，陳希夷先生曾跨禿驢遊歷華陰，當他聽聞宋太祖登基消息後，便拍掌大笑道：

「天下於是定矣！」

宋太祖也曾聽聞過，先生的事蹟，認爲他是位活神仙，於是急召白雲先生，幾經召見先生仍固辭不往。

太祖仍不放棄，再次召見時，希夷先生已不知行方何處，無人知曉。

太平興國元年（九七六），太宗召請先生入京。白雲先生附帶一則條件，才願前往，即

「住處必須清幽無人。」

太宗喜不自勝，立刻下召建道觀，並賜名爲「隆觀」。可是先生本性難改，當他一進入屋，便鼾聲大作，連睡數月不起。

最後仍將先生送歸華山的雲台觀，當時太宗曾對宰相宋琪言道：

「搏（白雲先生）獨善其身。不喜權勢利益，非世俗人也！」

白雲先生移居華山，又經四十餘年，此時先生已逾百歲。

一日希夷先生親赴宮中，覲見宋太宗，敍敍久別之情，宰相宋琪問道：「先生所體得玄妙，與修養之道理，可否教人！」先生答曰：

「我乃山野草民，一無所事，曾修練神仙所知之鍊丹術、氣功，及吐納養生之道。此爲奇方異術教人有何用乎！近來我始修得白日冲天（道家修練的最高境界，惟有眞人才知本法

）之術，對當今之世，又有何益乎！現今皇上龍顏秀異，儀表非凡，誠天子也！學識淵博，通曉古今，深得國家興亡之道，可謂仁德聖賢之君子。皇上與臣下若能異體同心，振興教育，專心盡力於政治，又何須談修練之道理。」

衆臣聽聞這番道理後，莫不稱讚不已，並在皇帝面前極推崇白雲先生的人格，因此太宗特別頒賜紫衣一襲，並賜名爲「希夷先生」。

更下召重新補修先生所住的白雲觀，並與先生於宮中吟詩作賦。經數月後，才將先生送返山林。

由這段記述中，我們可以窺知，歷代先皇是如何地尊重先生。

太平興國八年（西元九八三年）的某日，白雲先生突然對弟子賈德昇說：「在張超谷內，鑿石爲屋，我將在其處休養。」

翌年太平興國九年（西元九八四年），秋七月，石室造成。先生親筆數百言遺書，呈奏皇上，其中一段言道：

「臣摶即將化古。縱欲參拜朝廷，已無餘力。本月二十二日，於蓬華峯下，化形張超谷。」

果然一切依先生的預言所示，希夷先生於太平興國九年秋七月二十二日作古。享年一百一十八歲。

經過七日後，身體四肢仍有溫和感，張超谷洞口佈滿五色雲彩，歷經一個月後，仍不消散。

先生平生不離易經，常自稱爲「扶搖子」。

其著作計有，指玄篇八十一章（本書內容與導養還丹之事有關）、三峯寓言、高陽集、釣潭集，其他尚有詩六百餘首，傳本計有：神相全篇十二卷、神相鉄關刀四卷、河洛理數七卷、紫微斗數全書四卷等。

陳希夷先生，實在是中國宋代哲學史上的泰斗，其學說對後世學者具有極深遠的影響。創「無極而太極」之說的周子（周濂溪），以及著「太極圖說」的朱子（朱熹），都是受到他的影響，才能在思想上不次迭新，由此宋代才頻頻出現新學說，清朝毛奇齡，根據魏舊陽之說加以考證後，認爲上述二大學說，均是由陳希夷先生的思想，分衍而來的。

而風水與斗數之間，彼此又有極重大的關連。希夷先生曾於于瓊林庫中，見唐末堪輿大師曾求己（楊益）所著「玉函天機」一書，視爲瑰寶，並從中承受堪輿風水秘法。現在將繼承堪輿風水正統者，列序如下：

楊益|陳希夷|吳景鸞|吳克誠|劉秉忠|徐昇|廖瑀|丁應星|劉師文……等。

而斗數的正統傳人，一併介紹於次：

陳希夷｜穆伯長｜李挺之｜邵康節｜种放｜盧江｜許堅｜范諤｜羅洪先（清朝進士）……等。在斗數的流傳中特別以邵康節（邵雍）最有名。其畢生名著爲「皇極經世書」，內容爲由開天闢地至虛空粉碎，須耗盡一六七億九六一六萬年間，創立了地球壽命一元消長數之說，實在爲一部偉大的宇宙論。邵雍的學說中，主要在天地始終一元數（宇宙循環旋復一單位的年數）上立論，並定爲是$[(12\times30)^{16}]^{64}=360^{1024}$年。若將這一則公式改爲整數，卽成爲7正9588潤110溝9946壤4008秭8439垓1936京年，確實是個浩瀚的天文數字。

目前我們所見的先天象數之學，以及鐵版神數的基礎，都是淵源至陳希夷先生的學說。其神算鬼謀，確實令人匪夷所思。

而常與陳希夷先生促膝濶談的人士是准陰隱士李現，享年數百歲，與陳希夷先生同爲人間難得的神仙。

關西逸人呂洞賓，對劍術有極高的造詣，是酒中豪傑，雖然年屆百歲，仍然面色紅潤，猶如十數歲少年，行動輕快且迅速，功夫一發據聞可馳數百里。

所謂「物以類聚」，就是這個道理，「只有神仙知神仙」，因此李現與呂洞賓，才時常聚集在雲台觀。

欲知陳希夷先生的平生事蹟，可詳見「宋史隱逸傳」。希夷先生自移居華山後，每日必飲數杯酒，先生的生活與邵康節完全相同。

註※青衣老婦人，原文為「有一青衣老媪」。青衣是中國道敎中，崇拜九天玄女一派所穿的法衣。由此事可以推察得知，青衣老婦人是九天玄女派的信徒。

※辟穀、服氣 所謂「辟穀」，就是不食粗雜有不純之氣的穀類，否則可令人致死。所謂「服氣」，卽將純粹天地的「元氣」吸入體內，為人體不死的呼吸法，又名調息。

※鍊丹之術 鍊丹卽調製各種長生不死的仙藥，有許多種類，其中以金丹為上品。若與辟穀、服氣、房中（閨房中運用性行為的方法）、氣功（氣在體内運行的方法）等併用，更可使身體達到黃金不滅不死的境界。

※雲台觀、建隆觀、道觀 道觀為道敎寺院的正式名稱，卽為一般人所指的廟。雲台觀與建隆觀，是寺院的一種。

第三章　紫微斗數之構成

第一節　十二宮之解說

㈠命宮

在紫微斗數中，最重要的宮位就是命宮。由命宮以及諸星辰的吉凶配置，便可斷定人之一生命運。命宮中所指的命，就是宿命、運命。而個人一生的命運，也會投影在本宮中。

由命宮的顯示，便可知道一個人的容貌、性格、思想、主義、主張、才能、適任的職業，及適居的環境等。因此，命宮又可做爲統轄命盤十二宮的中心宮位。由於各人在先天上就具有獨特的性質，因此個性也相異。然而外在的長相、身材，無論是否喜愛，卻都已註定了！

容貌是遺傳自父母，個人是無法選擇的，而性格卻可因本人的修養，做某種程度的改革精進，但是「江山易改，本性難移」，原本的性格，仍然不易改變。

個人的容貌、性格，與才能及適任的職業，彼此間有非常密切的關係。政治家有其特有的容貌與性格，學者也有其特有的容貌與性格，而實業家、選手，或軍人……自不例外。由此可知個人的容貌、性格，往往與自己的才能、適任職業相應。雖然容貌與個性是本生具有的，但後天的環境，是否能改變它呢？已成爲目前所討論的話題。

以哲學的觀點來看，改變性格之說是非常困難的，基本上命宮所要看的是，個人與生俱來的「性格」。

「性格」，是一個人的思想傾向，也是決定主義、主張的要素。

根據個人的居所，以及所處的環境，便可正確地指出，命宮中諸星所居的相當位置，以及其人誕生的環境。

有關此點十之八九都能準確判斷出來。若更想詳知，就必須要併見身宮及田宅宮，此乃因個人出生的地理環境，是屬於命宮的範疇內。

論命宮吉凶時，應併見遷移宮之吉凶，因爲此二宮有對宮的關係。

㈡兄弟宮

本宮可觀兄弟姊妹人數之多寡、緣份之厚薄，以及是否有助益等。凡與兄弟姊妹有關之事，均投影在此宮。

而兄弟姊妹是否健在，或夭折，亦可由此窺知。

論兄弟宮吉凶時，應併見奴僕宮之吉凶，因為此二宮有對宮的關係。

兄弟宮，主要論內部（家庭）的人際關係，而奴僕宮，主要在論外在（社會）的人際關係。由紫微斗數十二宮的位相中，可一探究竟。

㈢夫妻宮

凡與夫妻、戀人、異性交往有關的事象，均可投影在夫妻宮，如戀愛、結婚、配偶的容貌、美醜、性格，是否得對方助力，以及夫妻感情、婚姻關係、離婚、再婚等，均可在夫妻宮顯示出來。

詳言之，由夫妻宮中的星曜，便可看出戀愛的情形，與婚姻狀況，由於每個人的命運不同，而有不同的境遇。欲詳知戀愛運如何，就必須要取命盤十二宮的相互關係來看。論夫妻宮吉凶時，應併見官祿宮之吉凶，因為此二宮有對宮的關係存在。

特別是男命，夫妻宮與官祿宮共吉時，可得良妻，或得妻助，家庭和樂美滿，無論是從事任何工作，皆能全力以赴，勝任愉快。

㈣子女宮

欲知子女人數的多寡、父母與子女緣份之厚薄，以及子女容貌、性格、健康狀況、自身生殖器官是否健全、流產等，可由子女宮來斷之。

論子女宮吉凶時，應併見田宅宮之吉凶，因為此二宮有對宮的關係存在。其理由有二——

一是中國人自古以來，便視子女為財產的一部份。田宅宮所示，是表示與不動產、固定資產有關，而這二宮彼此深具密切關係。

嚴格地來說，中國人並不視女兒為「子」。因為女兒出嫁後，終歸要離開父母，相反地男子是娶妻進門，與父母同住。這就是為什麼，中國人自古以來就有「重男輕女」的觀念由來。前代人認為男子成長後，可以興隆家業，故將男子視為財產的一部份。

二是田宅宮表示為家屋內（限於自宅）的事情，與男女的性行為有關。中國人將性行為稱為「房中術」，「房中」卽表示在屋中之意，而性行為是在屋中進行，故又名為房中術。由於生育子女與性行為有關，故兩宮彼此間存有極密切的關連。

㈤財帛宮

凡是一生之中與財運、理財能力、收入高低、金錢有關的事象，均能投影在本宮。財帛宮良好者，與其就業，不如自己經營、創業，或從事自由業來的好。問題是如何招來財運，只要能明確認識此點，努力尋思對策，就能夠廣增財源。

論財帛宮之吉凶時，應併見福德宮之吉凶。因為此二宮彼此有對宮的關係存在。

福德宮中所顯示者，與享樂、福份有關。換言之卽表示在精神方面是否充足，反之，財帛宮卻表示物質方面是否充裕，此二宮所顯示的層面雖然各異，但彼此間仍有非常密切的關係。

財帛、福德宮皆吉者，表示金錢富裕、精神快樂。

㈥疾厄宮

一生中凡是與健康情形、體質強弱、易罹患疾病種類等有關的事象，均可投影在本宮。論疾厄宮時，應併見父母宮之吉凶。因爲此二宮彼此有對宮的關係存在。其原因爲自己先天的體質，是得自父母遺傳的關係。

㈦遷移宮

凡是與外出、旅遊、搭乘的交通工具是否安全、在外地外鄉活動的吉凶、交際能力等有關事象，均能投影在遷移宮。

本宮主要在論與「移動」有關的吉凶。如搜人、尋人、調職、升遷等，均以本宮來論斷。論遷移宮之吉凶時，應併見命宮之吉凶，因爲此二宮彼此有對宮的關係存在。兩者之間的密切關係，可以如影隨形來形容，對命宮有決對的影響力。

㈧奴僕宮

本宮主要在論與朋友、屬下、職員、佣人等之間的關係。若論與聽衆、觀衆、讀者、支持者、弟子、門徒之間的關係，亦包括在本宮的範疇內。

以今日的眼光看來，「奴僕」二字，未免過於封建。其原意主要是指，凡在社會、公司、學校中，地位較自己爲低的人而言。

論奴僕宮之吉凶時，應併見兄弟宮之吉凶，因爲此二宮彼此有對宮的關係存在。詳情請參閱兄弟宮中的說明。

㈨官祿宮

凡是與事業之成敗、就職的狀況、適任職業、地位高低、名譽、升遷貶謫，或工作上的人事有關係之吉凶、運氣，均投影在官祿宮。

余雪鴻先生認爲，由官祿宮可以顯示個人在學生時代的求學精神，以及所處的學習環境如何，官祿宮主要在看，與上司之間的人事關係。若應用於學生時，則可看出其與師長間的人際關係。以上是余氏對官祿宮的看法。

論官祿宮之吉凶時，應併見夫妻宮之吉凶，因爲此二宮彼此有對宮關係存在。在前夫妻宮中，業已做過詳細介紹。

㈩田宅宮

欲知個人一生不動產之多寡、異動的情形、不動產買賣之吉凶，以及是否能繼承祖產等，均可見田宅宮。凡是與上述有關的事象，均投影在田宅宮。

而論斷自宅吉凶時，亦須以田宅宮來測知。另有一說認爲，由田宅宮可以斷知，母系家族的運氣。

如前述所言，田宅宮與子女宮，彼此有對宮的關係存在。因此在斷吉凶時，應併見此二宮。

(十)福德宮

凡與個人一生的福份、享樂、精神狀態（悲觀或樂觀）、趣味及嗜好等有關的事象，均投影在本宮。

另有一說認爲，福德宮之吉凶，主要在論個人壽命之長短，或健康狀態，雖然這種說法也絕非正確，但卻頗具有參考作用。此說也有其道理，筆者認爲精神上的安定與否，事關壽命的長短，因此本說也具有存在的價値。精神與健康，兩者有極密切的關係是不可否認的事實。總而言之，命盤上十二宮位，相互之間均有關連。

論福德宮之吉凶時，應併見財帛宮，前述亦曾解明，此二宮有對宮的關係存在。

(十二)父母宮

本宮可以看出，個人與父母緣份之厚薄，承受父母恩惠之多寡。而父母對自身思想、人格形成上的影響力之多寡，以及與父母之間的關係，均可以投影在父母宮。

由此並可以論斷，父母是否良好，幼年時家庭環境的優劣。吳情先生認爲，依據父母宮星曜的配置，可以論斷祖父母、政府、法院、學校、上司、教師等，管轄自己事務的事。然而對此吳氏並未做充分的說明，此說的正確性如何，尙待今後的研究。

論父母宮之吉凶時，應併見疾厄宮之吉凶，因此二宮具有對宮的關係存在。

以上所述十二宮的判斷內容，爲紫微斗數的基本學說。藉此可以探就論定個人一生的富貴貧賤，窮通禍福、榮枯、壽夭等宿命情形。

更詳言之，紫微斗數命盤上所有的宮位，均受「命宮」的統轄。因此切勿遺忘，必須先以命宮爲中心後，再論其他十二宮。否則常會發生論斷的事象，與事實不相符的情形。

第二節　斗數用語之解說

紫微斗數是中國命理學上，具有代表性的一項專門學術，目前在台灣、香港，與八字共爲星相家最常採用的二種相命方法。

今茲介紹紫微斗數的基本用語。紫微斗數中所採用的各專用名詞非常特殊，是一般醫卜星相學所不用者。今特別列舉如下，以供各位做參考之用。

㈠紫微

紫微星，所指的是周天三垣的中宿，紫微垣的中樞，又為北極星（現在稱之為勾陳一星Stella Polaris or North Star or Pole Star. α UMi），而紫微斗數中所採用的紫微星，僅是虛星而已，並非為實星。

古人認為北極星位於宇宙不動之處，為中天之尊星，主造代之樞機。故以紫微為衆星之樞紐，掌握五行，為萬物生成之根源，並主宰人生。故在斗數中，以紫微星統領命盤，主決定人之富貴貧賤吉凶壽夭等的禍福。北極星（紫微星）在陰陽道、宿曜經、密教占星法上，又稱為妙見菩薩。妙見菩薩眼睛特別澄明，經常照耀諸物，瞭望衆星之善行惡行，故有此名。顯現於空中時，則為北極星，即道教中所言的玄天上帝，並將其神格化，由此可見道教對北極星的推崇程度，不遜於任何神祇。

㈡斗數

所謂「斗」，是指星斗而言。其中包括中天斗諸星與南天斗諸星。諸星在天上排成列序，稱之為斗，在地上則稱之為日數。而一般人也將「斗」做為計量的單位。在此斗可以做兩種解釋，一為命數之斗，二為根據斗星、斗杓的形狀，以做為諸物的容量。

嚴格而言紫微斗數中的斗數，可以分爲「斗」與「數」二部份。

㈢正曜（全十九星）

紫微、天機、太陽、武曲、天同、廉貞、天府、太陰、貪狼、巨門、天相、天梁、七殺、破軍、文昌、文曲、左輔、右弼、祿存。

㈣偏曜（全六星）

擎羊、陀羅、火星、鈴星、天魁、天鉞。

㈤化曜、四化（全四星）

化祿、化權、化科、化忌。

㈥四吉

祿、貴、權、科爲四吉。

「祿」卽祿存與化祿。

「貴」卽天魁與天鉞。

「權」卽化權。

「科」卽化科。

㈦四凶（或稱四殺）

擎羊、陀羅、火星、鈴星。

㈧雜曜（全五十七星）

地刼、天空、台輔、封誥、天刑、天姚、天馬、解神、天巫、天月、陰煞、三台、八座、恩光、天貴、天官、天福、天哭、天虛、龍池、鳳閣、紅鸞、天喜、孤辰、寡宿、蜚廉、破碎、天才、天壽、博士、力士、青龍、小耗、將軍、奏書、飛廉、喜神、病符、大耗、伏兵、官府、長生、沐浴、冠帶、監官、帝旺、衰、病、死、墓、絕、胎、養、截空、旬空、天傷、天使。

㈨雙星

紫微與天府。紫微與天相。天府與天相。太陽與太陰。文昌與文曲。左輔與右弼。擎羊與陀羅。火星與鈴星。天魁與天鉞。地刼與天空。三台與八座。天哭與天虛。龍池與鳳閣。紅鸞與天喜。孤辰與寡宿。祿存與化祿。化祿與化權。化祿與化科。化權與化科。祿存與天馬。化祿與天馬。

干系流年諸星圖

宮位＼年干	甲	乙	丙	丁	戊	己	庚	辛	壬	癸
子		天魁				天魁		流昌	擎羊	祿存
丑	天魁 陀羅				天魁		天魁			擎羊
寅	祿存	陀羅		截路				天魁	空亡	
卯	擎羊	祿存		空亡					截路 天魁	天魁 流昌
辰		擎羊	陀羅 截路		陀羅			空亡		
巳	流昌		祿存 空亡	陀羅	祿存	陀羅		截路	天鉞	天鉞
午		流昌 截路	擎羊	祿存	擎羊	祿存	空亡	天鉞		
未	天鉞	空亡		擎羊	天鉞	擎羊	天鉞 陀羅 截路			
申	截路	天鉞	流昌		流昌	天鉞 空亡	祿存	陀羅		
酉	空亡		天鉞	天鉞 流昌		流昌 截路	擎羊	祿存		
戌					截路			擎羊	陀羅	空亡
亥			天魁	天魁	空亡		流昌		祿存	陀羅 截路

（註）：截路為傍空，影響較輕，空亡為正空，影響較重。

支系流年諸星圖

年支╲宮位	子	丑	寅	卯
子	歲建 將軍	病符 息神	吊客 災煞	天德 咸池 紅鸞
丑	晦氣 攀鞍 天空	歲建 華蓋	病符 天煞 紅鸞	吊客 地煞
寅	喪門 歲驛 天馬	晦氣 劫煞 天空 紅鸞	歲建 指背	病符 亡神
卯	貫索 息神 紅鸞	喪門 災煞	晦氣 咸池 天空	歲建 將星 天哭
辰	官符 華蓋 文曲	貫索 天煞	喪門 地煞 天哭	晦氣 攀鞍 天空
巳	死符 劫煞 月德	官符 指背 天哭	貫索 亡神	喪門 歲驛 天馬
午	歲破 災煞 天哭 天虛	死符 咸池 月德	官符 將星 文曲	貫索 息神 天喜
未	龍德 天煞 地解	歲破 地煞 地解 天虛	死符 攀鞍 天喜 月德	官符 華蓋 文昌 文曲 天解
申	白虎 指背	龍德 亡神 天喜	歲破 歲驛 天解 地解 文昌 天虛 天馬	死符 劫煞 地解 月德
酉	天德 咸池 天喜	白虎 將星 文昌 天解	龍德 息神	歲破 災煞 天虛
戌	吊客 地煞 文昌 天解	天德 攀鞍	白虎 華蓋	龍德 天煞
亥	病符 亡神	吊客 歲驛 天馬	天德 劫煞	白虎 指背

申	未	午	巳	辰
官符 將星 文曲	死符 咸池 月德	歲破 災煞 天哭 天虛	龍德 息神	白虎 將星
死符 攀鞍 喜神 月德	歲破 地煞 天虎	龍德 天煞	白虎 華蓋 天哭	天德 攀鞍
歲破 歲驛 文昌 天虛 天馬 天解	龍德 亡神 天喜	白虎 指背	天德 劫煞	弔客 歲驛 天馬 天哭
龍德 息神	白虎 將星 文昌 天解	天德 咸池 天喜	弔客 災煞	病符 息神
白虎 華蓋	天德 攀鞍	弔客 地煞 文昌 天解	病符 天煞 天喜	歲建 華蓋
天德 劫煞	弔客 歲驛 天馬	病符 亡神	歲建 指背 文昌 天解	晦氣 劫煞 天空 天喜
弔客 災煞	病符 息神	歲建 將星	晦氣 咸池 天空	喪門 災煞 文昌 天解
病符 天煞 紅鸞	歲建 華蓋	晦氣 攀鞍 天空	喪門 地煞	貫索 天煞
歲建 指背	晦氣 劫煞 天空 紅鸞	喪門 歲驛 天馬	貫索 亡神	官符 指背 文曲
晦氣 咸池 天空	喪門 災煞	貫索 息神 紅鸞	官符 將星 文曲 地解	死符 咸池 地解 月德
喪門 地煞 天哭	貫索 天煞 地解	官符 華蓋 文曲 地解	死符 攀鞍 紅鸞 月德	歲破 地煞 天虛
貫索 亡神 地解	官符 指背 文曲 天哭	死符 劫煞 月德	歲破 歲驛 天馬 天虛	龍德 亡神 紅鸞

亥	戌	酉
晦氣 咸池 天空	喪門 災煞 天解 文昌	貫索 息神 天喜
喪門 地煞	貫索 天煞	官符 華蓋 文昌 文曲 天解
貫索 亡神	官符 指背 文曲	死符 劫煞 月德
官符 將星 文曲	死符 咸池 月德	歲破 災煞 天虛
死符 攀鞍 紅鸞 月德	歲破 地煞 天虛	龍德 天煞
歲破 歲驛 天馬 天虛	龍德 亡神 紅鸞	白虎 指背
龍德 息神 地解	白虎 將星 地解	天德 咸池 紅鸞
白虎 華蓋 天哭	天德 攀鞍	吊客 地煞
天德 劫煞	吊客 歲驛 天馬 天哭	病符 亡神
吊客 災煞	病符 息神	歲建 將星 天哭
病符 天煞 天喜	歲建 華蓋	晦氣 攀鞍 天空
歲建 指背 文昌 天解	晦氣 劫煞 天空 天喜	喪門 歲驛 天馬 地解

（註）死符即小耗之事，歲破為大耗之事。

㈩流星（全四十三星）

①流年干系流星

流祿存、流羊、流陀、流魁、流鉞、流昌、流截路、流空亡（全八星）

②流年支系諸星

流昌、流曲、流鸞、流喜、流馬、流天解、流地解、流空、流哭、流虛、流月德（全十一星）

流年將前諸星：將星、攀鞍、歲驛、息神、華蓋、刼煞、災煞、天煞、指背、咸池、月煞、亡神（全十二星）

流年歲前諸星：歲建、晦氣、喪門、貫索、官符、小耗、大耗、龍德、白虎、天德、弔客、病符（全十二星）

第三節　萬年曆之使用法

紫微斗數的特色之一，就是根據各人舊曆的生年月日，來作成命盤。爲了作成命盤，就必須要使用萬年曆。

有關「萬年曆」一事，容後再詳述，今將使用上所應注意的各項要點，簡述如下。

①年之差異　在一般舊曆中，大多以立春爲年之起點，而不以冬至、春分爲一年之始。而紫微斗數中設定每年舊曆的正月初一日爲一年的首日，讀者應切記，不可混淆。

命學中八字（四柱推命），對一年起點的看法，分爲二派。一派以立春（每年的二月四日或五日）爲年之起點，絕大多數人贊同此說。另一派以冬至（每年十二月廿二日）爲一年之始。紫微斗數亦不例外，採立春之說。然而在排列干支時，仍以舊曆的正月初一爲準，如民國七十一年的干支爲「壬戌」，而該年的舊曆正月初一，爲新曆的一月廿五日，因此自當日起年干時序就進入「壬戌」。通常在一般的命學中，在立春（二月四日、五日）當日才改變年干支，然而在紫微斗數中，則以舊曆的正月初一，做爲一年之始，並在當日改變年干支，這是與一般命學不同的地方。

②月之差異　由萬年曆中，可以對照出新曆與舊曆的生月，這種方法非常簡便，不過在排紫微斗數時，要注意「閏月」的問題。

以民國六十八年爲例，閏六月，因此將前六月，視爲普通六月，而後六月視爲閏六月。此爲舊曆的特徵。由於陽曆十二月的日數，較舊曆爲長，因此每隔二、三年，就要設閏月，以修正季節的差異。

「閏月」生人，又可分爲前半月生和後半月生。前半月生人以前月做爲生月，後半月生人以翌月做爲生月。

閏月生人不論生於前半、後半，均以當日生日的日數爲準。

③日之差異　採用新曆日數者，對照萬年曆便可查知舊曆日數，方法十分簡便。

所應注意的事項爲，凡在深夜十一時（亥時）以後生人，均以次日論，也就是說晚間十一時生人，生日要改爲次一日。以八字排命時，皆以零時（正子時）爲界，日數才進入次日，並將子時分爲夜子時（深夜十一時至零時）與正子時（零時至午前一時），兩者是有區別的。然而紫微斗數中，以午後十一時做爲日數的交界。

十二支所屬時刻表

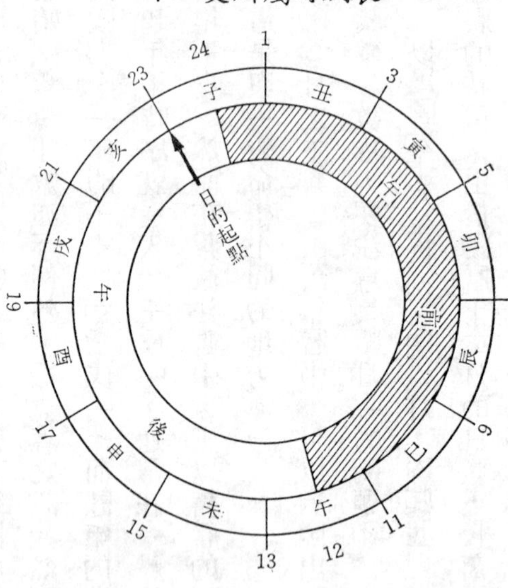

此種日數之差異應切記，對於判斷上的準確性來看，與八字相比，並無多大的差異。

然而在排列八字時，並不可採紫微斗數中的起日法，因爲兩者在構造上有所不同，故不能相提並論。

④時之差異　命相學中所採用的時間單位，與現行的時間單位不同。將一日分爲十二時辰，每二小時爲一時辰，各以十二支爲代表，如子時、丑時、寅時……等。

將以上要點列舉如後，並舉例如下。

①年干，以舊曆正月初一爲一年之始，以此求年干支。

②閏月生人，以閏月之前半月，視爲前月生人，後半月則視爲次月生人。

③以午後十一時，做爲日界。

（例一）　民國三十九年三月十四日午前六時

生年　庚寅年

生月日　一月二十六日

生時　卯時

（例二）　民國十七年一月十一日午後二時

生年　丁卯年（舊曆正月一日前視爲去年）

生月日　十二月十九日

生時　未時

（例三）民國二十七年九月十日午後九時半

生年　戊寅年

生月日　八月十七日（閏月之後半）

生時　亥時

（例四）民國三十六年四月五日午前四時

生年　丁亥年

生月日　二月十四日（閏月之前半）

生時　寅時

（例五）民國十九年七月三十日午後十一時半

生年　庚午年

生月日　六月六日（閏月前半、翌日生人）

生時　子時

第四節　命盤作成之注意事項

一、生時預測法

在前節中業已說明過，紫微斗數的命盤，是根據個人農曆的生年月日時所做成的。一般而言中國人鮮有不明生時者，因爲大多數的父母，都很注意這方面的問題，但是仍有些人，對自己的出生時不甚清楚。

根據筆者的經驗得知，有不少人對自己的生時存疑。在此特別爲讀者介紹，幾種預測生時的方法。

⑴睡姿預測法　根據個人感到最自然、舒適的睡姿，來推斷生時。計有三種類型，然而本法僅適用於健康情形良好的人。

①仰臥，採取此種睡姿者，生於子卯午酉時的可能性很大。

②側臥，採取此種睡姿者，生於寅巳申亥時的可能性很大。

③俯臥，採取此種睡姿者，生於丑辰未戌時的可能性很大。

⑵頭頂旋毛預測法

①旋毛位於眉間延長線上（頭頂中心線）者，大多生於子卯午酉時。

②旋毛位於眉間延長線上，稍偏者，大多生於寅巳申亥時。

③旋毛位於眉間延長線上，甚遠者；或有二、三個旋毛者，大多生於丑辰未戌時。

根據上述二種生時預測法，並相互配合使用，其準確性極高。尤其是對於不知生時，但知道出生於早、午、晚間的人而言，以這種方法來判斷，最爲有利。

以上三種生時預測法，是轉載自「星平會海全書」。

利用本法時，可先求出假命盤後再求眞命盤，換言之可以先做幾個命盤，而後以命宮爲中心，再併看其他宮位，如父母宮、兄弟宮、疾厄宮，與既成的事實比較，便可以選擇出符合自己的命盤。

此外尙有一種方法可以探知自己的命盤，本法與父母、兄弟、子女的命盤，有著極密切的關連。紫微斗數是極富神秘色彩的一種相術，自古以來自己的命盤，與六親之間，就存在著某種特定法則。

今茲介紹如左：

①作成父母命盤。在父母命盤中之命宮、財帛宮、遷移宮、官祿宮內的主星，大多可以顯示在子女命盤之父母宮內。

②作成兄弟姊妹命盤。在兄弟姊妹命盤中之命宮、財帛宮、遷移宮、官祿宮內的主星，大多可顯示在兄弟姊妹命盤之兄弟宮內。

③作成子女命盤。在子女命盤中之命宮、財帛宮、遷移宮、官祿宮內的主星，大多可顯示在雙親的子女宮內。

採用本法時，能確實測知個人的出生時辰。

此處所言的「主星」，是指紫微系諸星與天府系諸星，共計十四星曜。

第四章　斗數命盤之製作

製作程序

⑴先將國曆的生年月日時，換算爲農曆，生年以干支來表示，生時以十二支表示。一切以中國萬年曆爲準。

⑵以陰曆之生月、生時，求「命宮」、「身宮」。

⑶以命宮來求其他「十一宮」。

⑷以生年干爲主，在各十二宮之支上，加天干。

⑸以生年干與命宮，在表上求「五行局」。（求五行局的方法，除了可參閱圖表外，尙可利用五行局掌訣及納音法，附錄於后。）

⑹以陰曆的生日數與五行局，在表上求「紫微星」。（求紫微星時，除了可以查表外，尙可利用五行局數與生日數法求知，附錄於后。）

命部

⑺以紫微星所在的位置爲主，於表中求十三個主星。紫微星的位置，可在十二宮內，爲了方便讀者起見，特別揭載「十二主星配置基本命盤」，可由其中求其他主星。（紫微星的位置，與其他十三個正曜，有一定的配置法則，併記述其方法。）

⑻以生時、生月、生日、生年干支，於表中求其他偏曜、化曜、雜曜等。

⑼以諸星所在的十二宮位，根據「強弱表」，求諸星之強弱。

運部

⑽根據五行局，在「大限表」中，求大限（十年之運）。

年　⑾根據生年支，在「小限表」中求小限（一年之運）。

年月　⑿以該年的地支，求「流年星曜」。

月　⒀根據生月與生時地支，在「子年斗君表」中求「子年斗君」。（斷流月運時，必須要見子年斗君，由此可知該年陰曆一月至十二月，十二宮所居的位置。）

依據上述程序製作，「命盤」便已完成！

紫微斗數中，所採用的星數計有一百零八個，看起來似乎很繁雜，不過在各表中，已做有順序的排列，因此在排命盤時，只要查表就可立卽得知。

在台灣、香港，某些星相學家，只問生年月日時，無須查表，便能立刻將命盤排好。這種方法一但熟練後，使用起來要較查表的速度爲快，並可立刻爲人論斷吉凶。當然採用此法，可令算命者更加信服，並對你論斷的結果深信不疑。

最令筆者欽佩的是，台灣瞽者相命師們，他們只要聽聞到顧客的生年月日時後，口中便立刻朗朗唱頌咒文，依次將各星之名唱出，轉瞬間一〇八個星曜，已在命盤上排出。而最使人感到驚訝的是，他們所做的判斷，竟然與事實絲毫無差，這種百分之百的準確性，叫人難以相信。

現在我們以李小姐爲例，試做命盤。李小姐生於民國三十六年十一月二十二日早晨九時二十分。

①先對照萬年曆，將陽曆改爲陰曆。根據萬年曆得知李小姐生於丁亥年陰曆十月十日，生時爲巳。

②根據陰曆生月、生時的對照，由表1可查知「命宮」在午，「身宮」在辰。

表1 命身宮表

生時	命身	正月	二月	三月	四月	五月	六月	七月	八月	九月	十月	十一月	十二月
子	命身	寅	卯	辰	巳	午	未	申	酉	戌	亥	子	丑
丑	命	丑	寅	卯	辰	巳	午	未	申	酉	戌	亥	子
	身	卯	辰	巳	午	未	申	酉	戌	亥	子	丑	寅
寅	命	子	丑	寅	卯	辰	巳	午	未	申	酉	戌	亥
	身	辰	巳	午	未	申	酉	戌	亥	子	丑	寅	卯
卯	命	亥	子	丑	寅	卯	辰	巳	午	未	申	酉	戌
	身	巳	午	未	申	酉	戌	亥	子	丑	寅	卯	辰
辰	命	戌	亥	子	丑	寅	卯	辰	巳	午	未	申	酉
	身	午	未	申	酉	戌	亥	子	丑	寅	卯	辰	巳
巳	命	酉	戌	亥	子	丑	寅	卯	辰	巳	午	未	申
	身	未	申	酉	戌	亥	子	丑	寅	卯	辰	巳	午
午	命身	申	酉	戌	亥	子	丑	寅	卯	辰	巳	午	未
未	命	未	申	酉	戌	亥	子	丑	寅	卯	辰	巳	午
	身	酉	戌	亥	子	丑	寅	卯	辰	巳	午	未	申
申	命	午	未	申	酉	戌	亥	子	丑	寅	卯	辰	巳
	身	戌	亥	子	丑	寅	卯	辰	巳	午	未	申	酉
酉	命	巳	午	未	申	酉	戌	亥	子	丑	寅	卯	辰
	身	亥	子	丑	寅	卯	辰	巳	午	未	申	酉	戌
戌	命	辰	巳	午	未	申	酉	戌	亥	子	丑	寅	卯
	身	子	丑	寅	卯	辰	巳	午	未	申	酉	戌	亥
亥	·	卯	辰	巳	午	未	申	酉	戌	亥	子	丑	寅
	·	丑	寅	卯	辰	巳	午	未	申	酉	戌	亥	子

附註：閏月生人多加一個月。

(圖1)

命宮 巳	命宮 午	未	申
身宮 辰			酉
卯			戌
寅	丑	子	亥

此時縱使不用查表的方法，也可用其他簡便方法求出命宮、身宮。李小姐生於十月，因此從寅開始爲一，數到生月十時在亥宮，故無論在求「命宮」及「身宮」時，均要以亥宮做爲計算起點，換言之卽將子置於亥宮上。求「命宮」時，以亥爲子，依反時針方向逆行至生時巳。卽爲「命宮」所在，由此可知李小姐的命宮在午。

求「身宮」時，以亥爲子，依順時鐘方向順行，數至生時巳，卽爲「身宮」所在的宮位，由此可知李小姐的身宮在辰。

③「命宮」決定之後，可依表2，求出其他十一宮位。李小姐命宮在午，查表2命宮在午時，可知兄弟宮在巳，夫妻宮在辰，子女宮在卯，依此順行類推。

④以生年干爲主，在十二宮的地支上，冠上天干。例如李小姐生於丁亥年，由表3可知

爲壬寅、癸卯、甲辰，依序排列卽可。

⑤根據生年干與命宮十二支，在表4求「五行局」。李小姐生年干爲「丁」，命宮十二支爲「午」，查表可知爲「水二局」。

求「五行局」除了可用本法外，尚可採用「五行局掌訣」。如圖3所示，在掌中配置甲乙丙丁戊己庚辛壬癸等十天干，再併加木火土金水之五行局，由此求五行局。此處所言的十天干，卽爲命宮天干，其下的五行局，則爲答案。另外還有一種，配合命宮十二支求「五行局」的方法。

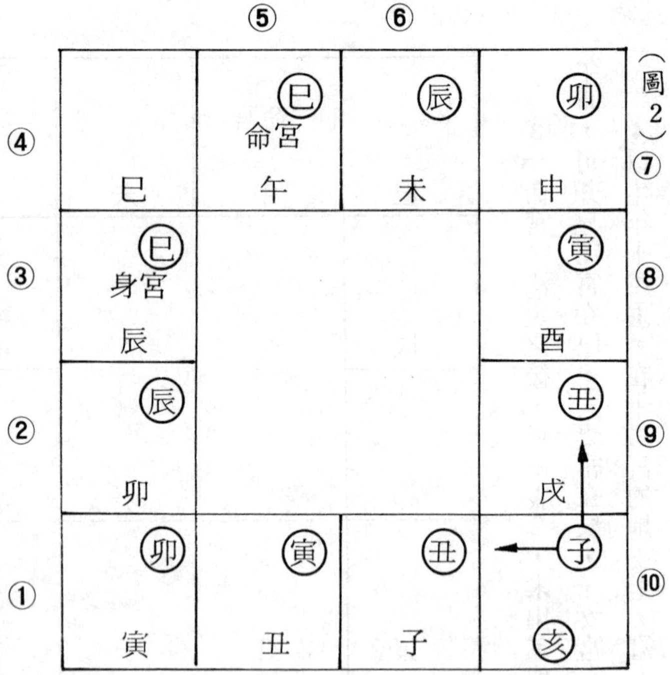

「五行局」所指的是水二、木三、金四、土五、火六等五種。併將命宮天干區分爲甲乙、丙丁、戊己、庚辛、壬癸五類。今解說如下：

（圖2）

④	⑤	⑥	⑦
巳	(巳) 命宮 午	(辰) 未	(卯) 申
③ (巳) 身宮 辰			(寅) 酉 ⑧
② (辰) 卯			(丑) 戌 ⑨
① (卯) 寅	(寅) 丑	(丑) 子	(子) (亥) ⑩

表2　十二宮表

命宮＼餘宮	兄弟	夫妻	子女	財帛	疾厄	遷移	奴僕	官祿	田宅	福德	父母
子	亥	戌	酉	申	未	午	巳	辰	卯	寅	丑
丑	子	亥	戌	酉	申	未	午	巳	辰	卯	寅
寅	丑	子	亥	戌	酉	申	未	午	巳	辰	卯
卯	寅	丑	子	亥	戌	酉	申	未	午	巳	辰
辰	卯	寅	丑	子	亥	戌	酉	申	未	午	巳
巳	辰	卯	寅	丑	子	亥	戌	酉	申	未	午
午	巳	辰	卯	寅	丑	子	亥	戌	酉	申	未
未	午	巳	辰	卯	寅	丑	子	亥	戌	酉	申
申	未	午	巳	辰	卯	寅	丑	子	亥	戌	酉
酉	申	未	午	巳	辰	卯	寅	丑	子	亥	戌
戌	酉	申	未	午	巳	辰	卯	寅	丑	子	亥
亥	戌	酉	申	未	午	巳	辰	卯	寅	丑	子

表3　十二宮天干表

本生年干＼十二宮	寅	卯	辰	巳	午	未	申	酉	戌	亥	子	丑
甲　己	丙	丁	戊	己	庚	辛	壬	癸	甲	乙	丙	丁
乙　庚	戊	己	庚	辛	壬	癸	甲	乙	丙	丁	戊	己
丙　辛	庚	辛	壬	癸	甲	乙	丙	丁	戊	己	庚	辛
丁　壬	壬	癸	甲	乙	丙	丁	戊	己	庚	辛	壬	癸
戊　癸	甲	乙	丙	丁	戊	己	庚	辛	壬	癸	甲	乙

表4　五行局表

本生年干＼命宮	子　丑	寅　卯	辰　巳	午　未	申　酉	戌　亥
甲　己	水二局	火六局	木三局	土五局	金四局	火六局
乙　庚	火六局	土五局	金四局	木三局	水二局	土五局
丙　辛	土五局	木三局	水二局	金四局	火六局	木三局
丁　壬	木三局	金四局	火六局	水二局	土五局	金四局
戊　癸	金四局	水二局	土五局	火六局	木三局	水二局

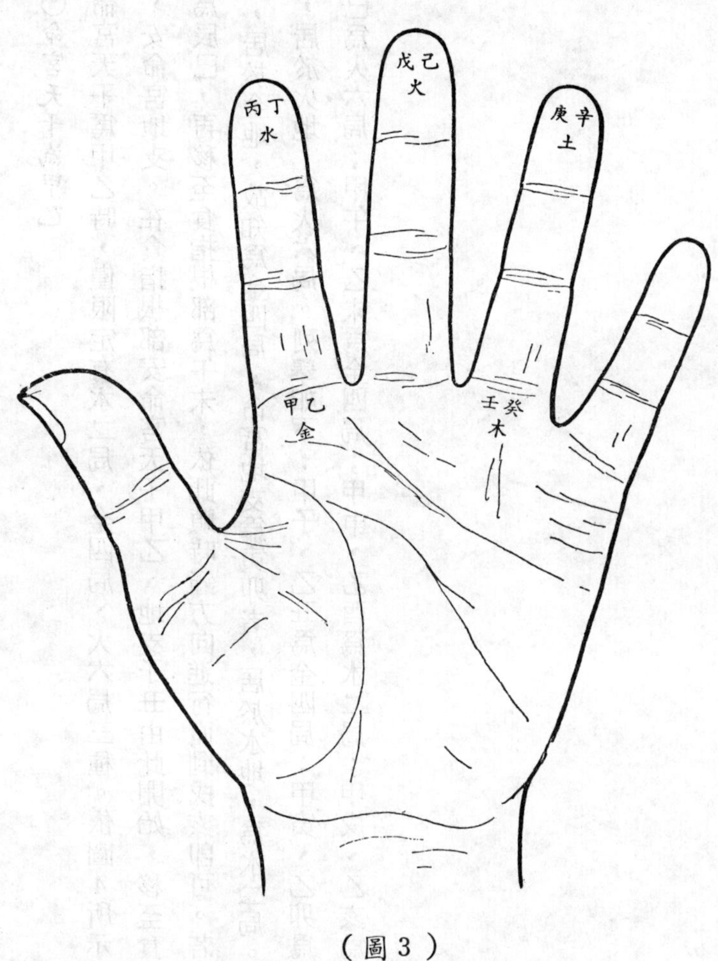

（圖 3 ）

○命宮天干為甲乙

命宮天干爲甲乙時，僅限定有水二局、金四局、火六局三種。依圖4所示在掌中金水火三處，安命宮地支。在食指根部安命宮天干甲乙、地支子丑由此開始，移至食指爲寅卯，在中指爲辰巳，再移至食指根部爲午未，依此順時鐘方向進行直到戌亥卽可。若命宮地支爲子丑時，居於金地，故知爲金四局，命宮地支爲寅卯者，居於水地，爲水二局。命宮地支爲辰巳者，居於火地，爲火六局。列擧如下：甲子、乙丑爲金四局；甲寅、乙卯爲水二局；甲辰、乙巳爲火六局；甲午、乙未爲金四局；甲申、乙酉爲水二局；甲戌、乙亥爲火六局。

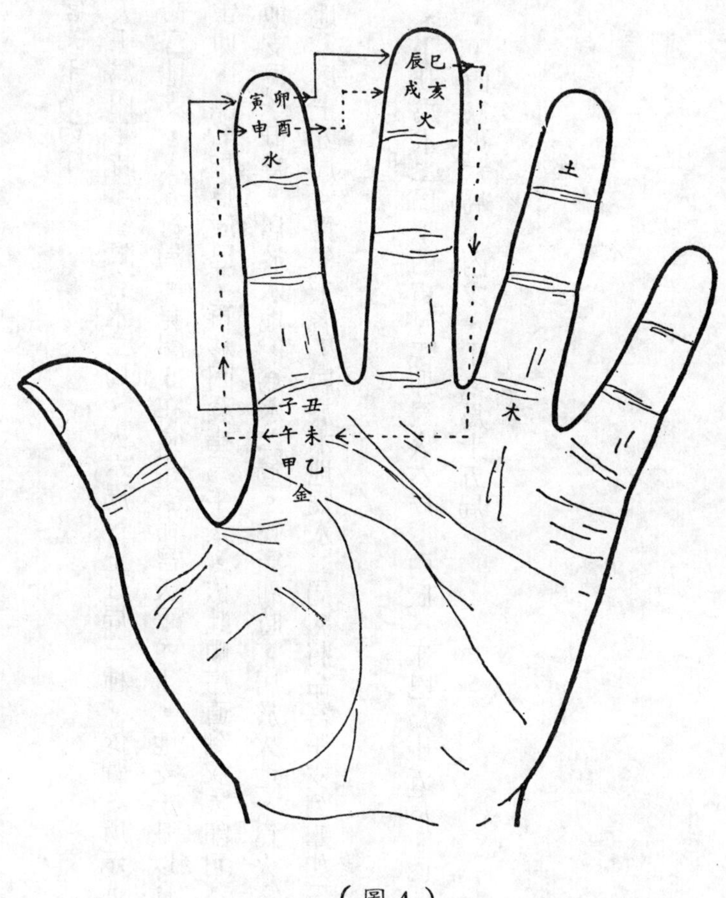

（圖 4）

〇命宮天干為丙丁

命宮天干爲丙丁時，僅限有水二局、火六局、土五局三種。依圖5所示，在掌中水火土三處，安命宮地支，求五行局。見圖5在食指安命宮天干丙丁，地支子丑以食指爲起點，移至中指爲寅卯，無名指爲辰巳，再移回食指爲午未，依此順序直到戌亥卽可。

命宮地支爲子丑時，居於水地，爲水二局。爲寅卯時，居於火地，爲火六局。爲辰巳者，居於土地，爲土五局。爲午未者，居於水地爲水二局。將命宮干支列舉如下，計有下列情況。

丙子、丁丑爲水二局；丙寅、丁卯爲火六局；丙辰、丁巳爲土五局；丙午、丁未爲水二局；丙申、丁酉爲火六局；丙戌、丁亥爲土五局。

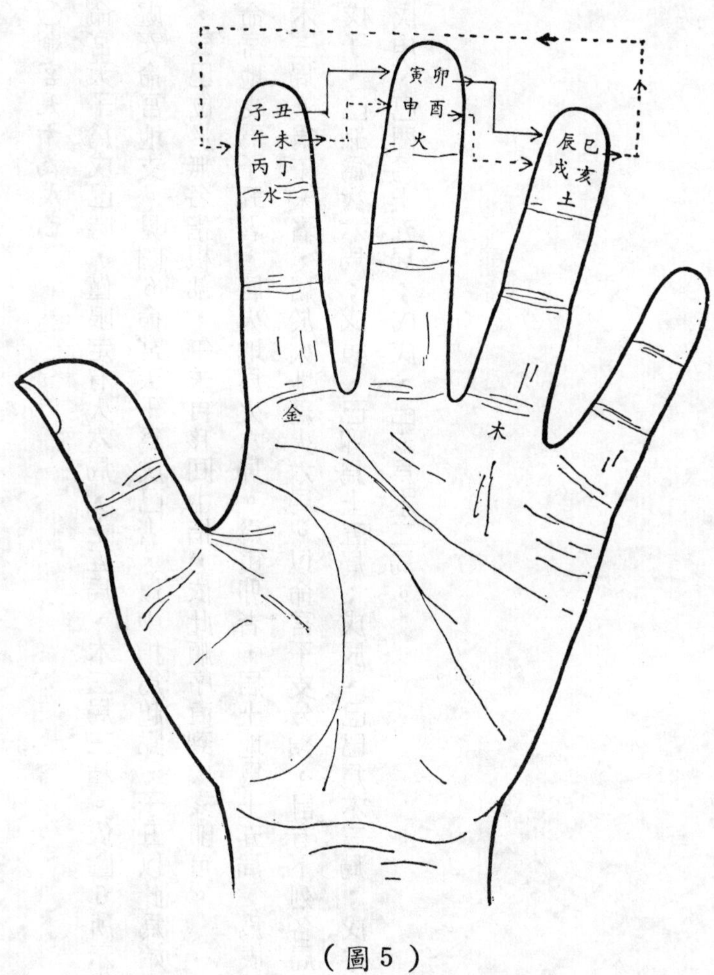

（圖 5）

○命宮天干為戊己

命宮天干爲戊己時，僅限定有火六局、土五局、木三局三種。依圖6所示，在掌中火土木三處安命宮地支。見圖6命宮天干爲戊己者，以中指爲起點，子丑以此爲始，寅卯移至無名指，辰巳位於無名指根部，午未再移回中指，依此順序直到戌亥卽可。

命宮地支爲子丑者，居火地爲火六局。爲寅卯者，居土地爲土五局。爲辰巳者，居於木地爲木三局。爲午未者，居於火地爲火六局。以命宮干支分類，計有下列各局。

戊子、己丑爲火六局；戊寅、己卯爲土五局；戊辰、己巳爲木三局；戊午、己未爲火六局；戊申、己酉爲土五局；戊戌、己亥爲木三局。

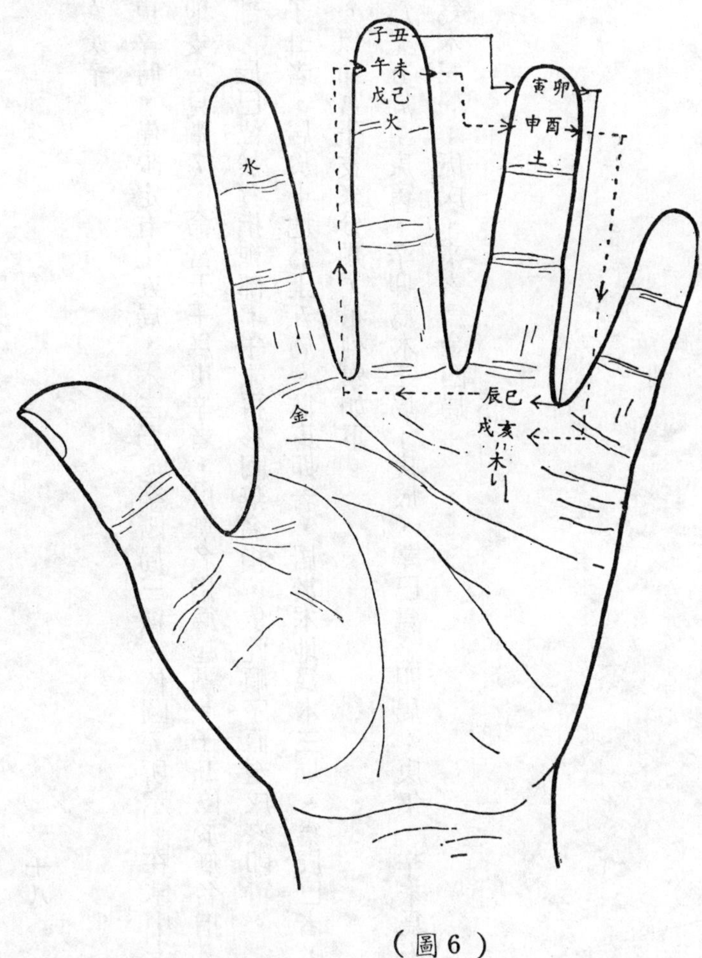

（圖 6）

○命宮天干為庚辛

命宮天干爲庚辛時，僅限定有土五局、木三局、金四局三種。依圖7所示，在掌中土木金三處，安命宮地支。見圖7，命宮天干爲庚辛者，以無名指爲起點。子丑位於無名指，寅卯位於無名指根部，辰巳位於食指根部，午未再移回無名指，依此順序直至戌亥卽可。

命宮地支爲子丑者，居於土地爲土五局。爲寅卯者，居於木地爲木三局。爲辰巳者，居於金地爲金四局。以命宮干支來分類，可列舉如下。

庚子、辛丑爲土五局；庚寅、辛卯爲木三局；庚辰、辛巳爲金四局；庚午、辛未爲土五局；庚申、辛酉爲木三局；庚戌、辛亥爲金四局。

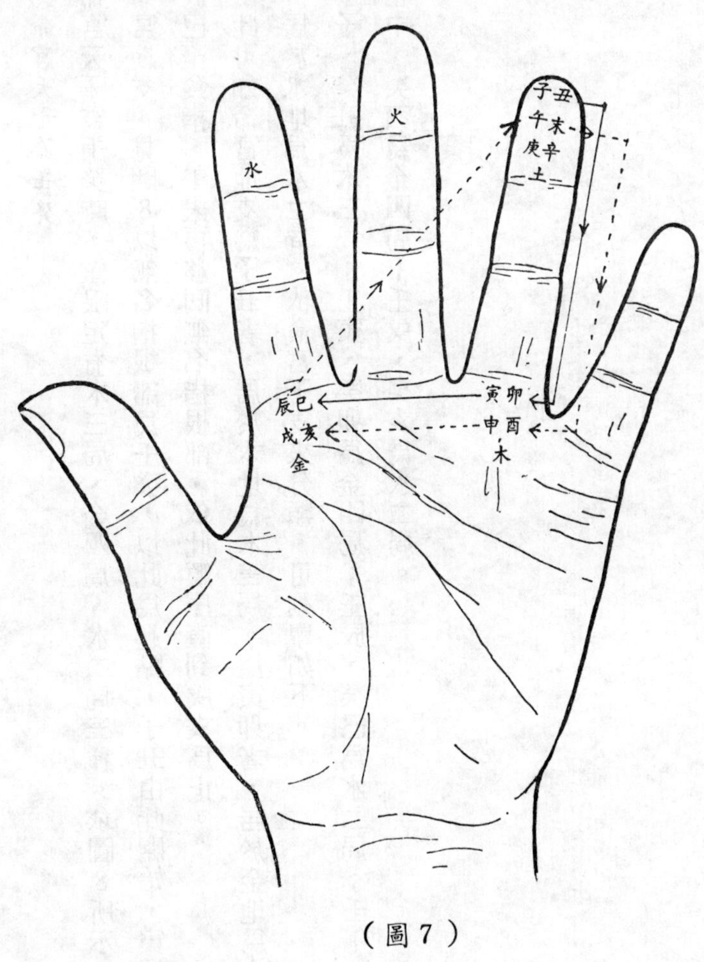

（圖 7）

○命宮天干為壬癸

命宮天干爲壬癸時，僅限定有木三局、金四局、水二局三種。依圖8所示，在木金水三處安命宮地支。見圖8以無名指根部爲壬癸，以此爲起點，子丑由此開始，寅卯移至食指根部，辰巳至食指，午未再移回無名指根部，依此順序直到戌亥爲止。

由此可知命宮地支爲子丑者，居於木地爲木三局。爲寅卯者，居於金地爲金四局。爲辰巳者，居於水地爲水二局。依命宮干支來分類，可列舉如下。

壬子、癸丑爲木三局；壬寅、癸卯爲金四局；壬辰、癸巳爲水二局；壬午、癸未爲木三局；壬申、癸酉爲金四局；壬戌、癸亥爲水二局。

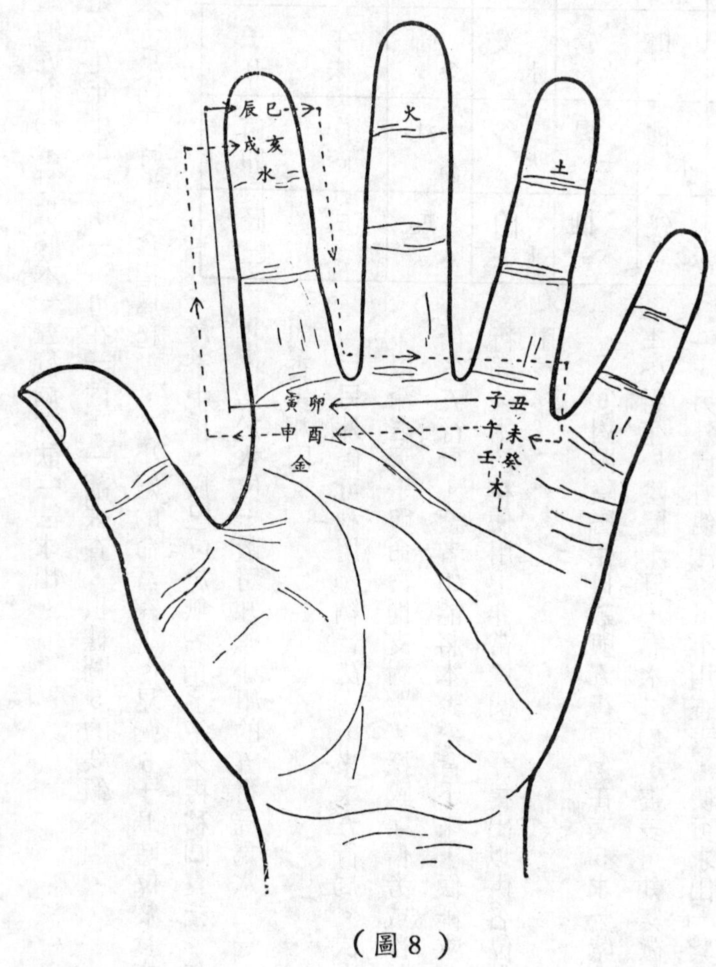

（圖8）

李小姐的五行局，可根據本「五行局掌訣」法求出。

李小姐的生年干爲「丁」，可在「丙丁」部去查，根據圖5的要領求出。命宮天干爲丙丁時，以食指爲起點，李小姐的命宮在午。見圖5子丑時位於食指，寅卯移至中指，辰巳位於無名指，午未再移回食指。午未在食指，居於水位，故可知李小姐的五行局爲水二局，其結果與查表相同。

另外尚可利用「納音法」，來求五行局。依上圖所示，以命宮天干與命宮地支對照，採國字偏旁或部首，來替代各五行局。讀者如能將本表熟背下來，便能立刻知曉五行局，本法在使用上非常簡便，今提出以供各位做參考之用。

命宮天干／命宮地支	甲乙	丙丁	戊己	庚辛	壬癸
子丑 午未	錦 金	沒 水	營 火	掛 土	林 木
寅卯 申酉	江 水	谷 火	堤 土	杖 木	鍾 金
辰巳 戌亥	煙 火	田 土	柳 木	錢 金	滿 水

⑥對照陰曆生日數與五行局，在表5求「紫微星」。

李小姐生於陰曆十日，爲水二局，查表可知紫微星在「午」。另外尚有他法，可不用查表，便可求出「紫微星」。

一爲「起紫微舊法」。即根據五行局別，將生日數直接寫在十二宮，可以用七言絕句的五行局別歌訣唱出。

其所得的結果，與表5完全相符。由於奇數日與偶數日的區別，紫微星在各五行局上，有其一定的動態。以下列出，供各位做參考。

表5 紫微表

生日＼五行局	水二局	木三局	金四局	土五局	火六局
初一	丑	辰	亥	午	酉
初二	寅	丑	辰	亥	午
初三	寅	寅	丑	辰	亥
初四	卯	巳	寅	丑	辰
初五	卯	寅	子	寅	丑
初六	辰	卯	巳	未	寅
初七	辰	午	寅	子	戌
初八	巳	卯	卯	巳	未
初九	巳	辰	丑	寅	子
初十	午	未	午	卯	巳
十一	午	辰	卯	申	寅
十二	未	巳	辰	丑	卯
十三	未	申	寅	午	亥
十四	申	巳	未	卯	申
十五	申	午	辰	辰	丑
十六	酉	酉	巳	酉	午
十七	酉	午	卯	寅	卯
十八	戌	未	申	未	辰
十九	戌	戌	巳	辰	子
二十	亥	未	午	巳	酉
廿一	亥	申	辰	戌	寅
廿二	子	亥	酉	卯	未
廿三	子	申	午	申	辰
廿四	丑	酉	未	巳	巳
廿五	丑	子	巳	午	丑
廿六	寅	酉	戌	戌	戌
廿七	寅	戌	未	辰	卯
廿八	卯	丑	申	酉	申
廿九	卯	戌	午	午	巳
三十	辰	亥	亥	未	午

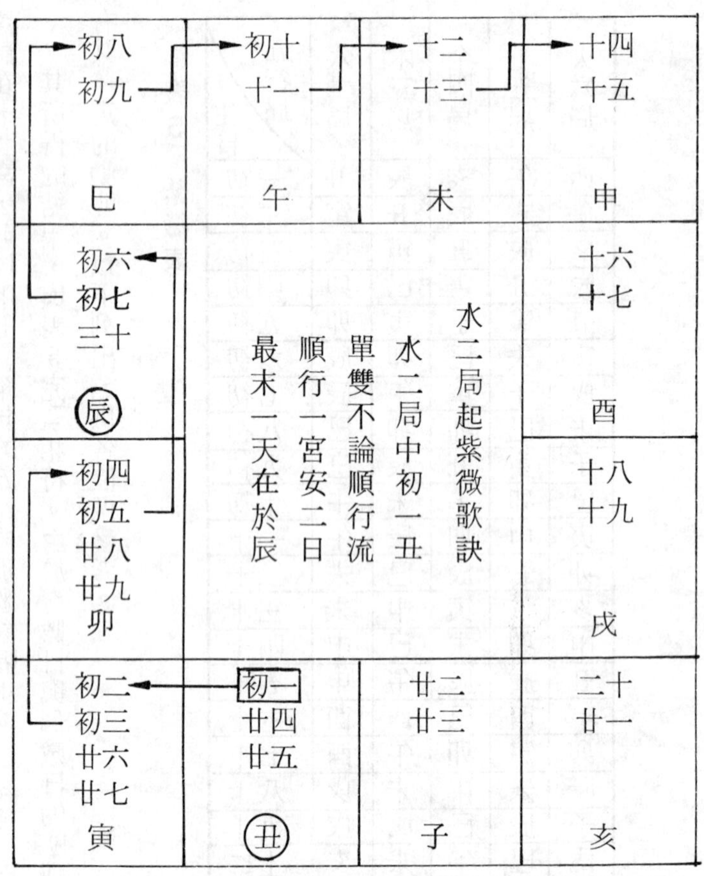

①水二局

歌訣　水二局中初一丑
單雙不論順行流
順行一宮安二日
最末一天在於辰

解：水二局人，以丑宮為初一，不論是單雙日一律順行，順行一宮安二日，最後一天必定在辰宮。紫微星在水二局中，動態最單純。

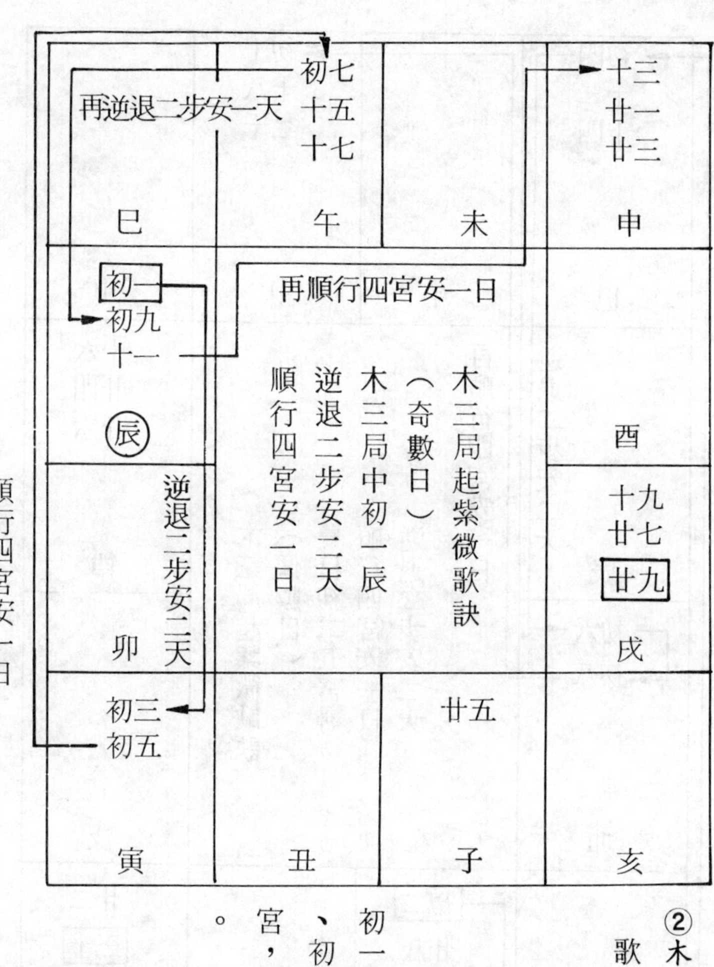

②木三局

歌訣（奇數日）

木三局中初一辰
逆退二步安二天
順行四宮安一日

解：木三局中以辰宮爲初一，逆退二宮時，安初三、初五二日，而後再順行四宮，安初七一日，以此類推。

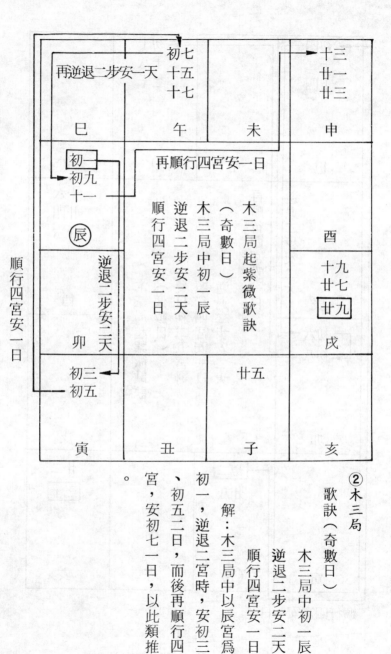

木三局起紫微歌訣

雙日初二丑宮尋（偶數日）

順行四宮安一日

逆退二步安二天

再順行四宮安一日

逆退二步安二天

順行四宮安一日

巳：初四、十二、十四

午

未：初十、十八、二十

申

辰

酉：十六、廿四、廿六

卯：初六、初八

戌

寅

丑：初二、廿八

子

亥：廿二、三十

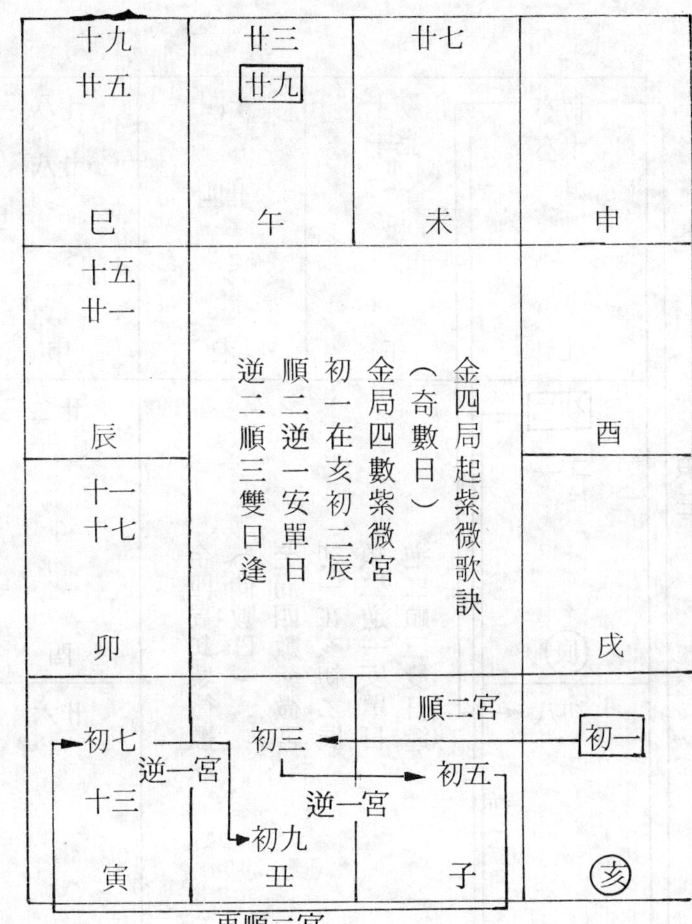

③金四局

歌訣　金局四數紫微宮
初一在亥初二辰
順二逆一安單日
逆二順三雙日逢

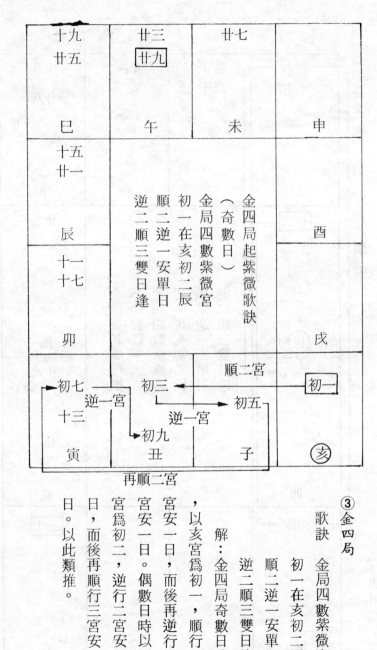

解：金四局奇數日時，以亥宮爲初一，順行二宮安一日，而後再逆行一宮安一日。偶數日時以辰宮爲初二，逆行二宮安一日，而後再順行三宮安一日。以此類推。

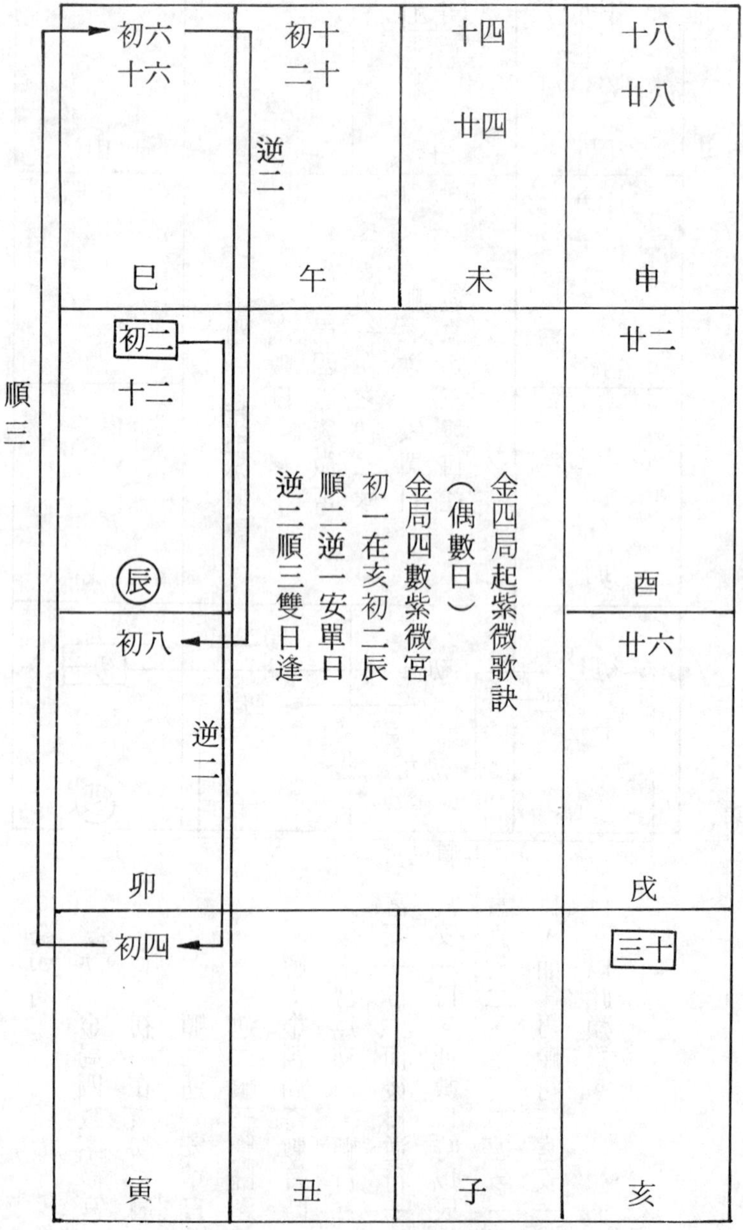

<table>
<tr><td>初六
十六
巳</td><td>初十
二十
逆二
午</td><td>十四
廿四
未</td><td>十八
廿八
申</td></tr>
<tr><td>初二
十二
辰</td><td colspan="2" rowspan="2">金四局起紫微歌訣
（偶數日）
金局四數紫微宮
初一在亥初二辰
順二逆一安單日
逆二順三雙日逢</td><td>廿二
酉</td></tr>
<tr><td>初八
逆二
卯</td><td>廿六
戌</td></tr>
<tr><td>初四
寅</td><td>丑</td><td>子</td><td>三十
亥</td></tr>
</table>

順三

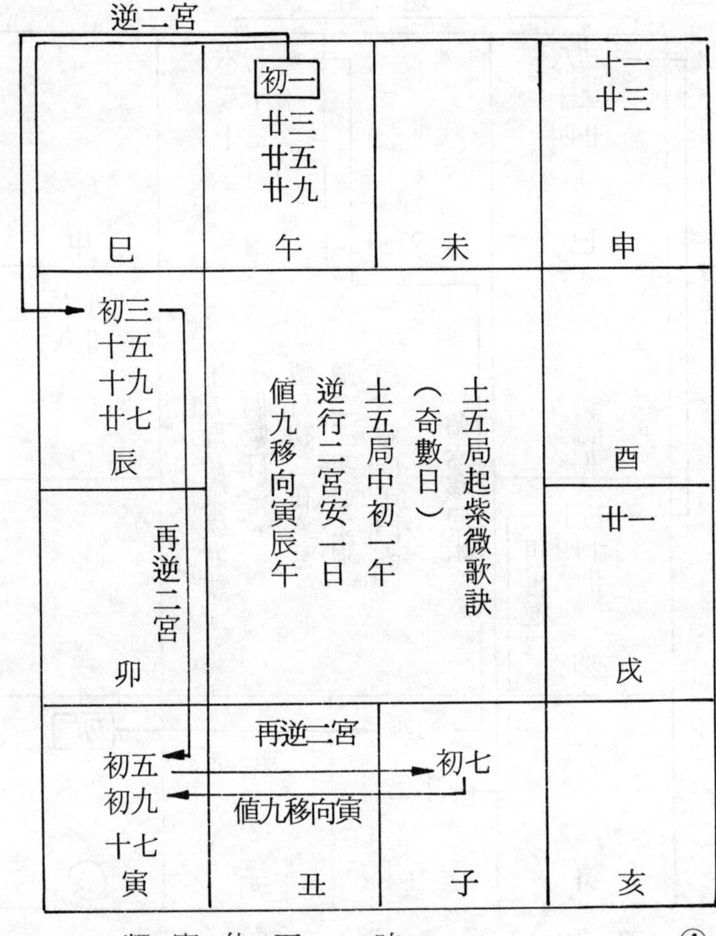

④土五局

歌訣（奇數日）

土五局中初一午

逆行二宮安一日

值九移向寅辰午

解：土五局奇日數時，初一在午宮，逆行二宮安一日，逢九時移至寅、辰、午宮。初九位於寅宮，十九移至辰宮，廿九到午宮。以此類推。

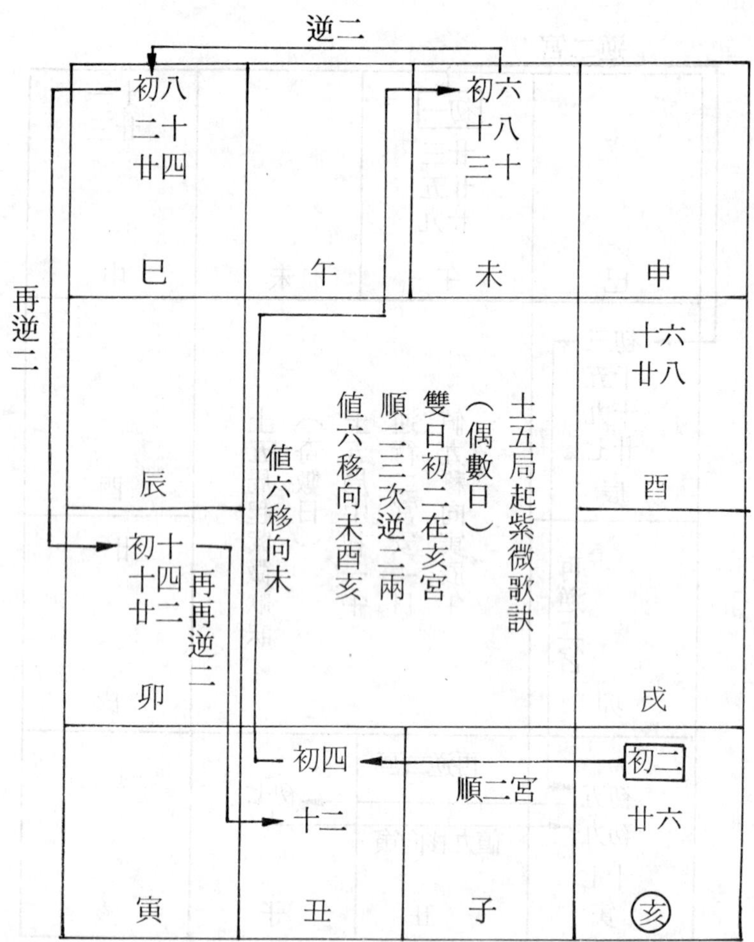

歌訣（偶數日）

雙日初二在亥宮

順二三次逆二兩

值六移向未酉亥

解：土五局偶數日時，初二在亥宮，順行二宮安一日，共三次。而後再逆回二宮安一日，計二次。如此反覆循環安紫微星。逢六時移向未酉亥宮。初六在未宮，十九在酉宮，廿六在亥宮。

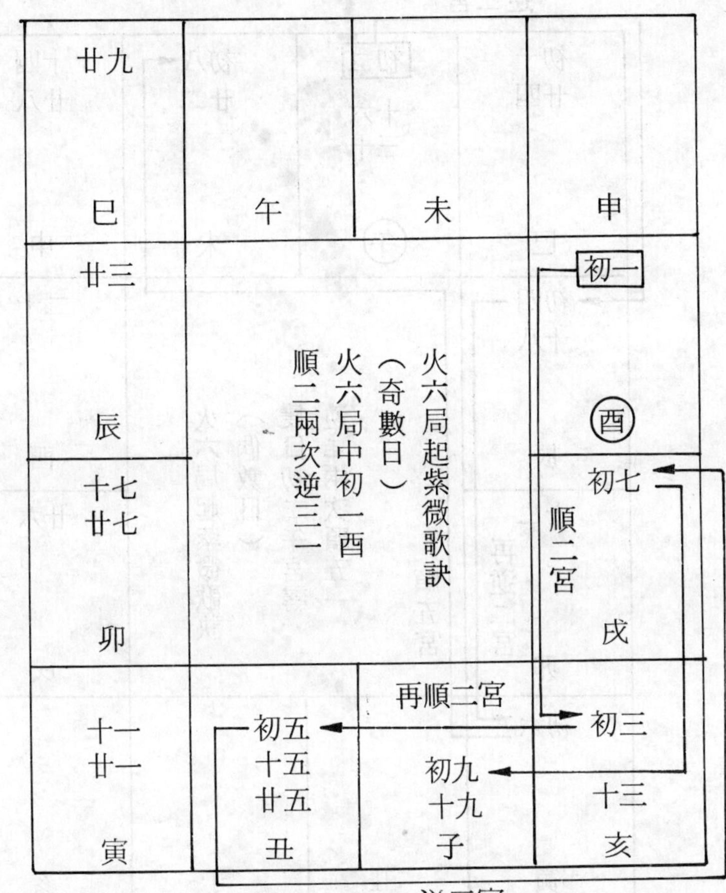

⑤火六局

歌訣（奇數日）

火六局中初一酉

順二兩次逆三一

解：火六局奇數日，初一在酉宮，順行二宮安一日，計兩次。再逆行三宮安一日，依此法則安紫微星日數。

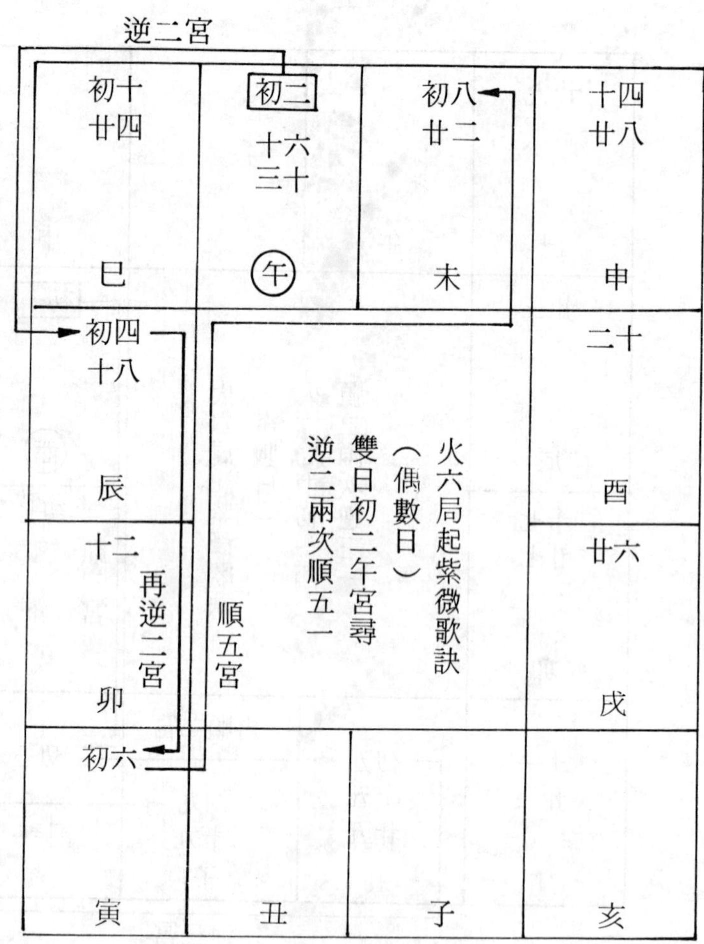

歌訣（偶數日）

雙日初二午宮尋

逆二兩次順五一

解：火六局偶數日，初二在午宮。逆行二宮安二日，計二次。而後再順行五宮安一日，計一次即可，依此類推。

其次爲「紫微掌訣」法。現在解說如下。

其方法是出生日（陰曆）加上x日，而後將和數除以五行局數（水二局爲二、木三局爲三，以此類推），再求其商數。

○x日爲偶數時，從相當商數的宮位順處x日，便可求得紫微星所在的宮位。

○x日爲奇數時，從相當商數的宮位逆處x日，便可求得紫微星所在的宮位。

以李小姐爲例，出生日（陰曆）10日，五行局數爲水二局，被除數爲2。$\frac{10+x}{2}=5$，由此可知x爲0，商爲5。偶數順行，以寅爲1順行五位至午，故李小姐的紫微星位於「午」宮。上述李小姐的x爲0，偶數，因此商數所顯示的宮位，卽紫微星所臨之處，本法非常簡單明瞭。下表是將商與宮位對照而成。當x爲0時，便可立卽求出紫微所在的宮位。以下爲五行局別解說。

①水二局　局數爲2。出生日爲1。$\frac{1+x}{2}=1$，商爲1，x爲1。商爲1在寅，x爲1，奇數，故逆行一位至「丑」。由此可知水二局、初一生人，安紫微星於「丑宮」。

出生日爲2，$\frac{2+x}{2}=1$，商爲1，x爲0，偶數，卽在「寅」宮安紫微星。

出生日爲3，$\frac{3+x}{2}=2$，商爲2在卯宮，x爲1，奇數，依逆行方向處一位至「寅」宮，在此安紫微星。

$$\frac{\text{出生日}+x\text{日}}{\text{局　數}}=\text{商(整數)}$$

商	1.	2.	3.	4.	5.	6.	7.	8.	9.	10.	11.	12.	13.	14.	15.
宮位	寅	卯	辰	巳	午	未	申	酉	戌	亥	子	丑	寅	卯	辰

②木三局　局數爲3。出生日爲1，$\frac{1+x}{3}=1$，商爲1在寅宮，x爲2、偶數順行數至二位爲「辰」宮，故可知在「辰宮」安紫微星。

出生日爲2。$\frac{2+x}{3}=1$。商爲1在寅，x爲1奇數，由寅逆行一位爲「丑」，於此宮安紫微星。

出生日爲3。$\frac{3+x}{3}=1$。商爲1在寅，x爲0偶數，「寅」宮卽爲紫微星所在的位置。

③金四局　局數爲4。出生日爲1時，$\frac{1+x}{4}=1$，商爲1在寅，x爲3奇數，由寅逆行三位至「亥」，由此可知金四局初一生人，紫微星位於「亥」宮。

出生日爲2，$\frac{2+x}{4}=1$，商爲1在寅，x爲2偶數，依順序數二位至「辰」，由此可知紫微星位於「辰宮」。

出生日爲3，$\frac{3+x}{4}=1$，商爲1在寅，x爲1奇數，因此由寅逆行一位至「丑」，故可知紫微星位於「丑」宮。

④土五局　局數爲5。出生日爲1，$\frac{1+x}{5}=1$，商爲1在寅，x爲4偶數，由寅開始順數四位至「午」，由此可知本日生人安紫微星於

「午宮」。

出生日爲2，$\frac{2+x}{5}=1$，商爲1在寅，x爲3奇數，由寅逆數三位至「亥」，在此安紫微星。

出生日爲3，$\frac{3+x}{5}=1$，商爲1在寅，x爲2偶數，由寅開始順數二位至「辰」，在此安紫微星。

⑤火六局　局數爲6。出生日爲1。$\frac{1+x}{6}=1$。商爲1在寅宮，x爲5奇數，故由寅開始逆行五位至「酉」，在此宮安紫微星。

出生日爲2。$\frac{2+x}{6}=1$。商爲1在寅。x爲4偶數。由寅開始順行四位至午，由此可知在「午」宮安紫微星。

出生日爲3。$\frac{3+x}{6}=1$。商爲1在寅。x爲3奇數。依逆行方向數三位至亥，故火六局三日生人，紫微星在「亥」宮。

⑥根據紫微星所在的宮位，查表6求十三個主星。李小姐的紫微星在午，查表可知天機星在巳、太陽星在卯、武曲星在寅、天同星在丑、廉貞星在戌。

其次根據紫微星所在的宮位，對照表7，求天府星。而後再根據天府星所在的宮位，於表8求諸星。李小姐的天府星在「戌」，查表8可知天府系諸星所居的宮位，如太陰星在亥宮、貪狼星在子、巨門星在丑、天相星在寅、天梁星在卯、七殺星在辰、破軍星在申。

表6 紫微諸星表

紫微＼諸星	天機	太陽	武曲	天同	廉貞
星級	甲				
子	亥	酉	申	未	辰
丑	子	戌	酉	申	巳
寅	丑	亥	戌	酉	午
卯	寅	子	亥	戌	未
辰	卯	丑	子	亥	申
巳	辰	寅	丑	子	酉
午	巳	卯	寅	丑	戌
未	午	辰	卯	寅	亥
申	未	巳	辰	卯	子
酉	申	午	巳	辰	丑
戌	酉	未	午	巳	寅
亥	戌	申	未	午	卯

表7 天府表

紫微＼星名	天府
星級	甲
子	辰
丑	卯
寅	寅
卯	丑
辰	子
巳	亥
午	戌
未	酉
申	申
酉	未
戌	午
亥	巳

表8　天府諸星表

星級 諸星 天府	甲						
	太陰	貪狼	巨門	天相	天梁	七殺	破軍
子	丑	寅	卯	辰	巳	午	戌
丑	寅	卯	辰	巳	午	未	亥
寅	卯	辰	巳	午	未	申	子
卯	辰	巳	午	未	申	酉	丑
辰	巳	午	未	申	酉	戌	寅
巳	午	未	申	酉	戌	亥	卯
午	未	申	酉	戌	亥	子	辰
未	申	酉	戌	亥	子	丑	巳
申	酉	戌	亥	子	丑	寅	午
酉	戌	亥	子	丑	寅	卯	未
戌	亥	子	丑	寅	卯	辰	申
亥	子	丑	寅	卯	辰	巳	酉

太陰 巳	貪狼 午	天同 巨門 未	武曲 天相 申
廉貞 天府 辰			太陽 天梁 酉
卯			七殺 戌
破軍 寅	丑	紫微 子	天機 亥

①紫微星位於子宮之基本命盤

廉貞 貪狼 巳	巨門 午	天相 未	天同 天梁 申
太陰 辰			武曲 七殺 酉
天府 卯			太陽 戌
寅	紫微 破軍 丑	天機 子	亥

②紫微星位於丑宮之基本命盤

巨門 巳	廉貞 天相 午	天梁 未	七殺 申
貪狼 辰			天同 酉
太陰 卯			武曲 戌
紫微 天府 寅	天機 丑	破軍 子	太陽 亥

③紫微星位於寅宮之基本命盤

天相 巳	天梁 午	廉貞 七殺 未	申
巨門 辰			酉
紫微 貪狼 卯			天同 戌
天機 太陰 寅	天府 丑	太陽 子	武曲 破軍 亥

④紫微星位於卯宮之基本命盤

天梁 巳	七殺 午	未	廉貞 申
紫微 天相 辰			酉
天機 巨門 卯			破軍 戌
貪狼 寅	太陽 太陰 丑	武曲 天府 子	天同 亥

⑤紫微星位於辰宮之基本命盤

紫微 七殺 巳	午	未	申
天機 天梁 辰			廉貞 破軍 酉
天相 卯			戌
太陽 巨門 寅	武曲 貪狼 丑	天同 太陰 子	天府 亥

⑥紫微星位於巳宮之基本命盤

天機 巳	紫微 午	未	破軍 申
七殺 辰			酉
太陽 天梁 卯			廉貞 天府 戌
武曲 天相 寅	天同 巨門 丑	貪狼 子	太陰 亥

⑦紫微星位於午宮之基本命盤

巳	天機 午	紫微 破軍 未	申
太陽 辰			天府 酉
武曲 七殺 卯			太陰 戌
天同 天梁 寅	天相 丑	巨門 子	廉貞 貪狼 亥

⑧紫微星位於未宮之基本命盤

太陽 巳	破軍 午	天機 未	紫微 天府 申
武曲 辰			太陰 酉
天同 卯			貪狼 戌
七殺 寅	天梁 丑	廉貞 天相 子	巨門 亥

⑨紫微星位於申宮之基本命盤

武曲 破軍 巳	太陽 午	天府 未	天機 太陰 申
天同 辰			紫微 貪狼 酉
卯			巨門 戌
寅	廉貞 七殺 丑	天梁 子	天相 亥

⑩紫微星位於酉宮之基本命盤

天同 巳	武曲 天府 午	太陽 太陰 未	貪狼 申
破軍 辰			天機 巨門 酉
卯			紫微 天相 戌
廉貞 寅	丑	七殺 子	天梁 亥

⑪紫微星位於戌宮之基本命盤

天府 巳	天同 太陰 午	武曲 貪狼 未	太陽 巨門 申
辰			天相 酉
廉貞 破軍 卯			天機 天梁 戌
寅	丑	子	紫微 七殺 亥

⑫紫微星位於亥宮之基本命盤

由上可知「紫微系諸星」有六個，而「天府系諸星」有八個，共計爲十四個主星。其配置的方法，只要根據紫微星所在的宮位，再依一定的法則，便能排出十二種「基本命盤」。在此特別介紹十四個主星同座的法則，併解說如下。

○紫微星與天府星

寅申同宮。

卯丑、酉未隔一宮同座。

辰子、戌午隔三宮同座。

巳亥具有對宮關係。

○紫微系諸星

「紫微逆行爲天機。隔一宮爲太陽、武曲、天同相連，再隔二宮爲廉貞。」見圖9紫微星在午，逆行至巳安天機星，隔一宮（辰）接連安太陽、武曲、天同三星，再隔子亥二宮安廉貞星。在安紫微系諸星宮位時，必須要依反時鐘方向，此爲其特徵。

○天府系諸星

（圖9.）

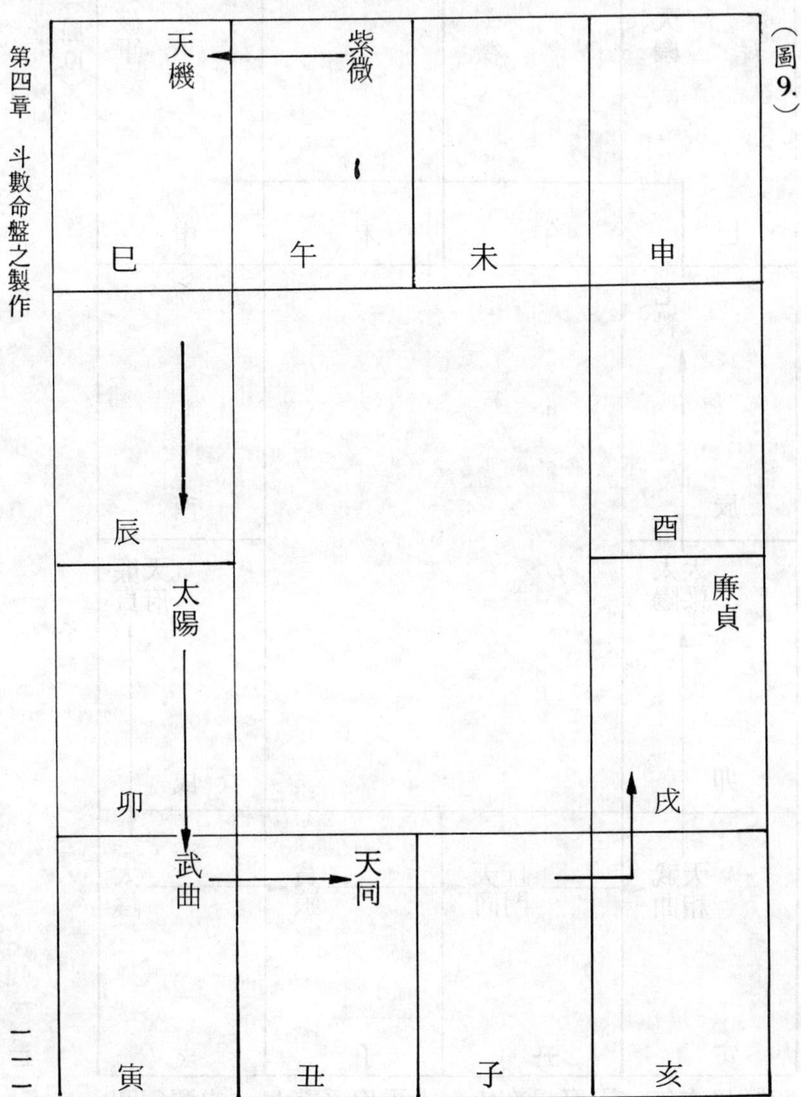

紫微星在午，「紫微系諸星」之運行圖

（圖10.）

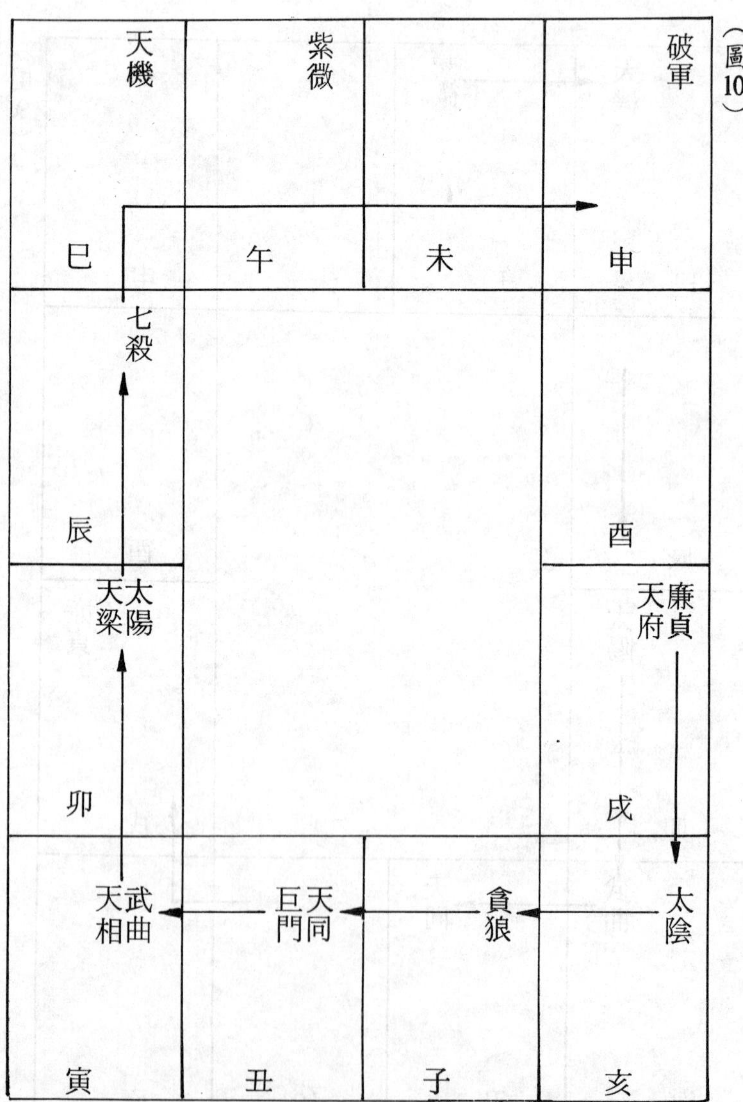

紫微星在午，天府星在戌，「天府系諸星」之運行圖

而「天府系諸星」，亦可採用前述紫微星之法則求知。

「天府順行爲太陰、貪狼、巨門、天相、天梁、七殺，隔三宮爲破軍。」見圖10，紫微在午，天府必在戌宮。依順時鐘方向，各宮接連安太陰、貪狼、巨門、天相、天梁、七殺，而後隔巳午未三宮，再安破軍於申宮。安天府系諸星時，必須要依順時鐘方向而行，此爲其特徵。

⑦根據生時、生日、生月、生年干支，求其他諸星。

李小姐的生時支爲巳，求「時系諸星」時，見表9.可知文昌在巳，文曲在酉。

1.文昌星以戌爲起點（子），逆行至生時止。

2.對照生時支與生年支，求火星、鈴星。李小姐的生時支爲巳，生年支在亥，查表9.可知火星在寅，鈴星在卯，「火星、鈴星」以起點順行。

寅午戌年生人，火星以丑、鈴星以卯爲起點（子），順行至生時支之宮，安火星、鈴星。

申子辰年生人，火星以寅、鈴星以戌爲起點（子），順行至生時支之宮。安火星、鈴星。

巳酉丑生人，火星以卯、鈴星以戌爲起點（子），順行至生時支之宮，安火星、鈴星。

亥卯未年生人，火星以酉、鈴星以戌爲起點（子），順行至生時支之宮，安火星、鈴星。

文昌・文曲（圖11.）

文昌由戌開始逆行

辰 寅 申 ㊣巳 文曲 丑 酉
子 戌
亥
卯 卯 未
寅 辰 午
丑 文昌 巳 巳
子 辰
卯
寅
丑
子

陰女　李
丁亥年陰曆十月十日巳時
水二局

文曲由辰開始順行

。（參照圖12.）

3.根據生時支求地刼、天空。查表9.可知李小姐的地刼在辰，天空在午。求「地刼、天空」時，以亥爲起點（子），數至生時支之宮後，安上二星。「地刼」順行。「天空」逆行。（參照圖13.）

4.以生時支求台輔、封誥。

以「午」爲起點（子），順行至生時支之宮，爲「台輔」之位。

火星・鈴星（圖12）

巳	午	未	申
辰	陰女　李 丁亥年陰曆十月十日巳時 水二局		酉
鈴星 卯			戌
火星 寅	丑	子	亥

表9 時系諸星表

星級	甲	甲	甲	甲	甲	甲	甲	甲	甲	甲	乙	乙	乙	乙
本生年支			寅午戌	寅午戌	申子辰	申子辰	巳酉丑	巳酉丑	亥卯未	亥卯未				
諸星 / 本生時	文昌	文曲	火星	鈴星	火星	鈴星	火星	鈴星	火星	鈴星	地刼	天空	台輔	封誥
子	戌	辰	丑	卯	寅	戌	卯	戌	酉	戌	亥	亥	午	寅
丑	酉	巳	寅	辰	卯	亥	辰	亥	戌	亥	子	戌	未	卯
寅	申	午	卯	巳	辰	子	巳	子	亥	子	丑	酉	申	辰
卯	未	未	辰	午	巳	丑	午	丑	子	丑	寅	申	酉	巳
辰	午	申	巳	未	午	寅	未	寅	丑	寅	卯	未	戌	午
巳	巳	酉	午	申	未	卯	申	卯	寅	卯	辰	午	亥	未
午	辰	戌	未	酉	申	辰	酉	辰	卯	辰	巳	巳	子	申
未	卯	亥	申	戌	酉	巳	戌	巳	辰	巳	午	辰	丑	酉
申	寅	子	酉	亥	戌	午	亥	午	巳	午	未	卯	寅	戌
酉	丑	丑	戌	子	亥	未	子	未	午	未	申	寅	卯	亥
戌	子	寅	亥	丑	子	申	丑	申	未	申	酉	丑	辰	子
亥	亥	卯	子	寅	丑	酉	寅	酉	申	酉	戌	子	巳	丑

地刧·天空（圖13.）

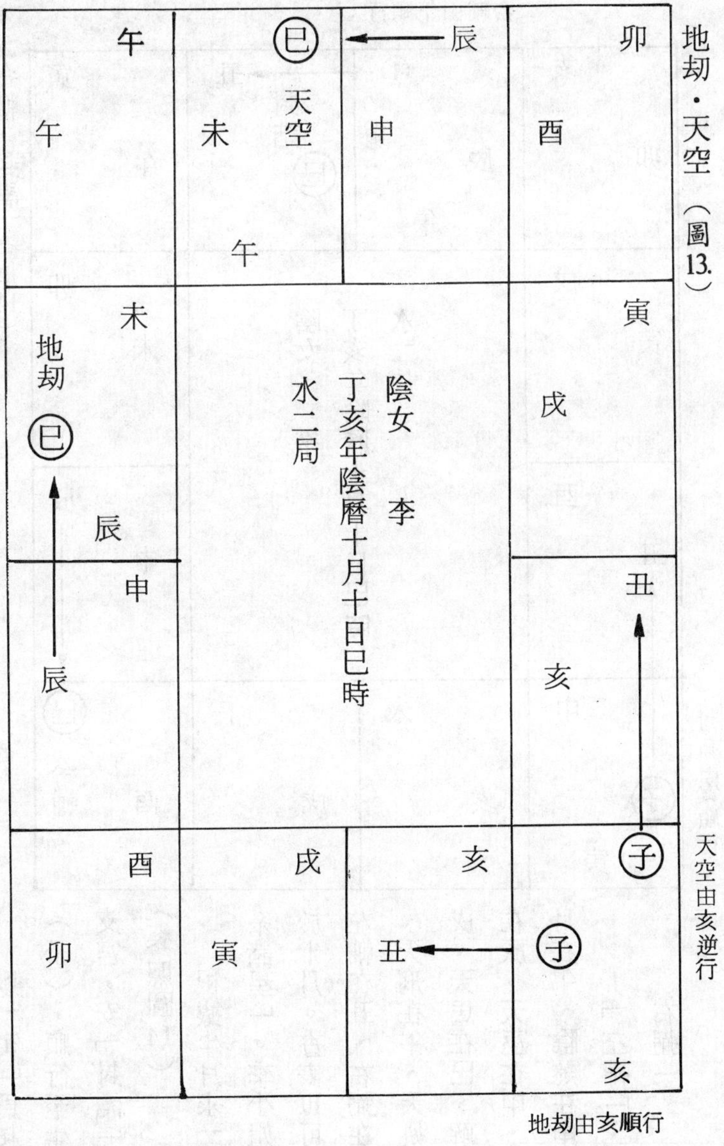

午 午 天空	巳 未 午	辰 → 巳 申	卯 酉
未 地刧 巳 辰	陰女 李 丁亥年陰曆十月十日巳時 水二局		寅 戌
申 辰 ↑ 巳			丑 亥 子 ↑ 丑
酉 卯	戌 寅	亥 丑	子 子 → 丑 亥

天空由亥逆行

地刧由亥順行

台輔・封誥（圖14.）

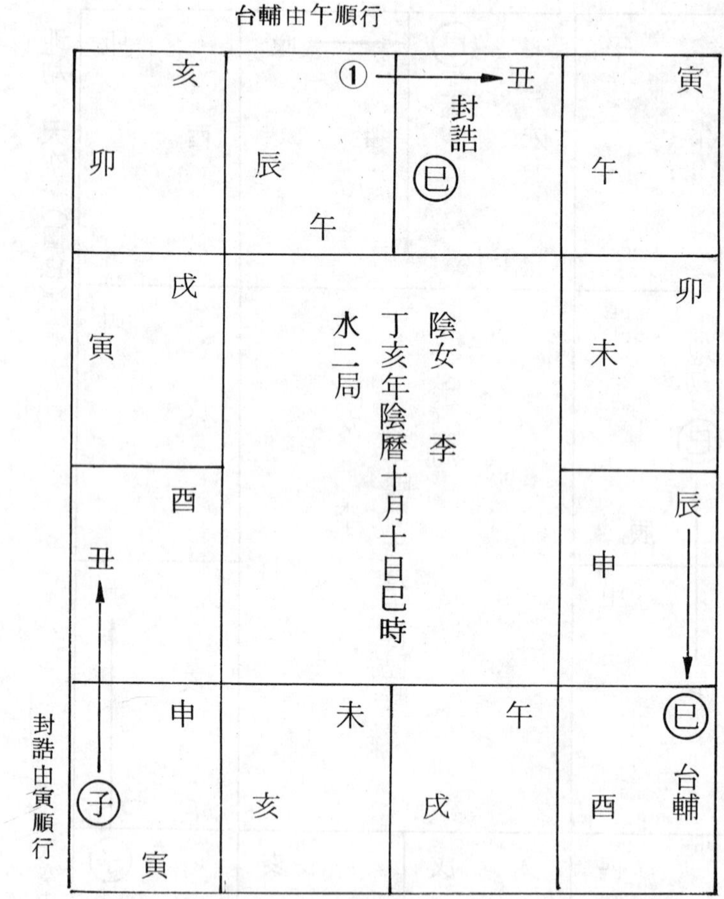

以「寅」爲起點（子），順行至生時支宮，安「封誥」。（參照圖14）

台輔由午順行

封誥由寅順行

陰女　李
丁亥年陰曆十月十日巳時
水二局

根據生月求「月系諸星」。李小姐生於十月。查表10.可知左輔在丑、右弼在丑、天刑在午、天姚在戌、天馬在巳、解神在辰、天巫在申、天月在午、陰煞在申。

1.「左輔」、「右弼」

左輔・右弼（圖15.）

求左輔時以辰爲起點（子），順行至生月（陰曆）爲止。

求右弼所在宮位時，以「戌」爲起點（子），逆行數至生月（陰曆）爲止。（參照圖15.）

2.「天刑」、「天姚」

求天刑之宮位時，以「酉」爲起點（子），順行數至陰曆生月爲止即可。

安「天姚」之宮位

天刑·天姚（圖16.）

9 5	⑩ 天刑 6 午	7	8
8 4	陰女 李 丁亥年陰曆十月十日巳時 水二局		① 天刑由酉順行 9 酉
7 3			2 天姚 ⑩ 戌
6 2	5 ① 丑	4	3

天姚由丑順行

天馬・天巫（圖17.）

天馬由申逆行

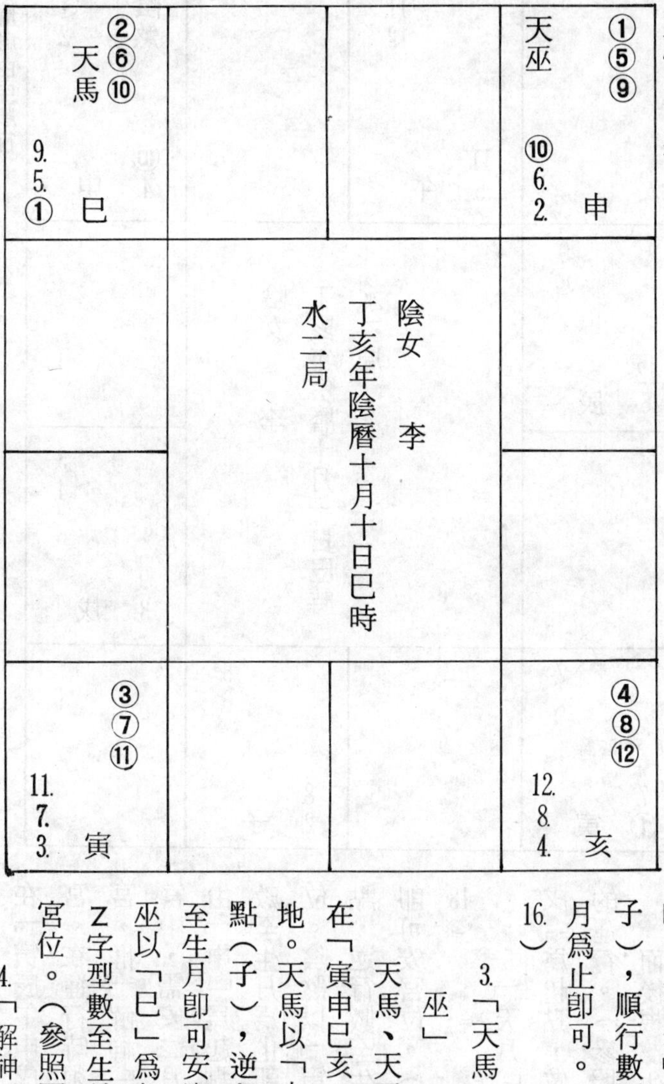

②⑥⑩ 天馬 9.5.① 巳			①⑤⑨ 天巫 ⑩6.2. 申
	陰女 李 丁亥年陰曆十月十日巳時 水二局		
③⑦⑪ 11.7.3. 寅			④⑧⑫ 12.8.4. 亥

天巫由巳走Z字型

時，以「丑」爲起點（子），順行數至陰曆生月爲止卽可。（參照圖16.）

3.「天馬」、「天巫」

天馬、天巫只運行在「寅申巳亥」四生之地。天馬以「申」爲起點（子），逆行四地數至生月卽可安宮位。天巫以「巳」爲起點，走Z字型數至生月卽可安宮位。（參照圖17.）

4.「解神」、「陰煞」

解神．陰煞（圖18.）

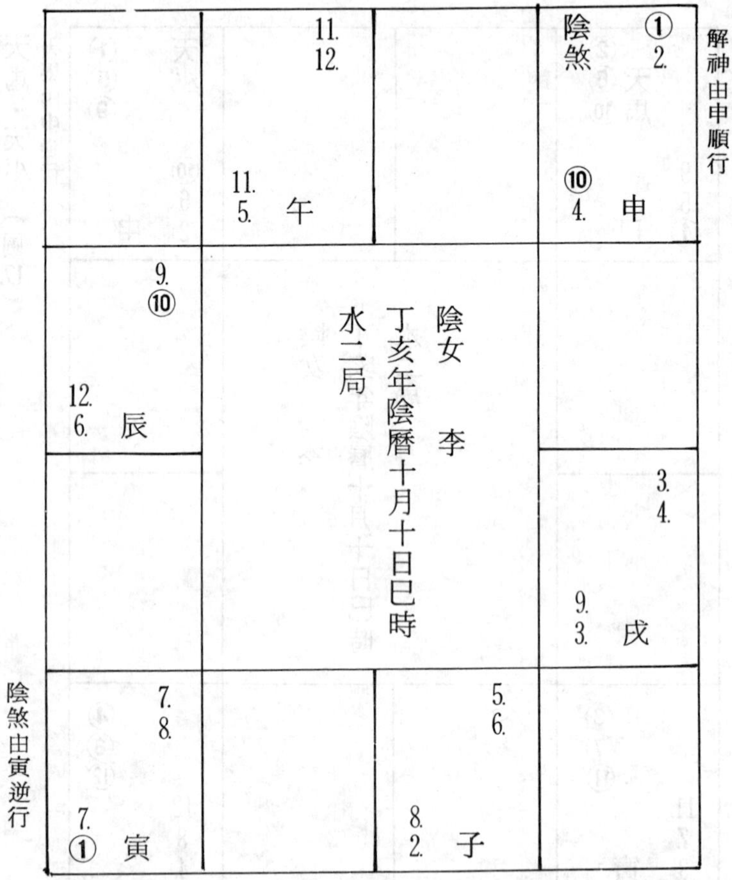

解神由申順行

	11. 12. 11. 5. 午		陰煞 ① 2. ⑩ 4. 申
9. ⑩ 12. 6. 辰	陰女 李 丁亥年陰曆十月十日巳時 水二局		
			3. 4. 9. 3. 戌
7. 8. 7. ① 寅		5. 6. 8. 2. 子	

陰煞由寅逆行

解神、陰煞只限定在「寅辰午申戌子」六宮。在運行時須每隔一宮，惟「解神」在每一宮中，需安二月。解神由「申」爲起點，順行數至生月爲止卽可安宮位。陰煞以「寅」爲起點，逆行數至生月止，卽可安宮位。（參照圖18.）

5.「天月」，由「戌」爲起點，做不規則的運行。（參照圖19.）

而後根據生日求「日系諸星」、「三台、

天月（圖19.）

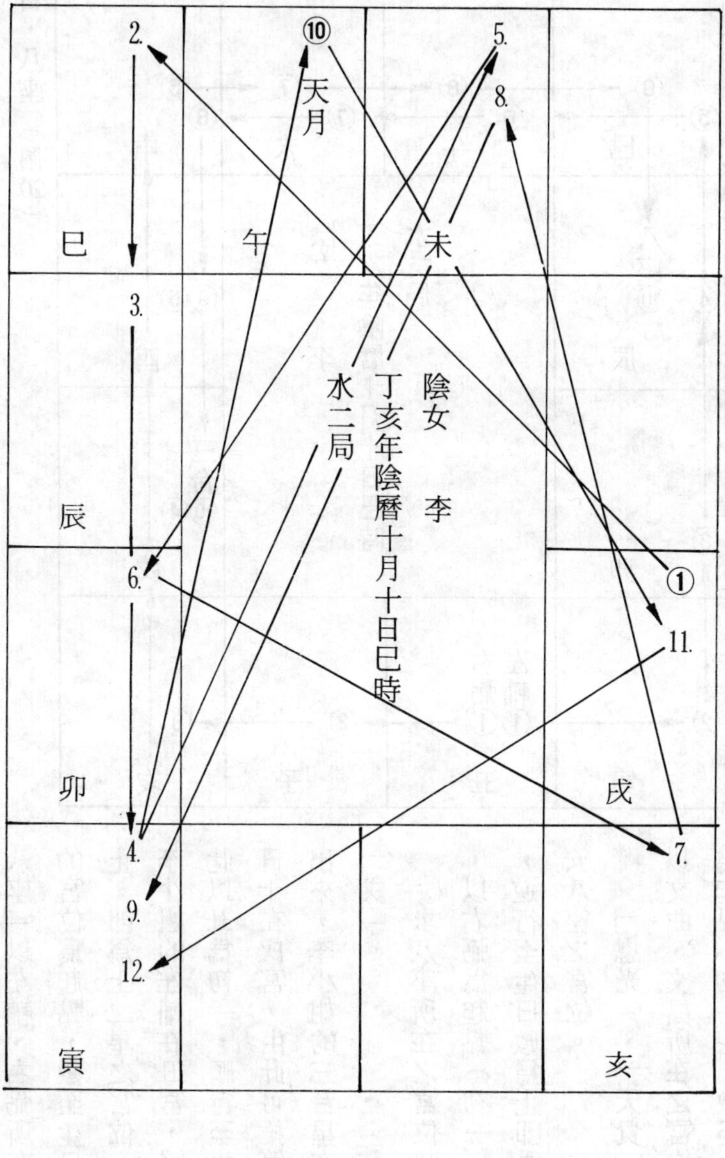

天月由戌開始，做不規則運行

三台・八座（圖20.）

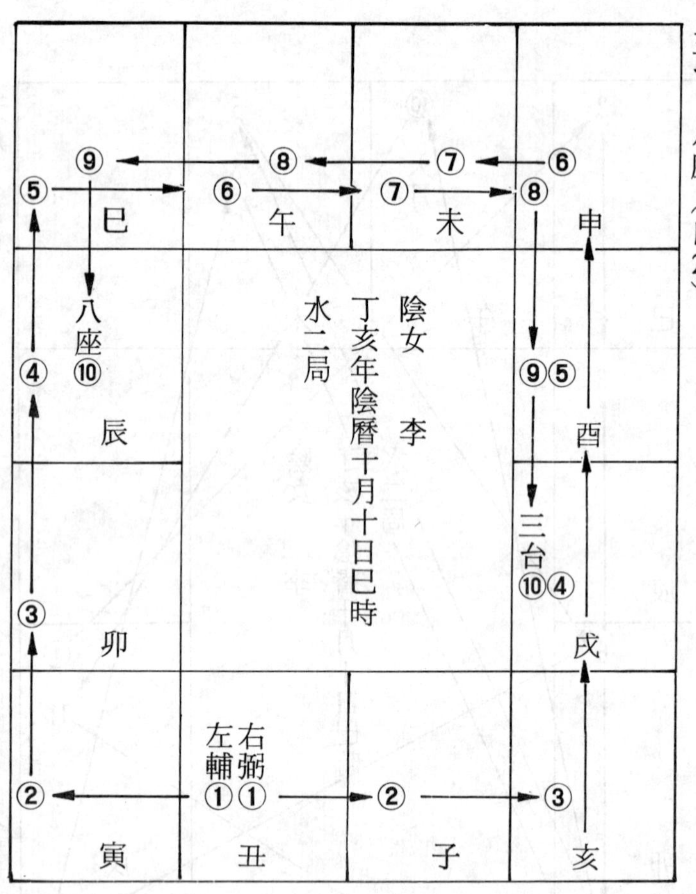

八座」以左輔、右弼所在的宮位爲起點，數至生日止，卽爲上二星之宮位。李小姐的左輔在丑宮，因此以丑爲初一，順行至生日十在戌宮，由此可推算出來，李小姐的三台星在「戌」。

求八座所在之宮位時，以右弼爲起點（初一），逆行至生日數爲止卽爲安八座之宮位。

「恩光」、「天貴」以文曲、文昌所在之宮位爲起點（初一），數至生

表10　月系諸星表

星級	甲		乙		乙		乙		
本生月＼諸星	左輔	右弼	天刑	天姚	天馬	解神	天巫	天月	陰煞
正月	辰	戌	酉	丑	申	申	巳	戌	寅
二月	巳	酉	戌	寅	巳	申	申	巳	子
三月	午	申	亥	卯	寅	戌	寅	辰	戌
四月	未	未	子	辰	亥	戌	亥	寅	申
五月	申	午	丑	巳	申	子	巳	未	午
六月	酉	巳	寅	午	巳	子	申	卯	辰
七月	戌	辰	卯	未	寅	寅	寅	亥	寅
八月	亥	卯	辰	申	亥	寅	亥	未	子
九月	子	寅	巳	酉	申	辰	巳	寅	戌
十月	丑	丑	午	戌	巳	辰	申	午	申
十一月	寅	子	未	亥	寅	午	寅	戌	午
十二月	卯	亥	申	子	亥	午	亥	寅	辰

表11　日系諸星表

星級	諸星	安星方法
乙	三台	從左輔上起初一、順行、數到本日生。
	八座	從右弼上起初一、逆行、數到本日生。
乙	恩光	從文昌上起初一、順行、數到本日生再退後一步。
	天貴	從文曲上起初一、順行、數到本日生再退後一步。

日爲止卽可。

恩光．天貴（圖21.）

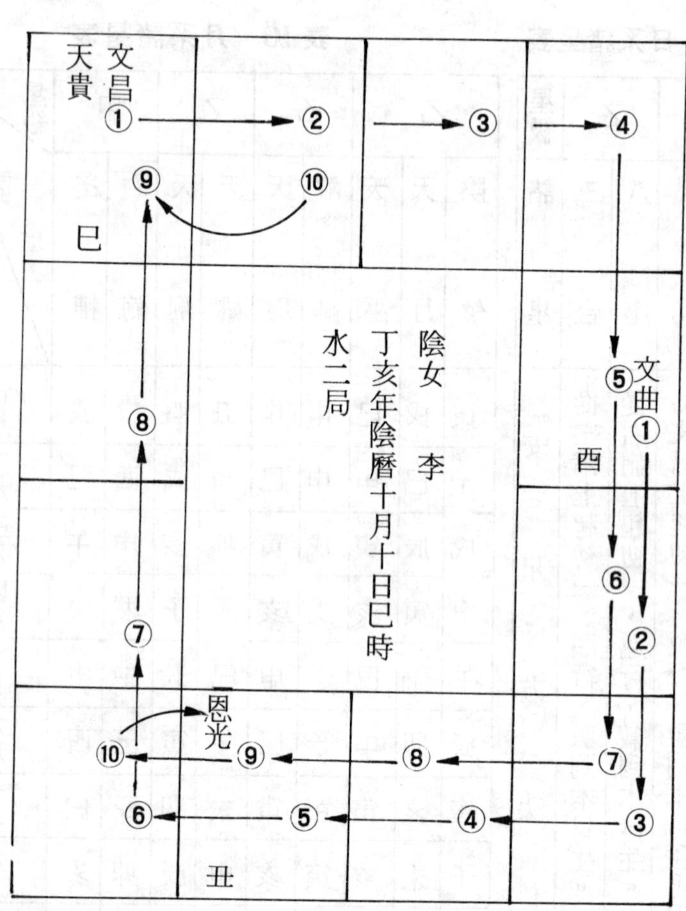

恩光以文昌所在宮位爲初一，順行數至生日之數，再退一宮安恩光。例如李小姐文昌在巳，生日爲初十，故以巳爲起點順行數至十爲寅，再退一宮爲「丑」，故可知在丑安恩光。

天貴以文曲爲起點（初一），順行數至生日數止，再退一宮安天貴。以李小姐爲例，文曲在酉，以酉爲初一順行數至生日數止，再退

陽干祿羊陀（圖22.）

丙 戊			庚
祿存 ㊁巳	羊 午	陀 未	祿存 ㊁申
陀 辰	甲年祿存在寅 丙、戊年祿存在巳 庚年祿存在申 壬年祿存在亥		羊 酉
羊 卯			陀 戌
甲 祿存 ㊁寅	陀 丑	羊 子	祿存 ㊁亥 壬

一宮「巳」安天貴，故可知李小姐的天貴在「巳宮」。

根據生年干求「年干系諸星」。李小姐生於「丁」年，查表12.可知祿存在午、擎羊在未、陀羅在巳、天魁在亥、天鉞在酉、太陰化祿、天同化權、天機化科、巨門化忌、天宮在寅、天福在亥。

1.「祿存、擎羊、陀羅」

擎羊與陀羅的宮位

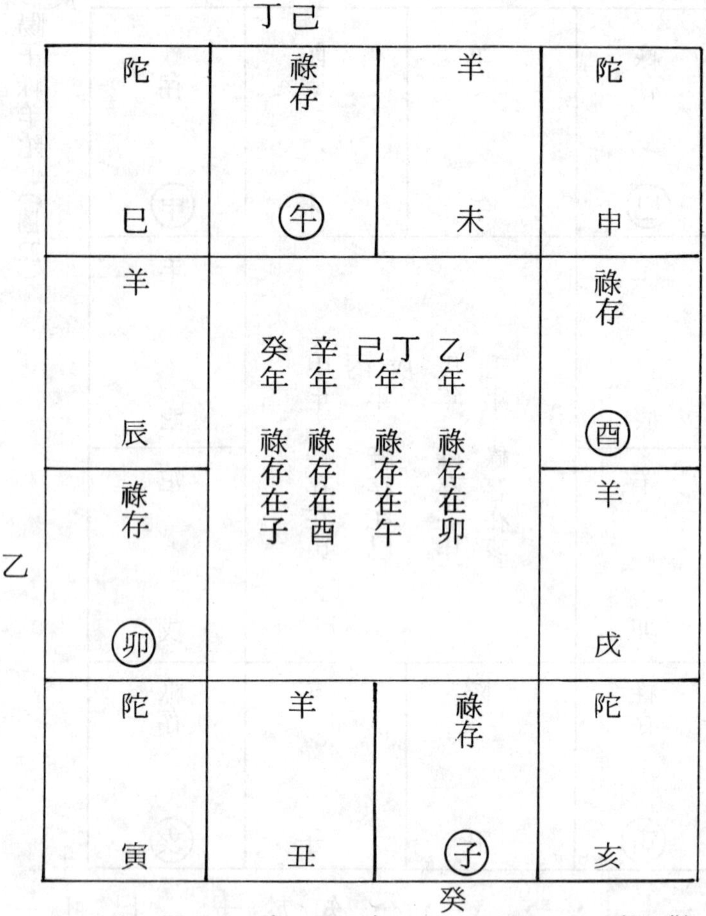

，正好夾於祿存左右。擎羊位於前一宮，陀羅位於後一宮。

在求祿存時，必須要注意區分年干之陰陽，如圖22.、23.所示。

圖22.為陽干時，祿存之排列位置。甲年生人祿存在寅、丙戊年祿存在巳、庚年祿存在申、壬年祿存在亥。例如甲年祿存在寅，則在卯宮安擎羊、丑宮安陀羅。其他皆同。

陰干祿羊陀（圖23.）

陀 巳	丁己 祿存 午	羊 未	陀 申
羊 辰	乙年祿存在卯	丁己年祿存在午	辛 祿存 酉
乙 祿存 卯	辛年祿存在酉	癸年祿存在子	羊 戌
陀 寅	羊 丑	癸 祿存 子	陀 亥

圖23.為陰干時，祿

天魁·天鉞（圖24.）

天鉞（壬、癸）巳	天魁（辛）午	天鉞（甲戊庚）未	天鉞（乙、己）申
辰			天鉞（丙、丁）酉
天魁（壬、癸）卯			戌
天鉞（辛）寅	天魁（甲戊庚）丑	天魁（乙、己）子	天魁（丙、丁）亥

存之排列位置。乙年生人祿存在卯、丁、己年生人祿存在午，辛年生人祿存在酉，癸年生人祿存在子。而安擎羊、陀羅宮位時，依上述法則而行即可。

「天魁、天鉞」

甲戊庚年生人，天魁在丑，天鉞在未。

乙己年生人，天魁在子，天鉞在申。

丙丁年生人，天魁在亥，天鉞在酉。

辛年生人，天魁在

午，天鉞在寅。

壬癸年生人，天魁在卯，天鉞在巳。

見圖24.可知，在「辰戌」兩宮，並不安天魁、天鉞。

「天官、天福」

此二星的運行法則，見圖25.、26.。

天官（圖25.）

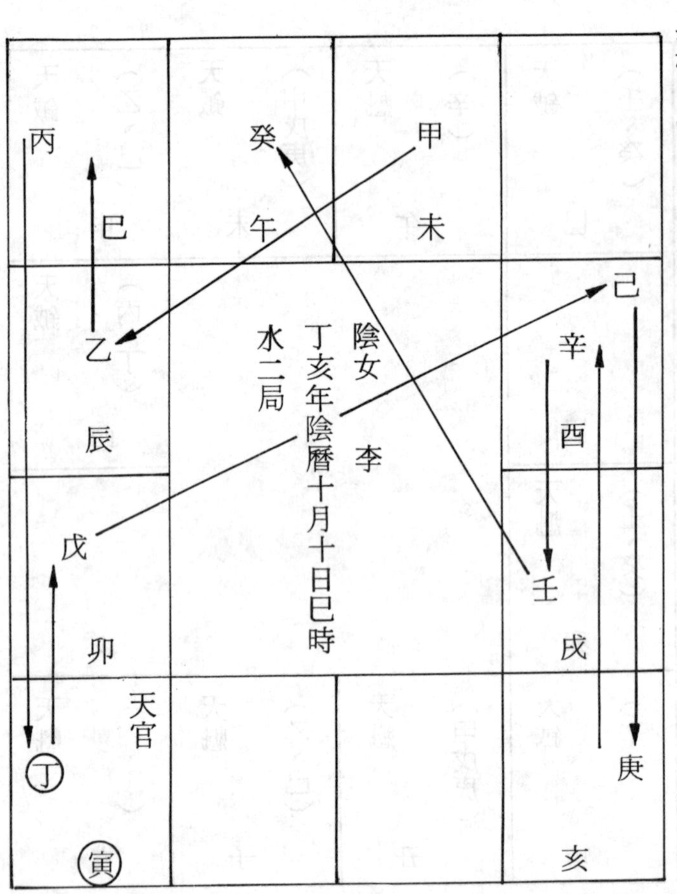

「生年博士十二星」，以祿存星所在的宮位置博士。求祿存時陽男陰女順行，陰男陽女逆行。李小姐（陰女順行，參照表14.）之祿存

天福（圖26）

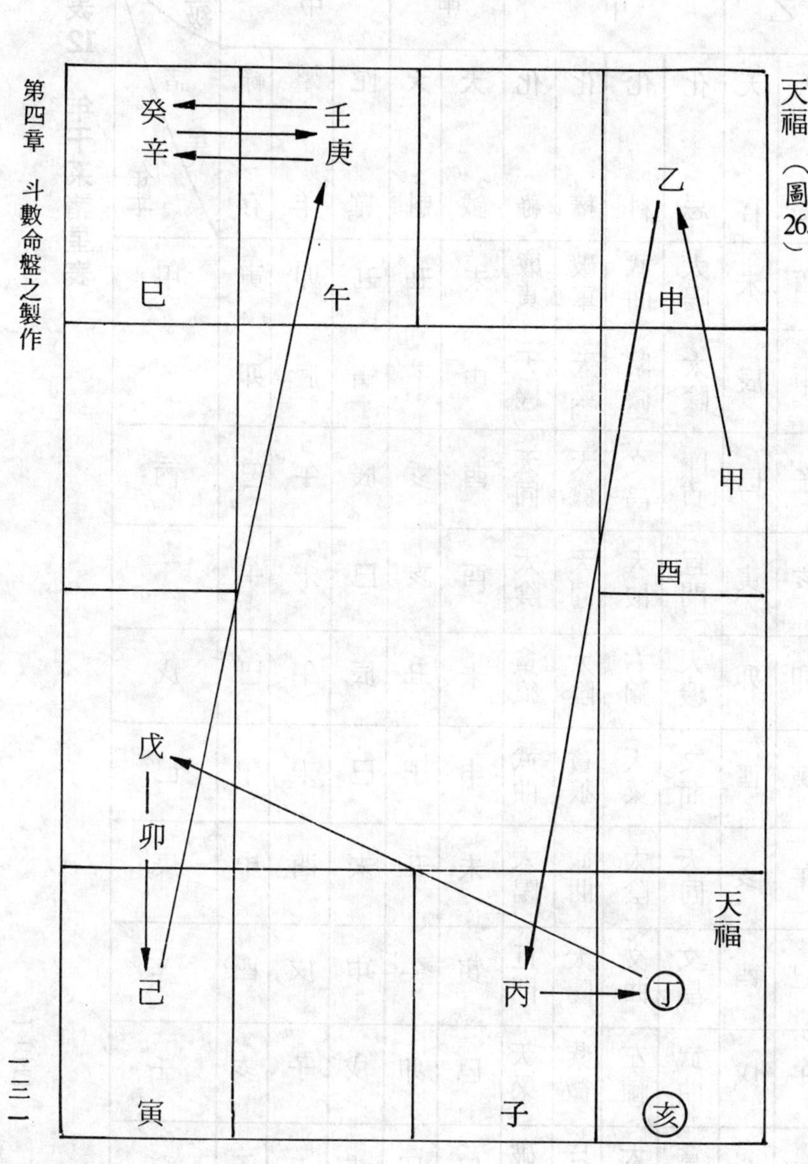

表12 年干系諸星表

星級	甲	甲	甲	甲	甲	甲	甲	甲	甲	乙	乙
諸星＼年干	祿存	擎羊	陀羅	天魁	天鉞	化祿	化權	化科	化忌	天官	天福
甲	寅	卯	丑	丑	未	廉貞	破軍	武曲	太陽	未	酉
乙	卯	辰	寅	子	申	天機	天梁	紫微	太陰	辰	申
丙	巳	午	辰	亥	酉	天同	天機	文昌	廉貞	巳	子
丁	午	未	巳	亥	酉	太陰	天同	天機	巨門	寅	亥
戊	巳	午	辰	丑	未	貪狼	太陰	右弼	天機	卯	卯
己	午	未	巳	子	申	武曲	貪狼	天梁	文曲	酉	寅
庚	申	酉	未	丑	未	太陽	武曲	太陰	天同	亥	午
辛	酉	戌	申	午	寅	巨門	太陽	文曲	文昌	酉	巳
壬	亥	子	戌	卯	巳	天梁	紫微	左輔	武曲	戌	午
癸	子	丑	亥	卯	巳	破軍	巨門	太陰	貪狼	午	巳

星在午，故博士在午、力士在未、青龍在申、小耗在酉、將軍在戌、奏書在亥、飛廉在子、喜神在丑、病符在寅、大耗在卯、伏兵在辰、官府在巳。

表13　生年博士十二星法

尋祿存星起博士

丙級星。

祿存	男女尋祿存起博士，陽男陰女順行，陰男陽女逆行。
博士	力士　青龍　小耗　將軍　奏書　飛廉　喜神　病符　大耗　伏兵　官府

表14　十干所屬表

所屬＼十干	甲	乙	丙	丁	戊	己	庚	辛	壬	癸
陰陽	陽	陰	陽	陰	陽	陰	陽	陰	陽	陰
五行	木		火		土		金		水	

註：陽年生人，男爲陽男，女爲陽女。

陰年生人，男爲陰男，女爲陰女。

天哭·天虛（圖27.）

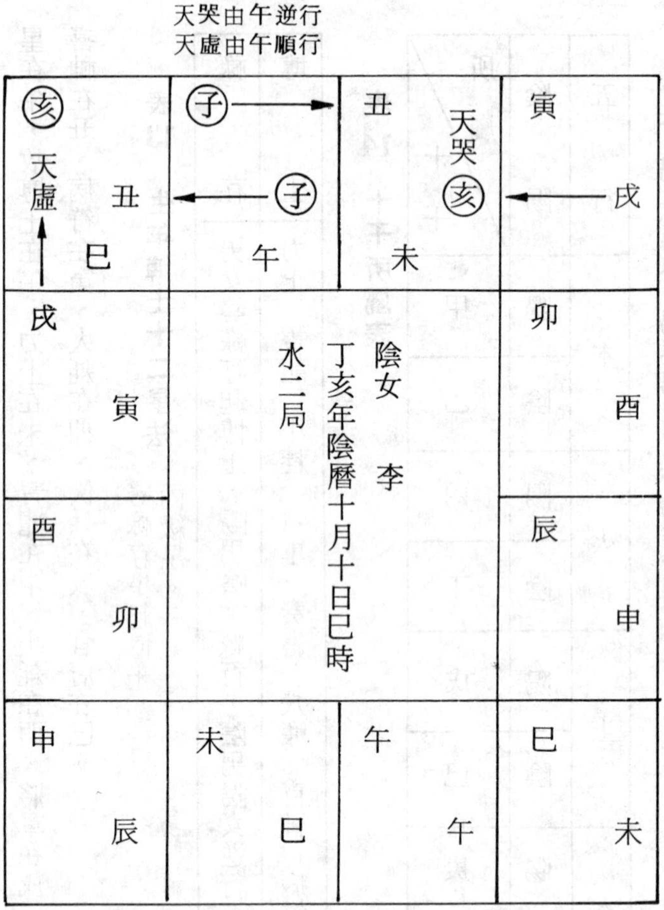
天哭由午逆行
天虛由午順行
亥
子
丑
寅
天虛
丑
子
天哭
亥
戌
巳
午
未
戌
卯
陰女 李
丁亥年陰曆十月十日巳時
水二局
寅
酉
酉
辰
卯
申
申
未
午
巳
辰
巳
午
未

以生年支求「年支系諸星」。李小姐生於「亥」年，查表15.可知天哭在未、天虛在巳、龍池在卯、鳳閣在亥、紅鸞在辰、天喜在戌、孤辰在寅、寡宿在戌、蜚廉在丑、破碎在酉、天才在兄弟宮，最後以身宮爲起點（子），順行數至生年支止，安「天壽」宮。李小姐的身宮在「辰」，生年支爲「亥」，以辰爲子順數至生年支「卯」，安「

表15 年支系諸星表

星級	乙		乙		乙		乙		乙		乙	
諸星／本生年支	天哭	天虛	龍池	鳳閣	紅鸞	天喜	孤辰	寡宿	蜚廉	破碎	天才	天壽
子	午	午	辰	戌	卯	酉	寅	戌	申	巳	命宮	身宮子起順行，數至生年支。
丑	巳	未	巳	酉	寅	申	寅	戌	酉	丑	父母	
寅	辰	申	午	申	丑	未	巳	丑	戌	酉	福德	
卯	卯	酉	未	未	子	午	巳	丑	巳	巳	田宅	
辰	寅	戌	申	午	亥	巳	巳	丑	午	丑	官祿	
巳	丑	亥	酉	巳	戌	辰	申	辰	未	酉	僕役	
午	子	子	戌	辰	酉	卯	申	辰	寅	巳	遷移	
未	亥	丑	亥	卯	申	寅	申	辰	卯	丑	疾厄	
申	戌	寅	子	寅	未	丑	亥	未	辰	酉	財帛	
酉	酉	卯	丑	丑	午	子	亥	未	亥	巳	子女	
戌	申	辰	寅	子	巳	亥	亥	未	子	丑	夫妻	
亥	未	巳	卯	亥	辰	戌	寅	戌	丑	酉	兄弟	

龍池・鳳閣（圖28.）

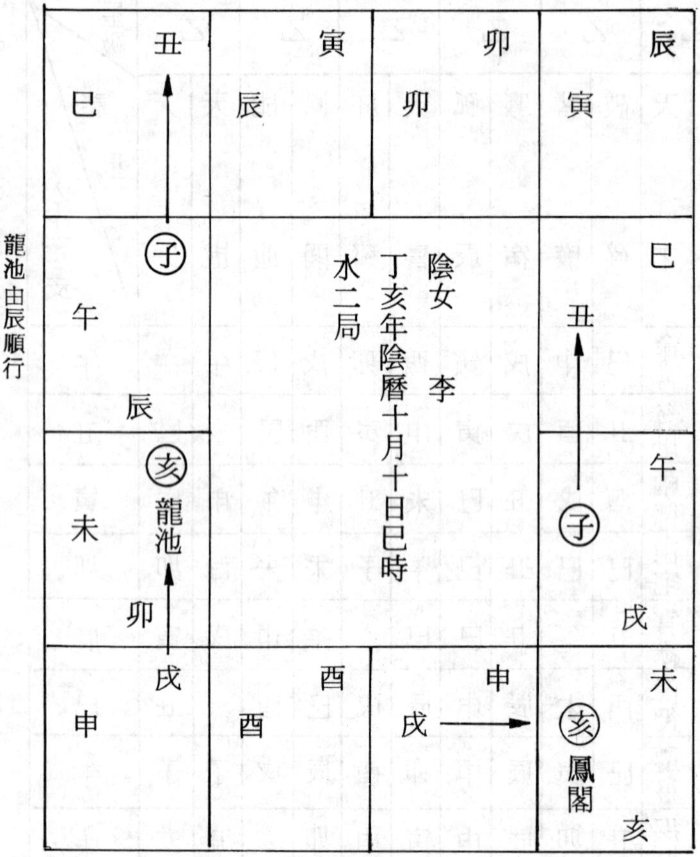

鳳閣由戌逆行

丑 巳	寅 辰	卯 卯	辰 寅
㊀子 午 辰	陰女 李	丁亥年陰曆十月十日巳時 水二局	巳 丑
㊀亥 龍池 未 卯			午 ㊀子 戌
戌 申	酉 酉	申 戌	未 ㊀亥 鳳閣 亥

龍池由辰順行

天壽」之位。

1.「天哭、天虛」（

參照圖27.）

天哭由「午」開始，逆行數至生年支止安宮位。天虛由「午」開始，順行至生年支止安宮位。

2.「龍池、鳳閣」（參照圖28.）

求龍池之宮位時，以「辰」爲起點（子），順行至生年支爲止即可。

求鳳閣之宮位時，以「戌」宮爲起點（子），逆行數至生年支止即可。

紅鸞・天喜（圖29.）

天喜由酉逆行

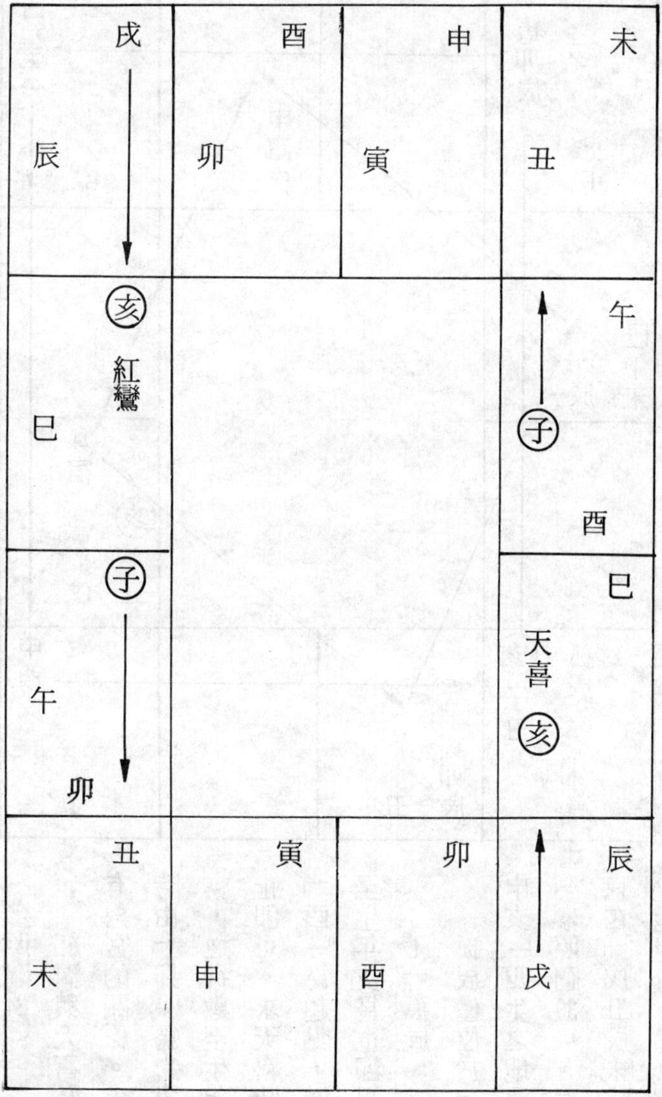

紅鸞由卯逆行

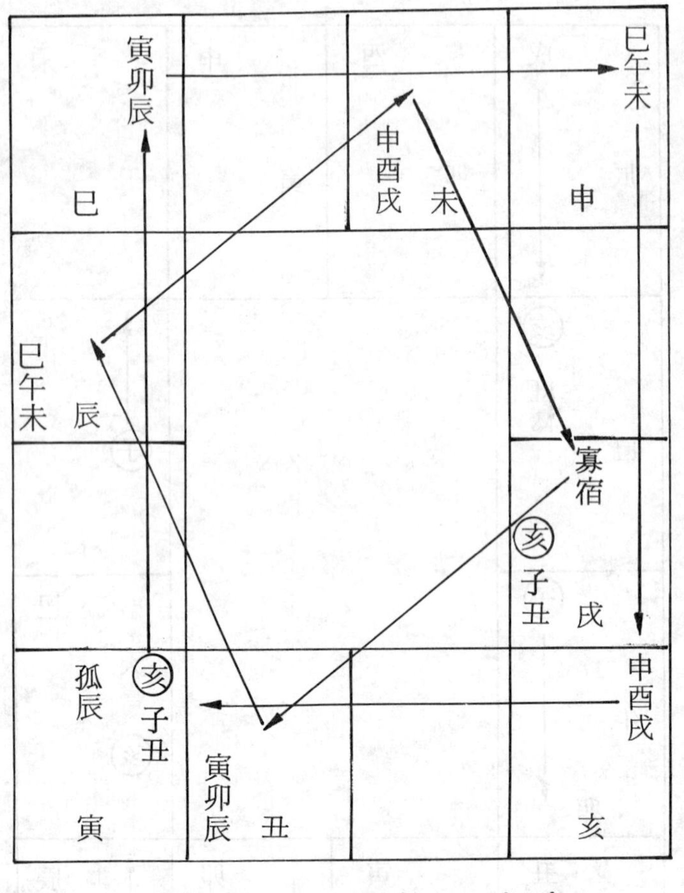

孤辰・寡宿（圖30.）

3.「紅鸞、天喜」

（參照圖24.）

紅鸞與天喜必定具有對宮的關係。求紅鸞時由「卯」爲起點（子），逆行數至生年支爲止卽可。求天喜時，由「酉」爲起點，逆行數至生年支爲止卽可。

4.「孤辰、寡宿」

孤辰僅位於「寅巳申亥」四生之地運行。（參照圖30.）。而寡宿只在「戌丑辰未」四墓之地運行。（參照圖30.

蜚廉・破碎（圖31.）

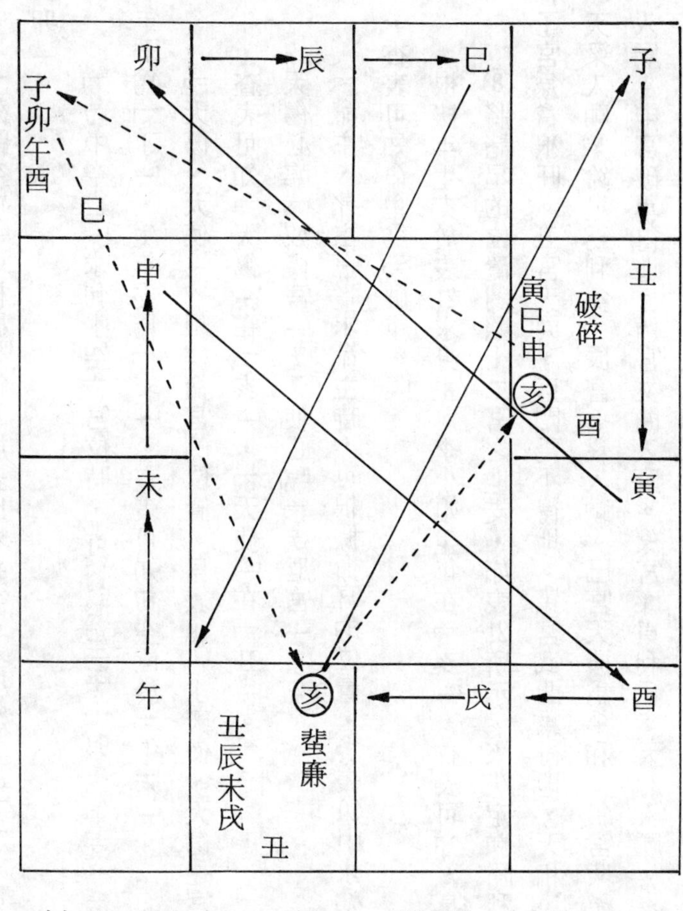

）。

5.「蜚廉、破碎」

蜚廉，根據圖31.法則，在十二宮運行。

破碎，根據圖31.法則，在「巳酉丑」三地運行。

根據五行局與「陽男陰女」「陰男陽女」，於表16.求「五行長生十二星」。李小姐爲「水二局」人「陰女」，見表可知長生在申地，以下順行，卽沐浴在酉、冠帶在戌、臨官在亥、帝旺在子、衰在丑、病在寅、死在卯、墓在辰、絕在巳、胎在午、養在未。

「截路空亡」　根據生年干於表17.求截空。李小姐生年干爲「丁」，查表可知截空臨「寅卯」。

「旬中空亡」求旬中空亡宮位時，可對照生年干與生年支（參照表18.）。李小姐的生年干爲「丁」，生年支爲「亥」，查表可知旬空位於「午未」。

「天傷、天使」　根據命宮的位置，見表19.，求天使、天傷之宮位。李小姐命宮在「午」，查表可知「天傷」在「亥」，「天使」在「丑」。

天傷必臨「奴僕宮」，天使必臨「疾厄宮」。

「命主、身主」　求命主時，可根據命宮的位置，於表20.中求知。李小姐命宮在「午」，查表可知命主爲「破軍星」。

根據年生支於表21.求身主。李小姐生年在「亥」，查表可知，身主爲「天機星」。

⑧將諸星的位置對照十二宮之地支，如表21.所示，來決定廟旺利陷。在李小姐的命盤中子宮爲貪狼旺。丑宮天同、巨門爲不得地。寅宮武曲爲得地，天相、火星入廟。卯宮太陽與天梁入廟，鈴星爲利益。辰宮七殺入廟。巳宮天機爲平和。午宮紫微與祿存入廟。未宮擎羊入廟。申宮破軍得地。酉宮文曲入廟。戌宮廉貞利益。天府入廟。亥宮太陰入廟。

表16 五行長生十二星表

五行局	順逆	長生	沐浴	冠帶	臨官	帝旺	衰	病	死	墓	絕	胎	養
星級		丙											
水二局	陽男陰女	申	酉	戌	亥	子	丑	寅	丑	辰	巳	午	未
	陰男陽女		未	午	巳	辰	卯	寅	丑	子	亥	戌	酉
木三局	陽男陰女	亥	子	丑	寅	卯	辰	巳	午	未	申	酉	戌
	陰男陽女		戌	酉	申	未	午	巳	辰	卯	寅	丑	子
金四局	陽男陰女	巳	午	未	申	酉	戌	亥	子	丑	寅	卯	辰
	陰男陽女		辰	卯	寅	丑	子	丑	戌	酉	申	未	午
土五局	陽男陰女	申	酉	戌	亥	子	丑	寅	卯	辰	巳	午	未
	陰男陽女		未	午	巳	辰	卯	寅	丑	子	亥	戌	酉
火六局	陽男陰女	寅	卯	辰	巳	午	未	申	酉	戌	亥	子	丑
	陰男陽女		丑	子	亥	戌	酉	申	未	午	巳	辰	卯

表17 截路空亡表

本生年干 ＼ 星名 ＼ 星級	甲	己	乙	庚	丙	辛	丁	壬	戊	癸
截空（丙）	申	酉	午	未	辰	巳	寅	卯	子	丑

表18 旬中空之表（旬空）表 按本生年之干支 丙級星

年干 ＼ 年支 ＼ 旬空位置	甲	乙	丙	丁	戊	己	庚	辛	壬	癸
戌 亥	子	丑	寅	卯	辰	巳	午	未	申	酉
申 酉	戌	亥	子	丑	寅	卯	辰	巳	午	未
午 未	申	酉	戌	亥	子	丑	寅	卯	辰	巳
辰 巳	午	未	申	酉	戌	亥	子	丑	寅	卯
寅 卯	辰	巳	午	未	申	酉	戌	亥	子	丑
子 丑	寅	卯	辰	巳	午	未	申	酉	戌	亥

表19 天傷、天使表

命宮＼星名	天傷（丙級）	天使（丙級）
子	巳	未
丑	午	申
寅	未	酉
卯	申	戌
辰	酉	亥
巳	戌	子
午	亥	丑
未	子	寅
申	丑	卯
酉	寅	辰
戌	卯	巳
亥	辰	午

註：天傷永遠在僕役宮；天使永遠在疾厄宮。

表20 命主表

命宮＼星名	命主
子	貪狼
丑	巨門
寅	祿存
卯	文曲
辰	廉貞
巳	武曲
午	破軍
未	武曲
申	廉貞
酉	文曲
戌	祿存
亥	巨門

表21 身主表

本生年支＼星名	身主
子	火星
丑	天相
寅	天梁
卯	天同
辰	文昌
巳	天機
午	火星
未	天相
申	天梁
酉	天同
戌	文昌
亥	天機

表22 甲級諸星十二宮廟旺利陷表

十二宮＼纏度	廟	旺	得地	利益	平和	不得地	陷
子	機府陰相梁破祿	武同貪巨殺昌	曲		紫廉		陽羊火鈴
丑	紫武府陰貪相殺昌曲羊陀	梁破	火鈴	廉		陽同巨	機
寅	廉府巨相梁殺祿火鈴	紫陽陰	機武破	同	貪曲		昌陀
卯	陽巨梁祿	紫機殺曲	府	武貪昌火鈴同	廉		陰相破羊
辰	武府貪梁殺羊陀	陽破	紫相昌曲	機廉	同		陰巨火鈴
巳	同昌曲祿	紫陽巨	府相火鈴		機武殺破		廉陰貪梁陀
午	紫機相梁破祿火鈴	陽武府貪巨殺			廉	陰	同昌曲羊
未	紫武府貪殺羊陀	梁破曲	陽相	廉昌火鈴		同陰巨	機
申	廉巨相殺祿	紫同	機陽武府破昌曲	陰	貪		梁陀火鈴
酉	巨昌曲祿	紫機府陰殺	梁火鈴	武貪	陽同廉		相破羊
戌	武府貪梁殺羊陀火鈴	陰破	紫相	機廉	同	陽	巨昌曲
亥	同陰祿	紫巨曲	府相	昌火鈴	機武殺破		陽廉貪梁陀

表23 乙級諸星廟旺利陷表

十二宮	廟	平	陷
子	蜚	刑姚	空
丑	哭虛鸞空		刑姚蜚
寅	刑鸞貴福空	姚	
卯	刑姚哭虛鸞		空
辰	鸞貴劫	刑姚	空
巳	福空	刑姚	
午	蜚空	刑姚	
未			刑姚空
申	哭虛福	刑姚	空
酉	刑姚壽蜚空		
戌	刑姚鸞壽劫		
亥	姚鸞壽	刑	空

劫—地劫
空—天空
刑—天刑
姚—天姚
哭—天哭
虛—天虛
鸞—紅鸞
壽—天壽
貴—天貴
福—天福
蜚—蜚廉

其他諸星可查表23.，決定其強弱。在李小姐的命盤中，丑宮之蜚廉落陷。辰宮之地刼、紅鸞入廟。午宮之天空入廟、天刑爲平。戌宮之天姚入廟。

⑨求「大限」時可查表24.。本表是根據五行局對照陽男陰女，或陰男陽女而來。以李小姐爲例，其五行局爲「水二局」、「陰女」，查表可知，大限由二至十一歲始於命宮，往後各大限依表24.之配置，便能詳知。

不論五行局爲何，凡爲陽男陰女者，大限的宮位必定由命宮起，其次依順時鐘方向而行，至父母宮、福德宮；反之陰男陽女者，其大限的宮位，則依反時鐘方向逆行，依序爲命宮、兄弟宮、夫妻宮……等。

⑩求「小限」時，可查表25.。本表是將生年支分爲「寅午戌」「申子辰」「巳酉丑」「亥卯未」四種，並區分男、女別，兩相對照後決定「小限」。男性均順行，女性均逆行。

李小姐生年爲「亥」，特別爲女，查表可知小限一歲在丑，二歲在子，三歲在亥，依此逆向而行，配置「小限」宮位。

⑪求「流年星曜時」，可查表26.、27.。而流年星曜又可區分爲「將前諸星」與「歲前諸星」兩種。以上兩者均由該年十二支求知。

求「將前諸星」時，應先將年支分爲「寅午戌」「申子辰」「巳酉丑」「亥卯未」四種，根據該年所屬的地支，於表中求將前諸星。以戌年爲例，將星在午，攀鞍在未、歲驛在申，其他依序順行配置。

安「歲前諸星」時，僅根據該年十二支，卽可導出所在的宮位。以戌年爲例，歲建在戌、晦氣在亥、喪門在子，其他依此順序而行。

⑫根據表28.，對照生月（陰曆）與生時，求「子年斗君」。李小姐生於初十巳時，查表得知「子年斗君」位於「申」。

將該年一月（陰曆）之宮位，先置於「子年斗君」，以此爲子，順行數至該年十二支之位，卽爲該年一月（陰曆）斗君所在之宮位。

以李小姐爲例，查表得知子年斗君在「申」，求「戌」年正月斗君宮位時，則在「子年斗君」中安子，以此順行數至戌，可知斗君在「午」宮。

因此李小姐的戌年正月斗君在「午」，故「午」爲李小姐的「戌年斗君」。

另外尚有一種不查子年斗君表的方式，卽可求出該年斗君的方法。

卽在命盤十二支宮中，安上相當該年十二支（戌年在戌宮），以此爲一，逆行數至生月爲止，以此爲子再順行數至生月爲止，卽爲該年斗君（陰曆一月）。

表24 大限表

五行局	陰陽男女	命宮	兄弟	夫妻	子女	財帛	疾厄	遷移	僕役	官祿	田宅	福德	父母
水二局	陽男陰女	2-11	112-121	102-111	92-101	82-91	72-81	62-71	52-61	42-51	32-41	22-31	12-21
	陰男陽女	2-11	12-21	22-31	32-41	42-51	52-61	62-71	72-81	82-91	92-101	102-111	112-121
木三局	陽男陰女	3-12	113-122	103-112	93-102	83-92	73-82	63-72	53-62	43-52	33-42	23-32	13-22
	陰男陽女	3-12	13-22	23-32	33-42	43-52	53-62	63-72	73-82	83-92	93-102	103-112	113-122
金四局	陽男陰女	4-13	114-123	104-113	94-103	84-93	74-83	64-73	54-63	44-53	34-43	24-33	14-23
	陰男陽女	4-13	14-23	24-33	34-43	44-53	54-63	64-73	74-83	84-93	94-103	104-113	114-123
土五局	陽男陰女	5-14	115-124	105-114	95-104	85-94	75-84	65-74	55-64	45-54	35-44	25-34	15-24
	陰男陽女	5-14	15-24	25-34	35-44	45-54	55-64	65-74	75-84	85-94	95-104	105-114	115-124
火六局	陽男陰女	6-15	116-125	106-115	96-105	86-95	76-85	66-75	56-65	46-55	36-45	26-35	16-25
	陰男陽女	6-15	16-25	26-35	36-45	46-55	56-65	66-75	76-85	86-95	96-105	106-115	116-125

表25　小限表

小限之歲										寅午戌 男	寅午戌 女	申子辰 男	申子辰 女	巳酉丑 男	巳酉丑 女	亥卯未 男	亥卯未 女
一	一三	二五	三七	四九	六一	七三	八五	九七	一〇九	辰	辰	戌	戌	未	未	丑	丑
二	一四	二六	三八	五〇	六二	七四	八六	九八	一一〇	巳	卯	亥	酉	申	午	寅	子
三	一五	二七	三九	五一	六三	七五	八七	九九	一一一	午	寅	子	申	酉	巳	卯	亥
四	一六	二八	四〇	五二	六四	七六	八八	一〇〇	一一二	未	丑	丑	未	戌	辰	辰	戌
五	一七	二九	四一	五三	六五	七七	八九	一〇一	一一三	申	子	寅	午	亥	卯	巳	酉
六	一八	三〇	四二	五四	六六	七八	九〇	一〇二	一一四	酉	亥	卯	巳	子	寅	午	申
七	一九	三一	四三	五五	六七	七九	九一	一〇三	一一五	戌	戌	辰	辰	丑	丑	未	未
八	二〇	三二	四四	五六	六八	八〇	九二	一〇四	一一六	亥	酉	巳	卯	寅	子	申	午
九	二一	三三	四五	五七	六九	八一	九三	一〇五	一一七	子	申	午	寅	卯	亥	酉	巳
一〇	二二	三四	四六	五八	七〇	八二	九四	一〇六	一一八	丑	未	未	丑	辰	戌	戌	辰
一一	二三	三五	四七	五九	七一	八三	九五	一〇七	一一九	寅	午	申	子	巳	酉	亥	卯
一二	二四	三六	四八	六〇	七二	八四	九六	一〇八	一二〇	卯	巳	酉	亥	午	申	子	寅

（表頭：小限之歲／小限值宮／本生年支）

表26 流年將前諸星表

諸星＼年支	星級	寅午戌	申子辰	巳酉丑	亥卯未
將星	丁	午	子	酉	卯
攀鞍		未	丑	戌	辰
歲驛		申	寅	亥	巳
息神	戊	酉	卯	子	午
華蓋	丁	戌	辰	丑	未
劫煞	戊	亥	巳	寅	申
災煞		子	午	卯	酉
天煞		丑	未	辰	戌
指背		寅	申	巳	亥
咸池		卯	酉	午	子
月煞		辰	戌	未	丑
亡神		巳	亥	申	寅

表27 流年歲前諸星表

年支＼諸星	歲建	晦氣	喪門	貫索	官符	小耗	大耗	龍德	白虎	天德	弔客	病符
星級	丁	戊						丁	戊	丁	戊	
子	子	丑	寅	卯	辰	巳	午	未	申	酉	戌	亥
丑	丑	寅	卯	辰	巳	午	未	申	酉	戌	亥	子
寅	寅	卯	辰	巳	午	未	申	酉	戌	亥	子	丑
卯	卯	辰	巳	午	未	申	酉	戌	亥	子	丑	寅
辰	辰	巳	午	未	申	酉	戌	亥	子	丑	寅	卯
巳	巳	午	未	申	酉	戌	亥	子	丑	寅	卯	辰
午	午	未	申	酉	戌	亥	子	丑	寅	卯	辰	巳
未	未	申	酉	戌	亥	子	丑	寅	卯	辰	巳	午
申	申	酉	戌	亥	子	丑	寅	卯	辰	巳	午	未
酉	酉	戌	亥	子	丑	寅	卯	辰	巳	午	未	申
戌	戌	亥	子	丑	寅	卯	辰	巳	午	未	申	酉
亥	亥	子	丑	寅	卯	辰	巳	午	未	申	酉	戌

表28 子年斗君表

生月＼生時	子	丑	寅	卯	辰	巳	午	未	申	酉	戌	亥
正月	子	丑	寅	卯	辰	巳	午	未	申	酉	戌	亥
二月	亥	子	丑	寅	卯	辰	巳	午	未	申	酉	戌
三月	戌	亥	子	丑	寅	卯	辰	巳	午	未	申	酉
四月	酉	戌	亥	子	丑	寅	卯	辰	巳	午	未	申
五月	申	酉	戌	亥	子	丑	寅	卯	辰	巳	午	未
六月	未	申	酉	戌	亥	子	丑	寅	卯	辰	巳	午
七月	午	未	申	酉	戌	亥	子	丑	寅	卯	辰	巳
八月	巳	午	未	申	酉	戌	亥	子	丑	寅	卯	辰
九月	辰	巳	午	未	申	酉	戌	亥	子	丑	寅	卯
十月	卯	辰	巳	午	未	申	酉	戌	亥	子	丑	寅
十一月	寅	卯	辰	巳	午	未	申	酉	戌	亥	子	丑
十二月	丑	寅	卯	辰	巳	午	未	申	酉	戌	亥	子

註：求斗君時，以子年斗君之宮位為子，順行至該年之支，即為該年斗君之宮位。

（使用子年斗君之算法）（圖32.）

戌年斗君

㊉酉 巳	㊉戌 午	未	㊉子 子年斗君 申
㊉申 辰	陰女　李 丁亥年陰曆十月十日巳時 水二局		㊉丑 酉
㊉未 卯			㊉酉 戌
㊉午 寅	㊉巳 丑	㊉辰 子	㊉卯 亥

（不使用子年斗君之算法）（圖33.）

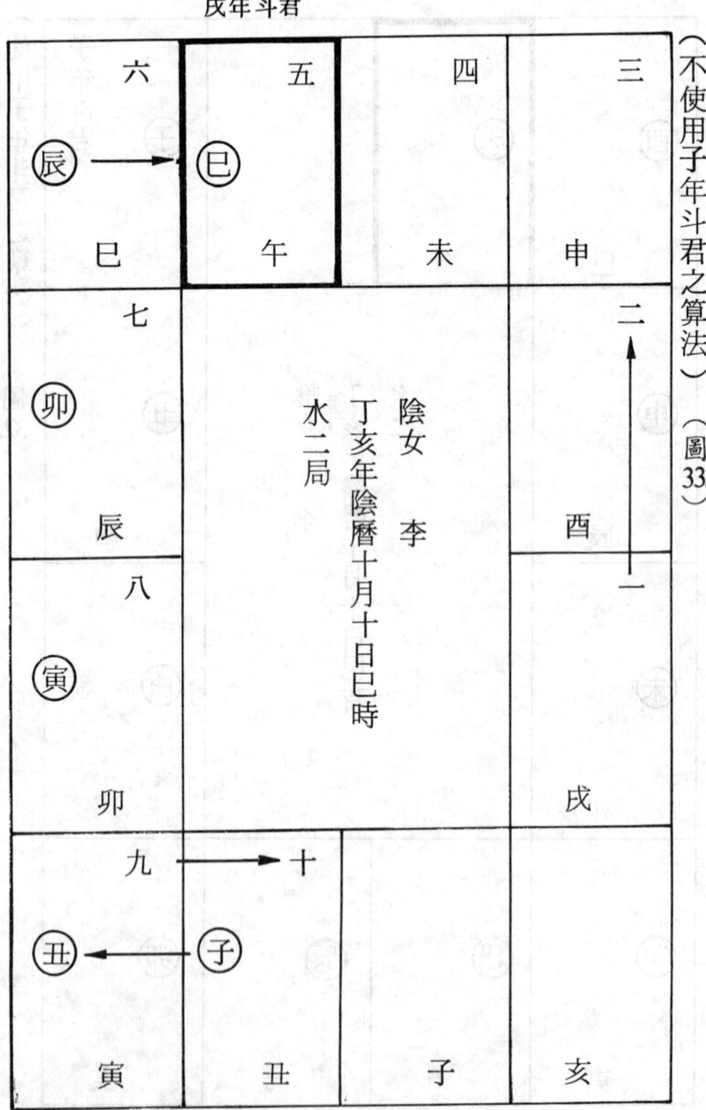

例題・命盤完成圖

平 天機 科 廟 文昌 陷 陀羅 天才 天虛 天貴 天馬 乙巳 絕 官府 112~121 兄弟	廟 紫微 廟 天空 廟 祿存 天月 平 天刑 旬空 丙午 胎 博士 2~11 命宮	廟 擎羊 天哭 封誥 旬空 丁未 養 力士 12~21 父母	地 破軍 陰煞 天巫 戊申 長生 青龍 22~31 福德
廟 七殺 廟 地劫 廟 紅鸞 八座 解神 甲辰 墓 伏兵 102~111 夫妻 身宮	丁亥年陰曆十月十日 巳時生 陰女 水二局	命主：破軍 身主：天機	廟 文曲 破碎 天鉞 己酉 沐浴 小耗 32~41 田宅
廟 太陽 廟 天梁 鈴星 天壽 龍池 截空 癸卯 死 大耗 92~101 子女			利 廉貞 廟 天府 寡宿 天喜 三台 廟 天姚 庚戌 冠帶 將軍 42~51 官祿
地 武曲 廟 天相 廟 火星 孤辰 天官 截空 壬寅 病 病符 82~91 財帛	不 天同 權 不 巨門 忌 天便 陷 蜚廉 恩光 右弼 左輔 癸丑 衰 喜神 72~81 疾厄	旺 貪狼 壬子 帝旺 飛廉 62~71 遷移	廟 太陰 祿 天傷 鳳閣 天福 天魁 台輔 辛亥 臨官 奏書 52~61 奴僕

第五章　觀命要訣

第一節　諸星之吉凶強弱

紫微斗數命盤作成後，再根據星曜所在之宮位，來判斷吉凶禍福。紫微斗數之命盤，由十二宮所組成，而判斷十二宮之吉凶，卽爲紫微斗數之基本內容。

在判斷各宮吉凶時，所著重之處究竟何在，並且依據何項來判斷，今介紹如下。

首先應須知道「諸星之吉凶」。其基本概念爲將星曜區分爲吉星凶星，然而因各種配置之不同，也可以變化星曜的吉凶。

○吉星（正曜）紫微、天機、太陽、武曲、天同、天府、太陰、天相、天梁、文昌、文曲、祿存、左輔、右弼

（偏曜）天魁、天鉞

（化曜）化祿、化權、化科

（雜曜）台輔、封誥、天馬、解神、天巫、三台、八座、恩光、天貴、天官、天福、博士

、力士、青龍、將軍、奏書、喜神、龍池、鳳閣、紅鸞、天喜、天才、天壽、長生、冠帶、臨官、帝旺、胎、養、將星、攀鞍、歲驛、龍德、天德

◎凶星（正曜）廉貞、貪狼、巨門、七殺、破軍

（偏曜）擎羊、陀羅、火星、鈴星

（化曜）化忌

（雜曜）地刼、天空、天刑、天姚、天月、陰煞、小耗、飛廉、病符、大耗、伏兵、官府、天哭、天虛、孤辰、寡宿、蜚廉、破碎、沐浴、衰、病、死、墓、絕、截空、旬空、天傷、天使、息神、華蓋、刼煞、災煞、天煞、指背、咸池、月煞、亡神、歲建、晦氣、喪門、貫索、官符、小耗、大耗、白虎、弔客、病符

以上所區分的吉星、凶星，僅是紫微斗數中的基本概念，而吉星並非永遠爲吉星，凶星亦非永遠爲凶星。

由於星曜之間的配置，彼此會因所生的關係，而發生變化，同時尚須依據所在十二宮之宮位來決定其強弱，有時吉星反不吉，而凶星反不凶。

星曜的強弱程度，可分爲廟、旺、得地、利益、平和、不得地、陷等七種。

①廟（燦燦）口爲最強的狀態，星辰的光度最爲明亮。逢吉星至極，可增吉兆，逢凶星

可消除凶意，現出吉兆。

②旺（光輝）星辰處於強的狀態，其光度非常輝亮。逢吉星可現出大吉兆，逢凶星時則可除凶。

③得地（光明）星辰呈小強之狀態，其光度適度。逢吉星時依然爲吉，逢凶星時不現出凶意。

④利益（尙明）星辰呈稍弱狀態。其光度漸弱，光輝亦衰。

⑤平和（微明）星辰呈弱的狀態。其光度微量，已顯不明。逢吉星稍帶吉兆，逢凶星遂凶。

⑥不得地（已暗）星辰呈衰弱狀態。其光度甚弱，光輝滅爲黑暗。逢吉星時無力，不顯吉兆，逢凶星時則增添凶意。

⑦陷（暗黑）星辰呈最弱狀態。其光度消失轉爲暗黑無光。逢吉星無用，見凶星者，可顯現最凶兆。

根據由廟至陷，將星辰的強弱分爲七階段，同時也可以改變星辰的吉凶。其強弱在判斷上，可做爲非常重要的基準。

除此之外，其他尙要根據種種條件來判斷，並非僅以此七階段的強弱一槪而論。

第二節　吉星凶星之虛實

所謂吉星、凶星，只不過是大略的區分諸星罷了。以廟旺地利平不陷七階段，來決定吉凶作用的程度，並藉以判斷吉星與凶星的「虛實」。

吉星並非永遠爲吉，偶時爲「實吉」，偶時爲「虛吉」。凶星亦同。

曾坤章氏對星辰的「虛實」問題，曾做過適切說明。現在介紹如下。

「譬喻有人身材魁梧，看似強壯的人，却不堪一擊。有人羸瘦如柴，但體魄康健，而在星辰中也有這種情形。」

而今問題是，究竟要以那一階段，做爲決定吉星、凶星虛實的基礎。在廟旺地利平不陷的七階段中，以第四階段的「利益」吉凶參半，可做爲吉凶的交界線。總括較利益爲強的得地，與較利益爲弱的平和，此三階段可考慮爲中和。整理如下：

①吉星入廟、旺者，爲「實吉」，不懼凶星。
②吉星入不得地、落陷，爲「虛吉」，懼凶星。
③凶星入廟、旺，爲「虛凶」，與吉星同宮時，可化爲「實吉」。
④凶星在不得地、落陷，爲「實凶」，與吉星同宮時無用。

⑤吉星與凶星同宮，在得地、利益、平和時，觀星辰之「虛實」者，須先看與吉星或凶星同宮，再看是位於得地、利益、平和中之那一階段。

在上述三種階段中，得地近於旺，在三者中最吉。其次為利益較弱，吉凶參半。平和由於近不得地，有凶的傾向。

第三節　諸星之五等級

目前在台灣發行的有關斗數書中，只有台北曾坤章氏所著「中國命相哲理學術講義」中，對諸星的五等級加以解釋。

所謂五等級，所指的是甲、乙、丙、丁、戊等五級。在本書第三章「斗數命盤之作成」中，諸星配列表上，均有標明星級欄。

為何在紫微斗數中，既已將星曜分為正曜、偏曜、化曜、雜曜，並區別吉星、凶星後，又再分為五等級。主要是因為在言星曜之吉凶時，縱使有區分二者，然而在程度上各有等級，因此就性質而言，有極大的差異。

此點若不明確指出的話，倘使在同宮中，混有吉星與凶星時，會使判斷發生混亂錯誤。

正因如此，各位有必要瞭解等級方面的問題。今介紹如下：

○甲級星（全二十九個）

①紫微星　②天機星　③太陽星　④武曲星　⑤天同星　⑥廉貞星　⑦天府星　⑧太陰星
⑨貪狼星　⑩巨門星　⑪天相星　⑫天粱星　⑬七殺星　⑭破軍星　⑮文昌星　⑯文曲星
⑰火星　⑱鈴星　⑲左輔星　⑳右弼星　㉑祿存星　㉒擎羊星　㉓陀羅星　㉔天魁星　㉕天鉞星　㉖化祿星　㉗化權星　㉘化科星　㉙化忌星。以上二十九個。

甲級星共計二十九個，可區分爲正曜、偏曜、化曜，主要用於判斷吉凶。

二十九星中除去左輔、右弼、天魁、天鉞四星之外，其餘二十五星，皆可依廟旺地利平不陷七階段的強弱，來做爲判斷吉凶上的基準。

由於上述四星，爲天上吉星，因此無強弱之分，不問位於何宮，皆具吉的作用，故自屬例外。

與四個吉星相似之星，尚有祿存。祿存並不回座至丑辰未戌四墓之地。祿存不論位於何宮均入廟，其性質有解厄制化之功用，爲吉星中之吉星。

其他如化祿、化權、化科全爲吉星，而此三化曜，在十二宮地支之間能產生強弱關係，與祿存吉的作用不同。

甲級星除了包括紫微系、天府系諸星外，其他依序爲：

時系諸星（由生時所導出之星）

文昌星、文曲星

年時系諸星（由生年支與生時所導出之星）

火星、鈴星

月系諸星（由生月所導出之星）

左輔、右弼

年干系諸星（由生年干所導出之星）

祿存、擎羊、陀羅、天魁、天鉞、化祿、化權、化科、化忌

○乙級星（全二十九個）

①地刦星 ②天空星 ③台輔星 ④封誥星 ⑤天刑星 ⑥天姚星 ⑦天馬星 ⑧解神星

⑨天巫星 ⑩天月星 ⑪陰煞星 ⑫三台星 ⑬八座星 ⑭恩光星 ⑮天貴星 ⑯天官星

⑰天福星 ⑱天哭星 ⑲天虛星 ⑳龍池星 ㉑鳳閣星 ㉒紅鸞星 ㉓天喜星 ㉔孤辰星

㉕寡宿星 ㉖蜚廉星 ㉗破碎星 ㉘天才星 ㉙天壽星

乙級星皆屬雜曜，其特徵是大半爲「雙星」。

地刦、天空、台輔、封誥、三台、八座、恩光、天貴、天官、天福、天哭、天虛、龍池

、鳳閣、紅鸞、天喜、孤辰、寡宿等十八個。

此十八星曜均是雙星，只見一星時作用不強。因此必須要有同宮或加會（參閱本章第四節）的條件，才能發生作用。

乙級星依序如下計有：

時系諸星

地刼、天空、台輔、封誥

月系諸星

天刑、天姚、天馬、解神、天巫、天月、陰煞

日系諸星

三台、八座、恩光、天貴

年干系諸星

天官、天福

年支系諸星

天哭、天虛、龍池、鳳閣、紅鸞、天喜、孤辰、寡宿、蜚廉、破碎、天才、天壽

○丙級星（全二十八個）

①博士星 ②力士星 ③青龍星 ④小耗星 ⑤將軍星 ⑥奏書星 ⑦飛廉星 ⑧喜神星 ⑨病符星 ⑩大耗星 ⑪伏兵星 ⑫官府星 ⑬長生星 ⑭沐浴星 ⑮冠帶星 ⑯臨官星 ⑰帝旺星 ⑱衰星 ⑲病星 ⑳死星 ㉑墓星 ㉒絕星 ㉓胎星 ㉔養星 ㉕截空星 ㉖旬空星 ㉗天傷星 ㉘天使星

丙級星除了由「博士十二星」與「長生十二星」構成外，其他尚有截空、旬空、天傷、天使共計二十八星。雜曜最多，與甲級、乙級星無法比較，有如「大象」對「雜象」一般。

根據余雪鴻先生指出，其中以截空、旬空的作用較微弱。因此先生並不採用，而且也不重視丙級星。在命盤只用甲級星與乙級星。

然而林文生先生卻非但用丙級星，另外還配置了丁級星與戊級星，每天只觀二名客人命盤。

上述二說中，何者較爲合理，實在很難判斷。不過以支持余雪鴻氏派佔優勢，而採林文生氏在判命時較詳細。

二說均有其優劣之處，端看讀者較支持那一方了。

○丁級星（全七個）

①將星 ②攀鞍星 ③歲驛星 ④華蓋星 ⑤歲建星 ⑥龍德星 ⑦天德星

○戊級星（全十七個）

①息神星 ②刼煞星 ③災煞星 ④天煞星 ⑤指背星 ⑥咸池星 ⑦月煞星 ⑧亡神星
⑨晦氣星 ⑩喪門星 ⑪貫索星 ⑫官符星 ⑬小耗星 ⑭大耗星 ⑮白虎星 ⑯弔客星
⑰病符星

丁級星與戊級星，是由「流年將前諸星」與「流年歲前諸星」所構成的，全部屬於「流星」。

其中所不同的是，丁級星中只選出其中作用較強的七個星，其作用幾乎永遠不變。目前台灣的斗數研究家，無人能明確分別出丁級星與戊級星。

總而言之，戊級星全為凶星，而丁級星中，除了華蓋及歲建之外，其他五星皆吉。若要嚴格地區分，丁級星與戊級星不同之點的話，大概就在這方面了。

總結流年將前諸星與流年歲前諸星，合計有二十四個星曜。其中吉星較少，計有五個，然而作用比較強。相對的凶星有十九個之多，但作用較弱。

第四節　三方四正

㈠本宮（本方）

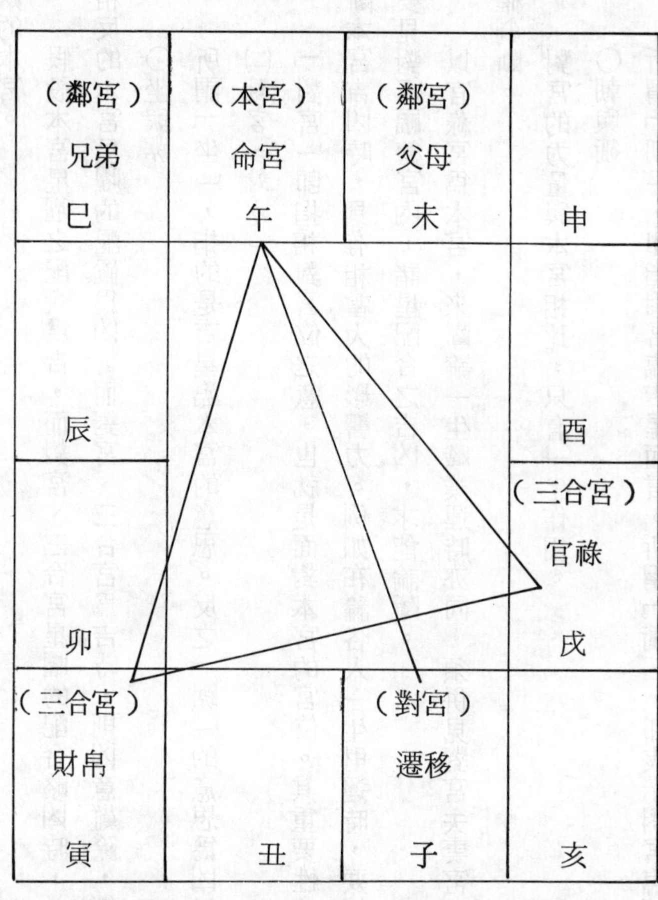

所謂本宮，即本來宮位的意思。不論在判斷任何事務上，只要論本宮的吉凶便可得知，可做為所有判斷上的依據宮位。

總之，命盤十二宮，可以斷定個人一生的命運。即以命宮為本宮，而後再看命宮內諸星曜的配置如何，做為判斷上的依據。

如果欲斷定婚姻情形及配偶的好壞時，則夫妻宮的重要性與本宮相同。因為夫妻宮位的吉凶狀況，對這方面具有絕大的影響力，此時卽以夫妻宮做爲論斷婚姻的本宮。

假設本宮星曜之配合爲吉，而對宮、三合宮星曜的配合略凶時，並不構成多大的威脅。相反的本宮星曜的配置爲凶，而對宮、三合宮爲吉時，則凶意難除，難望轉凶爲吉。

○坐與踞

所謂「坐」，指的是吉星臨本宮的意思。反之「踞」的意思爲凶星臨本宮。

㈡對宮（對方）

「對宮」卽指相對宮位之意，也就是面對本宮的宮位。其重要性次於本宮，尤其是在論斷本宮吉凶時，具有相當大的影響力。例如在論各人一生財運時，要以財帛宮爲本宮，並且要見對宮福德宮內，諸星配合之吉凶，才能論斷。

以官祿宮爲本宮，來斷論一生職業運時亦同，須併見對宮夫妻宮內諸星之吉凶，方能正確判斷。

對宮的力量與本宮相比，只有一半作用。

○朝與衝

所謂「朝」，卽指對宮臨吉星而言。所謂「衝」，卽表示對宮臨凶星之意。

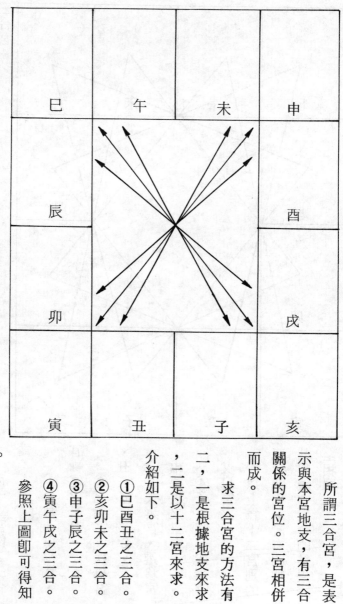

對宮

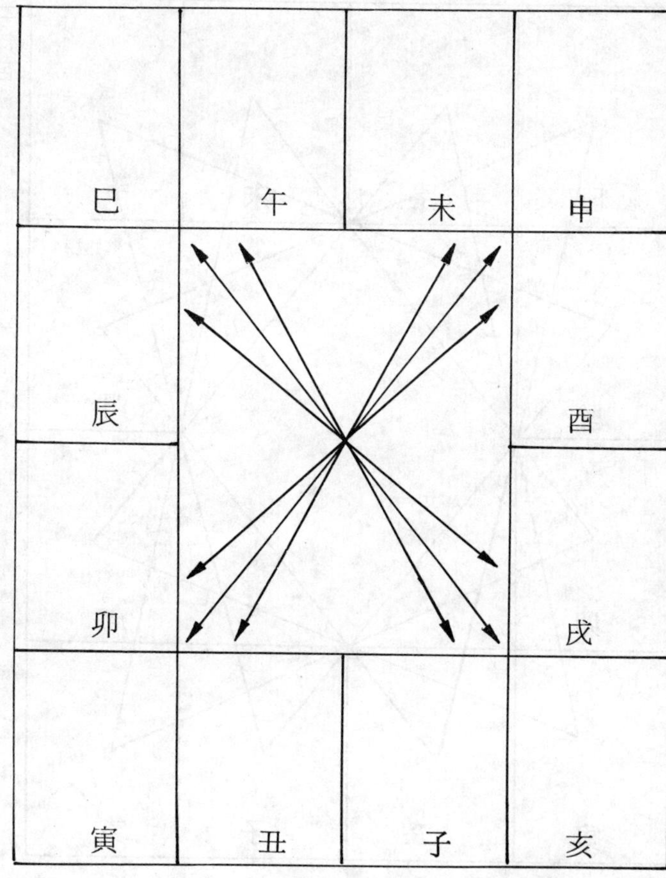

㈢三合宮（拱照）

所謂三合宮，是表示與本宮地支，有三合關係的宮位。三宮相併而成。

求三合宮的方法有二，一是根據地支來求，二是以十二宮來求。介紹如下。

①巳酉丑之三合。
②亥卯未之三合。
③申子辰之三合。
④寅午戌之三合。

參照上圖卽可得知。

三合宮

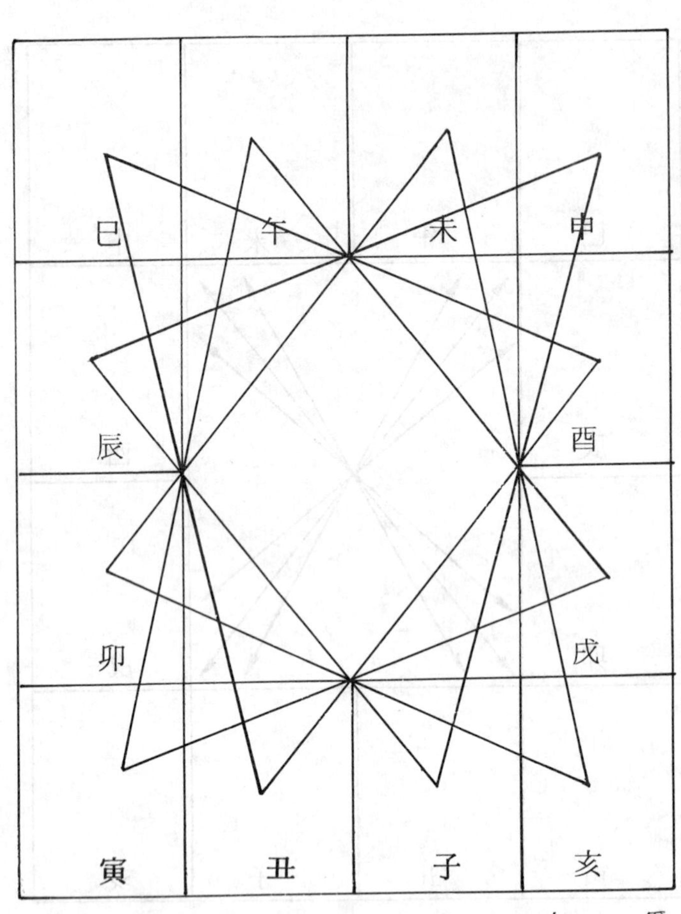

而十二宮位之三合爲：

①命宮、財帛宮、官祿宮之三合。

②兄弟宮、疾厄宮、田宅宮之三合。

③夫妻宮、遷移宮、福德宮之三合。

④子女宮、奴僕宮、父母宮之三合。

以上爲十二宮別的三合關係，計有四種，其與地支三合的結果完全相同。

命宮爲本宮時，會

財帛、官祿二宮則成爲三合宮。而此二宮的宮位在斷命上，就顯得十分重要，甚至某些斗數研究家認爲，三合宮要比對宮來得重要。這點頗值得注意。

在後章「格局」成立條件中，有詳細說明三合宮的關係，故在此不再贅述。

觀三合宮的力量，是否較對宮爲強、爲弱或相等時，必須要看所合二宮的力量爲何，才能決定。

○協與脅

所謂「協」，卽爲吉星臨三合宮之意。所謂「脅」，卽指凶星臨三合宮之意。

(四)鄰宮

鄰宮就是指位於本宮前一位與後一位的二宮而言。其主要作用在輔助本宮。

對本宮而言，鄰宮所具的影響力，不及對宮與三合宮來的重要。但在特殊情況下例外。

(請參照格局論)

○輔與夾

所謂「輔」，卽爲吉星臨鄰宮之意。所謂「夾」，爲凶星臨鄰宮之意。

對於本宮、對宮、三合宮、鄰宮彼此之間的關係，曾坤章先生曾經如此說明道：

「所謂本宮，指的就是自己本身。對宮表示爲家庭背景。三合宮可視爲親戚。而鄰宮則有如自己所交往的朋友。」

因此本宮坐吉，而對宮、三合宮帶有凶意時，並無多大威脅。這是由於自己本身強固的關係，縱使家庭背景與親戚無助力，也能夠衝破外來橫逆。

反之，本宮踞凶，而對宮與三合宮具吉，亦可有所作用。雖然自己本身脆弱，然而由於可獲得家庭背景與親戚的援助，仍可保身，這就是道理所在。

對宮多吉星者，可喻爲廣受父母恩澤而有助力。反之多凶星者，可喻爲無法受浴父母恩惠，而孤軍奮鬥。

三合宮中多吉星時，可喻爲能得親戚助力。若三合宮多凶星時，有如受親戚嫉妬或阻礙。

鄰宮多吉星時，有如可受好朋友的協助幫忙，反之多凶星時，有如惡友從中作梗，破壞好事。

除此之外，尚有所謂的暗合宮。

㈤暗合宮

暗合宮所指的是與本宮地支成六合的宮位。暗合宮主要做爲輔助之用，只限於在特殊情況下才採用，不能應用在一般的情形上。

在本宮、對宮、三合宮、鄰宮、暗合宮中，除了暗合宮外，其餘四種方式在斷命上經常使用，故在斗數上稱此四種宮位爲「三方四正」。

斷定三方四正內星辰的吉凶時，除了根據前述基本概要，先區分吉星凶星外，還要將廟旺地利平不陷表示星辰強弱的七階段，併入考慮做爲判斷之用。而在吉凶的大象中，以甲級星最爲重要，乙級星次之，丙級星則僅做爲參考而已。現在整理說明如下。

①判斷本宮吉凶時，以二十九個甲級星爲主，二十九個乙級星爲客，而二十八個丙級星只做參考之用。

②以本宮爲主，對宮三合宮爲賓客，鄰宮爲常客。

③本宮中若無甲級星時，則以對宮甲級星爲主，並且以三合宮爲賓客，鄰宮爲常客。

此時對宮之甲級星，無論處於廟旺地利平不陷那一個階段，只要引借做爲判斷本宮吉凶之用時，其力量與強弱的作用，僅爲原來力量的七成而已。

有關此點，在現今所出版的斗數書籍中並未明載，讀者應特別注意。在後述的「格局論」裡，其中「命無正曜格」正是如此，本宮中無甲級星，而取對宮甲級星以做判斷之用。

④本宮與對宮均無甲級星時，表示其主不在。相同的三合宮爲賓客、鄰宮爲常客的道理

暗合宮

巳	午	未	申
辰			酉
卯			戌
寅	丑	子	亥

亦不存在。只須參照十二種基本命盤，便可一目瞭然。

⑤若更進一步的來論主、賓客、常客的關係時，如主客之甲吉星皆吉，我們不妨視爲錦上添花，是爲大吉。

設主客之甲級星皆凶時，則有如四面楚歌，爲大凶。

總而言之，要決定主客甲級星之吉凶來論命。根據主客吉星與凶星的多寡，所做的判斷方法，計有下列四種。

○命宮之判斷法

第一等　上上之命

命宮內之甲級星爲吉星，成廟旺；而對宮、三合宮中臨吉星，不見凶星。

·第二等　上次之命

命宮內無甲級星；對宮、三合宮內皆爲吉星，入廟旺之地，不見凶星。

第三等　普通之命

①命宮內諸星不吉不凶，或吉凶相半，而對宮、三合宮內吉凶混濁。

②命宮之諸星入不得地、陷，宮內有擎羊、陀羅、火星、鈴星、天空、地刼、化忌等凶星，而對宮、三合宮內有吉星。

③命宮之諸星爲吉星，入廟旺之地；而對宮、三合宮內多凶星。

第四等　下格之命

命宮內無吉星，入不得地、陷；宮內見擎羊、陀羅、火星、鈴星、地刼、天空、化忌等凶星者。

第五節　諸星所屬五行之相生相剋

現在再爲各位重新解說一次觀命的順序：

①區別諸星之吉凶。

②判斷由廟至陷七階段之強弱。

③調查吉星、凶星之虛實。

④以甲級星爲主，乙級星爲副，來觀察各宮之吉凶。

⑤根據三方四正的法則，詳細觀察各宮的吉凶。

⑥根據男女命看法的順序，來看命盤之吉凶。

⑦觀察身宮時，以該宮爲重。同時該宮之吉凶，具有影響命宮判斷的作用。

依上述七階段的順序，即可解說各人命盤，然而若要詳細論命，還須要參照十二種基本命盤，以及紫微系、天府系中十四個甲級星，所踞各宮的位置，是呈獨守或二星同宮的情況，以上二者在判斷上各有不同。根據本宮內諸星的吉凶、強弱的程度，以及獨守或二星同宮的狀況來研判論命。

由於要說明此點，因此就必須要涉及諸星所屬五行的問題。

所謂「五行」，卽爲金、木、水、火、土五氣而言。五行之間相互的關連，便能使強弱發生變化。凡是會四柱推命者，都知道五行彼此的關係，非常密合。而五行法則，在中國醫卜星相，可視爲非常重要的法則。然而在現今所出版的斗數書籍中，並不見這方面的記載，實爲遺憾。

根據五行關係，可發生五種變化，今介紹如下(陰陽問題省略)：

①比合　就是同性五行的關係。彼此能夠相互助長。(卽子平術中所言比刼的關係)

②發洩　就是我生彼的五行關係。被生的五行爲強，而生他的五行爲弱。(卽子平術中所言食傷的關係)

③加護　彼生我的五行關係。受生的五行爲強，生他的五行爲弱。(卽子平術中所言印綬的關係)

④制剋　我剋彼的五行關係。受剋的五行爲弱，剋彼的五行更弱。(卽子平術中所言財的關係)

⑤受剋　彼剋我的五行關係。受剋的五行爲弱，剋彼的五行更弱。(卽子平術中所言官殺的關係)

一、諸星所屬之五行

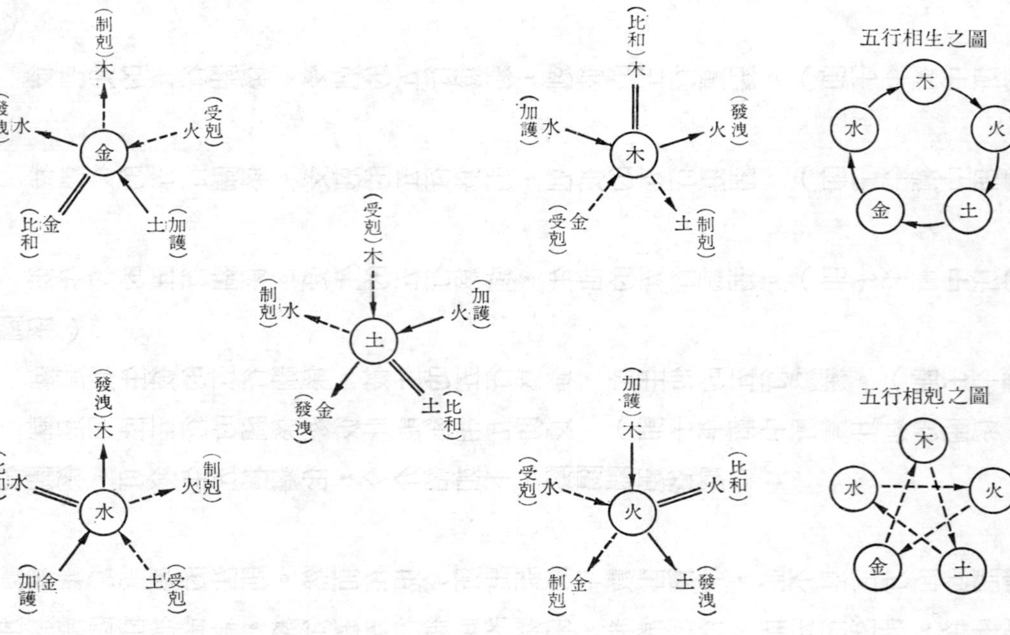

五行相生之圖

五行相剋之圖

以下根據諸星所屬的五行別，分類計有：

金：武曲、七殺、文昌、擎羊、陀羅（甲級星五個）、天哭（乙級星一個）、奏書（丙級星一個）、白虎（戊級星一個）。計八個。

木：天機、廉貞、貪狼、化權（甲級星四個）、天才（乙級星一個）、將軍（丙級星一個）、華蓋（丁級星一個）、喪門（戊級星一個）。計八個。

水：天同、太陰、貪狼、巨門、天相、破軍、文曲、右弼、化科、化忌（甲級星十個）、天姚、龍池、紅鸞、天喜（乙級星四個）、博士、青龍、喜神、病符、天傷、天使（丙級星六個）。計二十個。

火：太陽、廉貞、七殺、火星、鈴星、天魁、天鉞（甲級星七個）、地刧、天空、天刑、天馬、恩光、孤辰、寡宿、蜚廉、破碎（乙級星九個）、力士、小耗、飛廉、大耗、伏兵、官府（丙級星六個）、歲建（丁級星一個）、刼煞、官符、小耗、大耗、弔客（戊級星五個）。計二十八個。

土：紫微、天府、天梁、左輔、祿存、化祿（甲級星六個）、台輔、封誥、三台、八座、天貴、天官、天福、天虛、鳳閣、天壽（乙級星十個）。計十六個。

由上述分類可知，屬於金性之星有八個、木性有八個、水性有二十個、火性有二十八個、土性有十六個，合計爲八十個星。備有五行。（其中廉貞、貪狼、七殺三星，備有二種五行，正確來說只有七十七個星。）

從諸星所屬的五行關係，來詳細判斷命盤之吉凶時，可用下列二種方法：

①由星與星五行的相生相剋比和關係，來詳細判斷「吉星凶星之虛實」。

②二星同宮時，根據由子至亥之十二宮地支五行，與各星五行的相生相剋比和的關係，來決定本宮內的眞正吉凶。

採用以上二種方法，便可明確瞭解本宮內的眞正吉凶。由於三方四正內的吉星、凶星的配置，可以發生變化，因此在最後的判斷上，應將三方四正內的吉凶列入考慮。

而在前述的諸星五等級中，以甲級星與乙級星（大象），做爲主要判斷之用，丙級星以供參考，見丁級、戊級星等雜象時，也可列爲考慮。在判斷時應避免過於主觀武斷，根據甲級星之五行相生相剋比和關係來解說較宜，其餘四星的五行關係，容後有機會再發表，乞各位讀者能見諒。

二、甲級星之五行相生相尅比和

甲級星與二星同宮，在各宮位中計有四十八種，爲了考慮對照諸星之配置，以及十二宮地支，一般只討論其中的二十四種。

諸星同宮之順序與宮位表

紫微天府寅申	紫微貪狼卯酉	紫微天相辰戌
紫微七殺巳亥	紫微破軍丑未	
天機太陰寅申	天機巨門卯酉	天機天梁辰戌
太陽太陰丑未	太陽巨門寅申	太陽天梁卯酉
武曲天府子午	武曲貪狼丑未	武曲破軍巳亥
天同太陰子午	天同巨門丑未	天同天梁寅申
廉貞天府辰戌	廉貞貪狼巳亥	廉貞天相子午
廉貞七殺丑未	廉貞破軍卯酉	

註：本表根據紫微系諸星而分類。若根據天府系諸星之分類，與此亦同。

十二宮地支所屬十干五行表

	餘氣	中氣	本氣
子宮	壬水10分		癸水20分
丑〃	癸水9分	辛金3分	己土18分
寅〃	戊土7分	丙火7分	甲木16分
卯〃	甲木10分		乙木20分
辰〃	乙木9分	癸水3分	戊土18分
巳〃	戊土5分	庚金9分	丙火16分
午〃	丙火10分	己土9分	丁火11分
未〃	丁火9分	乙木3分	己土18分
申〃	己土7分	戊土3分壬水3分	庚金17分
酉〃	庚金10分		辛金20分
戌〃	辛金9分	丁火3分	戊土18分
亥〃	戊土7分	甲木5分	壬水18分

諸星同宮之順序與宮位表，現揭櫫如右。這是將前述諸星所屬五行，更進一步地考慮

（火）巳	（火）午	（土）未	（金）申
（土）辰	十二宮地支所屬的五行		（金）酉
（木）卯			（土）戌
（木）寅	（土）丑	（水）子	（水）亥

到，十二宮地支所屬的五行。今舉例說明，甲級星中二星同宮的五行關係。

〇天機、巨門同宮（卯酉）

天機屬木，巨門屬水。因卯宮屬木，故天機與巨門在卯宮爲相生、比和關係，可增強二星原有的性質。主其人聰明具智慧，命主可做良好論。

反之酉宮屬金，天機受剋不良。巨門屬水

又洩酉宮之金，而與天機之木相生，可謂良好。然而天機與巨門同宮，位於卯宮與酉宮時，以卯宮較佳。（在卯酉二宮中，天機均為旺、巨門均為廟，故不可以此七階段之強弱，來判斷吉兆的虛實，這是非常好的例子。）

〇紫微、七殺同宮（巳亥）

紫微屬土，七殺屬火、金。紫微為中天之帝星，在十二宮中不入落陷之地，因此無旺弱之別。紫微可解七殺之凶，具有化權作用，然而因與地支五行相生相剋的關係，而發生變化。例如亥宮屬水，紫微七殺在此宮共弱，入閑宮。而巳宮屬火，可生紫微之土，另一方面又可剋制七殺之金，故二星入巳宮良好。（紫微在巳宮為旺，七殺雖然為平，但並不能根據七階段的強弱，來判斷吉兆的虛實。七殺的五行屬火、金，往往在判斷上難以取捨或容易混淆，故特舉此例加以說明。）

〇廉貞、天府同宮（辰戌）

廉貞五行屬木、火；天府屬土，辰宮與戌宮亦屬土。天府在兩宮中雖皆入廟，然而以在戌宮較佳。其原因是辰為水庫，戌為火庫。而辰宮中尚有木的餘氣，可使天府受剋，而廉貞亦可趁此餘氣，損及天府。（兩者均位於土之地，而天府可生廉貞之火，此為其優點。兩星在辰宮與戌宮時的判斷不同，讀者應加注意。）

以上所擧的，只是其中少數的例子罷了。當甲級星有二星同宮的情形時，應從何處先著眼，來分別其強弱呢？在此特別爲讀者整理如下：

○吉星與吉星同宮時，兩星皆可互爲體用。此種原則並不僅限在宮內才使用，見三方內諸星的配合時，亦可採用。例如天機與太陰同宮（寅申）共爲吉星。因此三方內所加會者，不論是吉星或凶星，均可以太陰，亦或以天機爲體。如此並不損及判斷上的準確性。

○吉星與凶星同宮時，以吉星爲體，凶星爲用，來論斷宮內的吉凶。

對於三方內所加會的凶星或吉星，應該要審愼觀察其五行相生相剋比和的關係，以瞭解星辰的健旺、衰弱。

此時當然應將諸星本來的強弱（七階段的強弱），列入考慮範圍，同時也不可忽視十二宮地支所屬的五行關係。

○凶星與凶星同宮時，根據其諸星所屬五行的關係，來決定星辰的健旺或衰弱後，再決定以何者爲體，何者爲用。同樣的在三方內所會吉星凶星的五行相生相剋比和的關係，以及星辰在七階段中的強弱，也可以做爲決定何者爲體，何者爲用的根據，一般而言大多以健旺的星辰爲體，較弱的星辰爲用。

正如以上所述，在判定諸星眞正吉凶時，主要是依據各星氣勢的強弱，以及諸星所屬五行的相生相剋比和等關係來決定的。由甲級星與乙級星所引出來的「大象」，其判斷法則大多已講明，近於完備了。而丙級星以下的諸星，有些並不具備五行，因此在解說上非常困難，在此只好割愛不談了。

第六節　論命主星

在紫微斗數中，以紫微星爲天之中樞，故做爲決定命盤的樞紐（天宮圖）。以命宮所在的十二宮地支求命主，而以生年支求身主。

命宮表示爲先天運，主要在論前半生之運，命主星爲北斗諸星。

身宮表示爲後天運，主要在論後半生之運，以南斗諸星爲身主星。

命主用以輔佐命宮，主宰命盤，是人命之樞機，也是各人富貴貧賤吉凶壽夭禍福的根本。身主用以輔佐身宮，其重要性次於命主。

因此命主以及身主，與三方、四化、四正等，同爲論命時的要點。「紫微斗數全書」中記載道：

白玉蟾眞人問希夷先生：「斗數在判斷上，採用許多星辰，究竟應該如何去論各點，以什麼做爲判斷的要點呢？」希夷先生答道：「決定各人身命宮後，最重要的就是看命身宮的

命主表（再揭）

命宮／星名	子	丑	寅	卯	辰	巳	午	未	申	酉	戌	亥
命主	貪狼	巨門	祿存	文曲	廉貞	武曲	破軍	武曲	廉貞	文曲	祿存	巨門

吉凶，祿馬是否落空亡，如落空亡時，則以截路最要緊，旬空次之。命主星最爲重要，身主星次之。在論斷時，必須要仔細推究以上各點。」

同時在「看命捷要」中，希夷先生也談到：

「看命時要看數法之深淺。先以命主星爲主，身主星次之，而後再併論二主，便可知富貴貧賤。」

由此可知在詳論命盤時，命主星與身主星是不可欠缺的。

黃家騁氏在其所著的書中，也曾提到這方面的問題，並說命主星是由命宮所在宮位，取斗星而決定的，在性質上這種方法與九星、氣學、方位學等，以生年支來取斗星，做爲本命星者大相異庭。

如在區別同生年支人之命時，爲何要採用生月支來決定，這原本不屬於在命學中論命的範疇內，例如求命宮時，以寅宮爲起點（一月），順數至生月止，再逆數至生時，即爲命宮。而後再根據此理來定命主，其道理何在，今說明於下：

一、正輔命主

①北斗七星中的α星，卽所謂的貪狼星，又名「天樞星」。位居北斗第一星，故爲斗主。因此獨居子宮正位。

北斗第二星爲巨門星，分居於丑亥宮。

北斗第三星爲祿存星，分居於寅戌宮。

北斗第四星爲文曲星，分居於卯酉宮。

北斗第五星爲廉貞星，分居於辰申宮。

北斗第六星爲武曲星，分居於巳未宮。

北斗第七星爲破軍星，獨居於午宮。

古時由於受到陰陽道，以及宿曜星的影響，認爲祭拜北斗、北辰是一年一度的盛事。將隸屬北斗七星中的該年支爲屬星，又名當年星。所謂天星，就是在每年的元旦（陰曆正月初一）早晨寅刻時，祭拜天地四方及屬星，並誦唱七度相當於星辰的菩薩聖名。

比如在子年時拜祭貪狼星、丑亥年拜祭巨門星、寅戌年拜祭祿存星，同時在祭拜時，尚要設祭壇與供法灯。而當時的眞言宗信徒，也祭拜北斗七曜。紫微斗數中的命主星，全由北

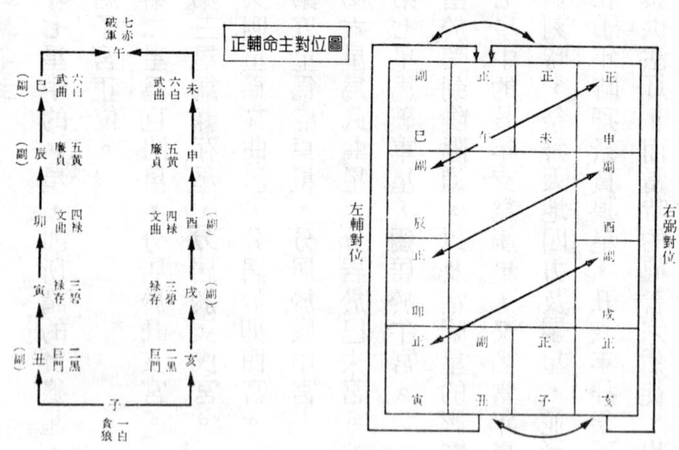

正輔命主對位圖
七赤
破軍
午
六白
武曲
巳
(副)
五黃
廉貞
辰
(副)
四祿
文曲
卯
三碧
祿存
寅
二黑
巨門
丑
(副)
子
一白
貪狼
未
申
酉
(副)
戌
(副)
亥
左輔對位
右弼對位
副 巳
正 午
正 未
正 申
副
辰
正
卯
正
寅
副 丑
正 子
正 亥
戌
正
副
酉
副

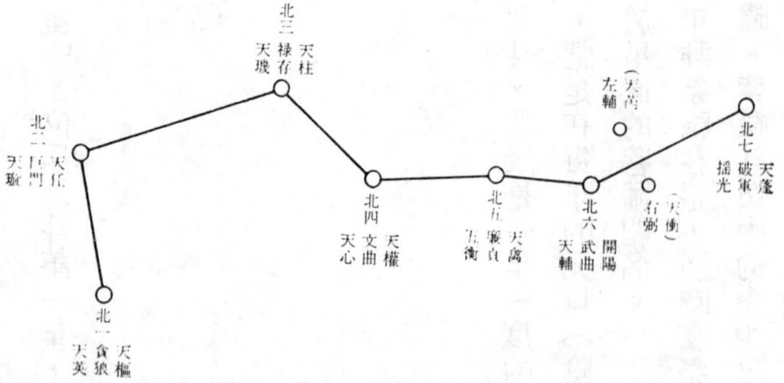

北一
貪狼
天樞
天英
北二
巨門
天璇
天任
北三
祿存
天璣
天柱
北四
文曲
天權
天心
北五
廉貞
天禽
玉衡
北六
武曲
開陽
天輔
北七
破軍
搖光
天蓬
(天芮)
左輔
(天衝)
右弼

斗星所構成，位於天子（紫微）所居之城，紫微垣的中邊位置，以輔佐紫微大帝星，主宰各人富貴貧賤凶壽等一切禍福。

②依命宮所在的宮位之支，來區分正宮、副宮。命宮位於子、寅、卯、午、未、申、亥七處正宮時，命主星爲正星。

命主星在子宮爲貪狼、寅爲祿存、卯爲文曲、午爲破軍、未爲武曲、申爲廉貞、亥爲巨門，故取其七星爲正星（主星）。

③命宮位於丑、辰、巳、酉、戌五宮時，爲「副星」。以左輔星、右弼星來替代命主星。

④輔弼代用法，以子午爲境界。由丑順行至午，爲左輔星的行區。相對的由亥逆行至午，爲右弼星的行區。由此可知左輔居於左位，右弼居於右位。

⑤左輔星以丑、寅、卯、辰、巳宮爲行區。若命宮位於丑、辰、巳宮時，則以八白左輔星爲命主星。

右弼星以亥、戌、酉、申、未宮爲行區。命宮位於酉、戌宮時，則以九紫右弼星爲命主星。

二、納音命主

納音命主，是根據命宮干支的納音五行來決定的，主要用以輔助命主，與命主併論來斷命。在判斷上更可趨於精密。

①納音屬水之命宮干支

甲申、乙酉　泉中水　　甲寅、乙卯　大溪水

丙子、丁丑　澗下水　　丙午、丁未　天河水

壬辰、癸巳　長流水　　壬戌、癸亥　大海水

以七赤破軍爲納音命主。以辛金爲氣，癸水爲體。

②納音屬木之命宮干支

戊辰、己巳　大林木　　戊戌、己亥　平地木

庚寅、辛卯　松柏木　　庚申、辛酉　石榴木

壬午、癸未　楊柳木　　壬子、癸丑　桑柘木

以一白貪狼爲納音命主。甲木爲氣，癸水爲體。

③納音屬金之命宮干支

甲子、乙丑　海中金　　甲午、乙未　沙中金

庚辰、辛巳　白蠟金　　庚戌、辛亥　釵釧金

壬申、癸酉　劍鋒金　　壬寅、癸卯　金箔金

以六白武曲爲納音命主。辛金爲氣，辛金爲體。

④納音屬土之命宮干支

丙戌、丁亥　屋上土　　丙辰、丁巳　沙中土

戊寅、己卯　城頭土　　戊申、己酉　大驛土

庚午、辛未　路傍土　　庚子、辛丑　壁上土

以二黑巨門爲納音命主。己土爲氣，癸水爲體。

⑤納音屬火之命宮干支

甲辰、乙巳　覆灯火　　甲戌、乙亥　山頭火

丙寅、丁卯　炉中火　　丙申、丁酉　山下火

戊子、己丑　霹靂火　　戊午、己未　天上火

以五黃廉貞爲納音命主。丁火爲氣，戊己土爲體。

根據上述命宮干支之納音與五行關係，分別說明如下：

水二局之命，以破軍爲納音命主。

木三局之命，以貪狼爲納音命主。

金四局之命，以武曲爲納音命主。

土五局之命，以巨門爲納音命主。

火六局之命，以廉貞爲納音命主。

諸星之南北斗五行陰陽化吉凶一覽表

星名	斗分	五行	陰陽	化	性情
紫微	北斗主星	土	陰	尊	爲帝座，主尊貴。具有解厄、延壽、制化功用。逢吉星受扶助則喜。象徵爲指導者、大實業家、貴人。
天機	南三	木	陰	善	智慧之星。主孝義。以兄弟宮爲主，象徵爲學者、藝術家、宗教家、謀略家。
太陽	南北	火	陽	貴	財帛、名聲之星。主動產。以財帛、官祿宮爲主。象徵爲父親、夫、男子、政治家、富豪、運動選手。
武曲	北六	金	陰	財	財帛、權力之星。主權威。以財帛宮爲主。象徵軍人、警官、富豪、實業家。
天同	南四	水	陽	福	福祿之星。主歡樂。以福德宮爲主。象徵爲兒童、少女、貴婦。

廉貞	北五	木火	陰	囚	桃花（副）之星。主實利。以官祿宮爲主。象徵爲富商、藝人、高級技術員。
天府	南一	土	陽	賢能	寬容之星。主尊榮。以財帛、田宅宮爲主。象徵爲長官、貴人、度量大之人。
太陰	南北	水	陰	富	藝術之星。主不動產。以財帛宮、田宅宮爲主。象徵母親、妻、女子、藝術家、演藝人員。
貪狼	北一	水木	陽	桃花	桃花（主）之星，主慾望。以官祿宮爲主。象徵爲投機家、賭徒、藝人、商人、證券買賣商。
巨門	北二	水	陰	暗	辯舌之星。主辯論。以奴僕宮爲主。象徵爲律師、教師、主持人、推銷員、思想革新論者。
天相	南五	水	陽	印	輔佐之星。主文書。以官祿宮爲主。象徵爲參謀、軍師、副長官、醫師，可制廉貞之惡。
天梁	南二	土	陽	蔭	長壽之星。主經驗、度量。以福德宮爲主。象徵爲老人、醫師、神父、保護者、政府主管人員。

七殺	南六	火金	陰	將星	威勇之星。主權勢。以官祿、遷移宮為主。象徵為軍人、警官、外科醫師、獵人、漁夫、重工業人員、富翁。 逢紫微化權。
破軍	北七	水	陰	耗	變動之星。主激變。以遷移、夫妻、子女、奴僕宮為主。象徵為軍人、警官、宗教家、重工業人員。
文昌	南助	金	陽	科甲	學問、藝術之星。主文學、音樂、演劇、學術、藝術、考試。（特別是指在演劇方面）
文曲	北四	水	陰	科甲	學問、藝術之星。主文學、音樂、演劇、學術、藝術、考試。（特別是指在創作方面）
左輔	北助	土	陽	助力	主計劃、慷慨、親友、僥倖。具有輔佐紫微的作用。
右弼	北助	水	陰	助力	主計劃、慷慨、親友、僥倖。具有輔佐紫微的作用。
天魁	南助	火	陽	陽貴	主聰明、秀麗、威儀、考試、有貴人相助之運。以晝間生人為佳。
天鉞	南助	火	陰	陰貴	主聰明、秀麗、威儀、考試、有貴人相助之運。以夜間生人為佳。

星名	南北	五行	陰陽	化氣	主
祿存	北三	土	陰	爵祿	爵祿、貴壽之星。具解厄、制化功用。以財帛、田宅宮爲主。主聰明、秀麗、耿直、磊落。
擎羊	北助	火金	陽	刑	主刑傷。象徵爲破財、車禍、疾病、剛強、粗暴。
陀羅	北助	金	陰	忌	主是非。象徵爲破財、車禍、疾病、剛強、粗暴。
火星	南助	火	陽	殺	主性剛。
鈴星	南助	火	陰	殺	主性烈。
化祿	南北	土	陰	財祿	主福德、財祿。逢祿存星則喜。
化權	南北	木	陽	權勢	主生殺、權勢。逢巨門、武曲則喜。
化科	南北	水	陽	聲名	主文墨、聲名。逢天魁、天鉞則喜。
化忌	南江	水	陽	多咎	主是非、困難、口舌、挫折、破壞。
天馬	南北	火	陽	驛馬	遷動之星。主旅行、行樂、調職、遷居。逢祿存、化祿則喜。
地刧	南北	火	陽	刧殺	破失之星。主破壞、分離、失物。
天空	南北	火	陰	空亡	多災之星。

天傷	南北	水	陽	虛耗	主破耗。
天使	南北	水	陰	災禍	主災禍。
天刑	南北	火	陽	孤尅	象徵爲法律、醫藥。
天姚	南北	水	陰	風流	風雅、艷福（入廟），淫逸、風騷（落陷）
天哭	南北	金	陽	刑尅	象徵爲憂愁、感傷、憂傷。
天虛	南北	土	陰	空亡	象徵爲憂愁、感傷、憂傷。
紅鸞	南北	水	陰		主婚姻、喜慶。
天喜	南北	水	陽		主婚姻、喜慶。
三台	南北	土	陽	貴	象徵爲交通工具、交通機關。
八座	南北	土	陰	貴	象徵爲交通工具、交通機關。

星名	斗分	五行	陰陽	主	吉凶喜忌
龍池	南北	水	陽		主考試、耳。
鳳閣	南北	土	陽		主考試、嘴、唇、齒。

天才	南北	木	陰		主才能、才智。
天壽	南北	土	陽		主長壽。
恩光	南北	火	陽		主僥倖、特殊提攜、援助。
天貴	南北	土	陽		主事業發展、進步。
天官	南北	土	陽		主陞遷、陞職。
天福	南北	土	陽		主福祿、榮達。
台輔	南北	土	陽		台閣之星。象徵可遭遇要人、實力者、有名之人。
封誥	南北	土	陰		封章之星。象徵爲封賞、表彰、佳評、名譽。
孤辰	南北	火	陽	孤	與六親緣薄，忌入父母宮。
寡宿	南北	火	陰	寡	與六親緣薄，忌入夫妻宮。
蜚廉	南北	火		孤	破損之星。
破碎	南北	火	陰		損耗之星。
解神	南北			化凶爲吉	具有解災厄、凶禍之功用。
天巫	南北			陞遷	具有迅速陞遷、陞職作用。

天月	南北			病	主疾病。
陰煞	南北			小人	主暗中遭小人暗算。
截空	南北			諸空	主空虛、化空、消失。忌入命身宮。喜入疾厄宮。
旬空	南北			諸空	主空虛、化空、消失。忌入命身宮。喜入疾厄宮。
博士		水		聰明	主聰明、長壽、權威。
力士		火		權勢	主權力。
青龍		水		喜氣	主喜慶、進財。
小耗		火		耗損	主損失、小破財（半凶）。
將軍		木		威猛	主威猛、性暴（半吉）。
奏書		金		福祿	主有文書上之喜慶。
飛廉		火		孤尅	與六親緣薄。忌入命身、父母宮。
喜神		火		延續	主吉慶、慶喜。
病符		水		災病	主疾病。
大耗		火		耗敗	主損失、大破財。

伏兵		火		是非	主口舌、對立、紛爭。
官府		火		訟	主口舌、訴訟、對立。
長生				生發	主生氣蓬勃。不忌諸凶。忌落空亡。
沐浴				桃花	主戀愛、情事。喜臨夫妻宮、喜臨空亡。
冠帶				喜慶	表示喜慶之意。
臨官				喜慶	表示喜慶之意。
帝旺				旺壯	表示運氣最旺之意。
衰				頹敗	爲後退、斜陽之意。忌入幼少運。
病				疾厄	主疾病。忌入幼少運。忌入疾厄宮。
死				死亡	忌入幼少、中年運。
墓				欽藏	喜入倉庫、金藏、財帛、官祿宮。忌入命身宮。
絕				絕滅	主消滅、斷絕。喜入疾厄宮。忌入命身、子女宮。
胎				喜	主喜事、喜慶。喜入夫妻、子女宮。忌入疾厄宮、晚運。
養				福	主平安、福祿。諸宮皆吉。

將星				化凶為吉	具有解厄之功用。
攀鞍				功名	主陞遷、榮陞。
歲驛				遷動	主旅行、行樂、轉職、移居。
息神				消沈	主沈滯、怯弱。表示無生氣狀態。
華蓋				孤高	主孤獨、沈悶。入命身宮，不為凡俗之人，宜為僧道。
劫煞				盜	主失物、遭竊。喜諸吉星化解。
災煞				災患	主意外災難。
天煞				尅父尅夫	主男子之對立、口舌。忌入命身、父母、夫妻宮。
指背				誹謗	主中傷、非難。忌入命身宮。
咸池				桃花	主戀愛、情事。入命身、財帛、福德宮，有好色之傾內。
月煞				尅母尅妻	主女子之對立、口舌，忌入命身、父母、夫妻宮。
亡神				耗敗	主消耗、破財。
歲建		火		一年休咎	主一年間之禍福。忌與命宮冲照。加會吉星則吉，會凶星則凶。

晦氣				咎	主不幸、災厄。喜諸吉星化解。
喪門		木		喪亡	主六親、親戚、自身之健康上發生問題。喜諸吉星化解。
貫索				獄災	主對立、敗訴。喜諸吉星化解。
官符		火		訟	主是非、口舌、訴訟。喜諸吉星化解。
小耗		火		小失	主小損失、小破財。喜諸吉星化解。
大耗		火		大敗	主大損失、大破財。忌入命身、財帛、田宅宮。
龍德				化凶為吉	具有解厄、制化之功用。喜入命身宮。
白虎		金		凶	主有刑傷、疾病、挫折、破財等意外災難。喜諸吉星化解。
天德				化凶為吉	具解厄、制化之功用。喜入命身宮。
弔客		火		孝服	表示親屬、家人身上會發生不幸。喜諸吉星化解。
病符				災病	主疾病。喜諸吉星化解。

第七節　男命與女命

紫微斗數判斷男、女命的標準並不相同。一般來說男女除了均重視命身宮外，男命尚須重視財帛宮與官祿宮，而女命重視夫妻宮與福德宮。

男性之所以重視財帛宮與官祿宮的原因是，兩宮可以表示出個人的財運與事業運。而女性重視夫妻宮與福德宮的道理也在此。

婚姻對女性而言，是一生中最重要的事。匹配良夫，組織美滿家庭，是每位女性最大的希望。因此在觀女命時，應重視夫妻宮。

福德宮可以表現出女性精神安定程度、情操、品性、修養等情形，因此在論女命時，應注意此宮。若福德宮良好者，其人必定賢慧、身心安詳，自然就具有福份。

根據上述的理由，我們不難瞭解，男命爲何重視財帛宮與官祿宮，女命爲何重視夫妻宮與福德宮的原因了。今具體說明男命、女命的看法。

○男命看法之順序

①首先觀命宮，命宮卽爲本宮。同時併觀對宮、三合宮（財帛宮、遷移宮、官祿宮）。見各宮內的諸星時，首重甲級星，次看乙級星，根據吉星凶星的多寡，以及入廟落陷的強弱

程度，相互比較後再決定吉凶。有關身命之事，在後章中有記述。

②其次看福德宮、田宅宮，並且依宮內諸星的吉凶及強弱，做為判斷吉凶的根據。

③而後依序再看⑴夫妻宮、⑵子女宮、⑶兄弟宮、⑷父母宮等宮內的吉凶來決定。

④最後再決定疾厄宮與奴僕宮的吉凶。

男命以上述順序來加以判斷。曾坤章先生曾經發表過觀命的宮位程序為：①命身宮、財帛宮、遷移宮、官祿宮②福德宮③田宅宮、奴僕宮、疾厄宮④父母宮、兄弟宮、夫妻宮、子女宮。考究曾氏之說，或許他認為父母、夫妻、兄弟、子女等血親，對於命運的好壞並無關連，因此才不加重視。

然而筆者卻不如此認為，尤其是夫妻宮，可以表現出配偶的性質及運的好壞。對男命而言，配偶的影響力雖不及女命來的重要，但亦不容輕忽。古來之人都認為如能娶得賢妻，便能得妻助而福發，且有許多實例。因此男命如想充實後天運，最好是娶一位能彌補自己缺點的女性為妻。而後要觀子女宮，本宮可以表現出子女的命運好壞，雖然子女宮對男性而言，不及女性來的重要，但是也不可忽視。

男人在娶妻生子，成為一家之主後，方會感到負擔，承受責任，而專心致力於工作。俗話有云：「有兒方知父母恩。」確是如此。

而夫妻宮、子女宮，之所以較父母宮、兄弟宮來得重要的理由，主要是根據命盤十二宮的相位而論，這是因爲夫妻宮的對宮爲官祿宮、子女宮的對宮爲田宅宮的關係。上述各宮在斷男命時，是不可輕忽的。

官祿宮可以顯示出一個人一生的事業運、就職狀況，以及社會地位及評價，對男命而言，均是非常重要的因素。

田宅宮可以顯示出各人一生不動產運、居住的安定程度，以及所擁有的資產多寡，上述所說的各項，對生活起居有絕對重要的影響力。而財帛宮所顯示出的財運，無論多吉，若田宅宮爲凶時，則表示無固定資產。依此理由，在論斷男命時，田宅宮與福德宮居於相同重要的地位。

因此與此二宮有關連的夫妻宮及子女宮，之所以受到重視，是非常合理的。

最後看疾厄宮與奴僕宮。疾厄宮可顯示出個人的體質以及健康狀態，而奴僕宮則顯示出與友人、部下的關係。由於這二宮的運，與命宮、身宮的吉凶關係，具有極大的關連，故而在斷命上，亦深受重視。

設命宮內諸星成廟旺，並加會許多吉星，而疾厄宮爲凶時，亦少有大病、大災，故不以懼論。

本理亦適用於奴僕宮。

顯而易見的，根據上述原則所排列的男命看法順序，與曾坤章先生的看法，有很大出入。不過這只是原則罷了，在論命時應該要依個人立場、條件的不同，做若干修正。

○女命看法之順序

①首要著重於命宮，而後再決定命宮內諸星之吉凶，以甲級星為主、乙級星為次。在看法上也與男命不同，斷女命時並不一定重視對宮與三合宮的關係，有關身宮之事容後再述。

②其次觀夫妻宮與福德宮，決定其吉凶。

③觀子女宮、財帛宮、田宅宮之吉凶。其中以子女宮最為重要。

④觀父母宮、兄弟宮之吉凶。

⑤觀疾厄宮、遷移宮之吉凶。

⑥觀官祿宮、奴僕宮之吉凶。

論女命時，除了命身宮外，亦應重視福德宮與夫妻宮，在前文中業已說明過。在此並無特殊須要解明之處，唯一例外的是要考慮官祿宮的問題。因為現代女性與過去大不相同，大多在婚前都外出工作謀份職業，或利用自己的才幹，創出一番事業，這種情形已非常普遍。

一般而言有份好工作的女性，在生活上可衣食無虞。

然而在紫微斗數中，論女命時並不重視官祿宮。因爲對女性來說，眞正的幸福在於婚後；並且認爲能夠在家相夫教子，建立幸福美滿家庭的女性，才足以令人羡慕。

然而實際上卻非如此，自古以來流傳下來的思想傳統，在近幾十年新思想的激盪下，已逐漸在蛻變。

現在的女性，已不認爲身爲女性應盡本分的義務及天職，是當然之事，而思想更新潮者甚至會認爲，在家相夫教子是迂腐的觀念。問題是如果每位女性，都不能做到應盡的義務，那麼社會將會成爲什麼樣呢？

打個比喻就像將男女角色易換，讓男性在家相婦教子，會成爲何種局面？因此我們可以瞭解到，女人最大的天職就是在相夫教子。

現代女性中，具有卓越的才能者，不乏其人。她們在社會上、工作上的表現，也確實叫人讚賞，其成就甚至凌駕於男人之上，然而這類女性的婚姻運大多不良，且與子女緣薄，此乃天生註定，莫可奈何的事。聞名於世的中國「易經哲學」，便採陰陽五行之說，以陽爲男，陰爲女，而創立陰陽二元論，此說爲西洋學說中所無，然卻合於自然。以人類歷史觀之，男子外出活動，養家生計，居領導地位，故爲陽剛；而女子主要繁衍後代，輔助男性，故屬陰性。不論時代如何變遷，此爲一貫不變的傳統原則。若男子可生育養子，則另當別論，然事實上絕非可能。易經云：「女位內正，男位外正」，又「男女正，爲天地之大義」，「家正則天下定」，故由此可知男女命看法，原本各異，採行本原則論命，不僅符合自然法則，亦合於兩性天生各負的使命。

然而事實上並非全然如此，女命中亦有婚事難成，不喜婚姻束縛，或難爲正妻者，此皆因宿命使然，無法怨尤。

第八節　「身宮」之解說

除命宮之外，其餘十一宮中，惟有身宮的影響力與命宮相同。然而無論在台灣或香港，對重要性僅次於命宮的身宮，截至目前爲止，難見有任何詳細記載。

張耀文氏雖在日本發表其獨創的「身宮表出法」，可惜的是，對這方面的解釋卻未盡詳明。

余雪鴻氏在其所著「紫微斗數精義」中，曾就身宮發表嶄新言論，頗受注目。因紫微斗數之見文獻流傳，故一般研究家，大多都趨炎附會余氏的說法。

而筆者對於余氏的身宮論，亦給予極高評價。

有關余氏身宮論，今解述如下：

①如命宮有主星，且主星吉凶顯明時，則無須將身宮作用併入考慮。

②如命宮無主星，則以對宮（遷移宮）之主星爲命宮，以做爲判斷之用。

此時雖可藉以推論命宮所有之各種情況，然因其力量居同座宮位，故不完全。

換言之卽各星曜所具禍福力量，僅爲原有的七成左右。

故此際身宮之影響力大增，並可藉遷移宮內的主星，判斷各人容貌、性格、才能、適職，及未來發展之情形。

③身宮之星曜，可視爲命宮與三方四正之會合作用。

如命宮天魁，身宮天鉞，則可以「天乙拱命格」用以判斷。如命宮天巫，身宮地刼，則可視爲「刼空夾命格」。

④命宮所顯示者爲先天運，身宮則顯示後天運。

身宮星曜俱吉，則表示個人可因後天努力，而改變先天命運。換言之，卽身宮星曜，具有彌補先天不足之作用。

總之命爲無形，身爲有形。依個人身宮之星曜所示，卽可詳爲觀察其形貌及姿態。

⑤身宮之宮位，居於命宮之外，故其所居宮位之吉凶力量較命宮爲小，然強於其他十個宮位。

如身宮爲財帛宮，而宮內多吉星，主其人多富有。身宮爲遷移宮，宮內多吉星，則主外出機會多，且有發展；反之多凶星者，外出機會雖多，徒然勞苦無功。

根據余氏之說，尙可做下列若干解釋：

①所謂「主星」，卽指紫微、天府系諸星，共計十四個正曜。若誤以文曲、文昌、左輔、右弼、祿存之五正曜，併入判斷之用時，則易生錯謬。余氏認爲命宮有十四個正曜，且其吉凶明顯者，則無須考慮身宮作用，此點極爲重要。因論命時，須依命盤上各情況加以解釋推論。

②命宮若無十四主星時，則以對宮（遷移宮）之主星，視爲命宮主星，加以判斷。（此爲「命無正曜格」，爲特殊命式，參閱後章格局論。）此際對宮主星之強弱，並不完全顯現於命宮，其作用之強弱，僅爲原有力量之七成左右。故以對宮主星、吉星入廟旺爲佳。同時併列考慮三合宮，而三合宮主星強弱程度，約爲命宮與遷移宮二宮和之七成左右。然其力量未必與對宮相等。

其原因爲三合宮內主星，與對宮內主星之強弱程度並不一致，故必須列入考慮範圍，否則毫無意義。

而後再根據對宮與三合宮內之甲級星與乙級星配置，加以斷命。有關此點如要詳細說明，需多費筆墨，故暫時打住，留在後章做詳解。

③余氏學說中，身宮之星曜，雖與命宮及三方四正不合，然仍具會合作用，其思維頗富彈性，此說在斗數命理學中，不乏有多人效仿。筆者採用此法亦有多年，深知其準確性之高，無出其左右者，並讚佩余氏創立此說。

身宮可位於命宮、夫妻宮、財帛宮、遷移宮、官祿宮、福德宮等六宮，除夫妻宮與福德宮原位居命宮之三方四正外，其餘宮位均位居三方四正內，然若在上述二宮安身宮時，則可視為位於命宮三方四正之內。

男、女命對此二宮之重視程度各異，前章業已解明，故不可輕忽，此在論命上頗具重要關係。

④命宮所表徵者為先天運，可影響前半生。身宮則表徵後天運，影響後半生。命宮與身宮俱吉之人，主能發揮個人才能，終享富貴福壽。然而對其間過程的運命，依然無法明瞭。例如凡為各行各業一流人才，皆是歷經挫折、試練，不斷超越自己而有所成就，否則難以成功。若無堅強毅力克服困難，難成大業。

實際上細觀具卓越才能，或成功者的命盤，一般而言也未盡理想，甚而易遭逢凶運，阻害吉運，陷入於困阨中。然而其人「相」上，必顯秀氣，否則縱有人品，亦難有成。故以筆者之見，象徵吉運、凶運，併左右個人一生者爲「相」。雖有佳運，然應配合「相」，方能有運果。

此理並非僅適用於紫微斗數，於四柱推命中，最終論斷各人之命時，仍有賴以「相」來決定。故研究斯學之人，在斷命上應愼加熟思，切勿輕率，枉下斷語。

命身宮皆吉者，勿庸考慮先天運或後天運，僅須把持住個人所訂目標，勇往邁進開拓，必可達成，一生多充實。

命宮吉，而身宮凶者，早年凡事順調，不勞苦，然晚運不佳，多煩惱。其人於早年平順時，勿不知愼戒，宜有制服困境之氣概，俟晚年困阨到來，尚可對應，不致潦倒而終。

若命宮凶，身宮爲吉時，主其人早年不順，多煩惱。晚年卻一帆風順。具有此命之人，縱遇勞苦亦不妥協服輸。其人幾經勞苦而成長，終致成功。

命宮與身宮俱凶之人，有一生苦勞而功少的傾向，其人大多不知善用己身才能，而且臣服於人，宜相信己所負之使命，卽爲服務人群而努力。故應廣泛接觸思想、哲學、宗教等學術，以求修身養性，切勿好高騖遠，必可漸次轉運向上。

上述之四類命宮，均與「相」具有關連，故由此可知其重要性。

⑤身宮位於命宮外之任何宮位者，其重要性僅次於命宮。身宮除可安在命宮外，尚可安

於夫妻宮、財帛宮、遷移宮、官祿宮、福德宮等五宮。

男命身宮宜安於財帛、遷移、官祿等三宮。

女命身宮宜安於夫妻、福德二宮爲佳。上述僅爲原則，並不可以此做爲論斷吉凶之用。須先考慮身宮之沖宮爲何，再觀爲男命女命，最後根據個人命盤詳加解釋。

以上爲身宮之解說。

第六章　命身宮諸星之吉凶現象

命　宮

1、紫微星

紫微星入命宮之人，主度量寬宏、多知己朋友。一生多受貴人相助，縱然遭遇困逆，亦可逢凶化吉。

容貌：臉呈方圓形。年輕時面呈黃白色，晚年爲紅黃色或紅色。身材大多爲中等肥胖。腰部、背部豐滿多肉。

頭腦反應敏捷，說話速度適中，不疾不徐，富於說服力。與人有信賴感，受人尊敬與仰慕。好奇心旺盛，具有多方面興趣。博學多能，然而少有一技之長。

紫微坐命宮之人，其特徵爲態度沉著穩重，令人有信賴感。處理事物時，可發揮卓越的管理能力，以及統率力。天生就很幸運，可獲致成功。適合從事於經營大規模企業，或與大企業的管理、經營有關的職業，以及從事工商業、政界。

然而其缺點是，在社會上獲得了稍許的佳評與地位後，往往不知突破，固守現狀（此例甚多），而浪得虛名。並容易受週圍環境的影響，改變自己思想，且易誤會他人意思，做錯誤的判斷。紫微坐命宮之人，如果在事業上發生不順利的情形時，大多是因此而起。

女命除了具有以上特徵外，尚有細嫩的皮膚，端正的禮儀，給與人有種高尙的感覺，是典型的賢妻良母，可嫁良夫，有好運。

無論是在精神上或物質上，都能獲得滿足，自尊心強，適宜外出工作，在工作上可受上司、朋友的幫助。

以上爲紫微星的基本特徵，與其他諸星配合時，各有不同。

○紫微與天府同宮之人，一生有財與地位名聲，然而却經常爲精神上的空虛苦悶而困擾。

○紫微與貪狼同宮之人，好酒食、風流。與異性緣多，對推展事業有所助力，而導致成功。

○紫微與天相同宮之人，富於進取心，行動積極，事業運旺盛。對人表示不滿時，往往動輒批評，易引起他人反感而坐失良機。

○紫微與七殺同宮之人，具有強韌的忍耐力。不甘居於人下，喜歡僱用多人，來振興自己事業，而導致成功。若受人僱用時，必定會與上司不和。

○紫微與破軍同宮之人，容貌姿色頗具魅力，可得異性助力。在社交場合中，極受大衆注目。一生中多遭意外事件。

○紫微與文昌、文曲同宮之人，具有文學、音樂、演劇等藝術才能。天生卽賦有卓越的表現力，及敏銳的感受性，年輕時便受人注目。

○紫微與左輔、右弼同宮之人，爲人慷慨好義、性豪爽。有計劃能力，可完成大事業。多朋友知己。而臨困境時，自會有人出面相助。

○紫微與天魁、天鉞同宮之人，爲人謙虛，性格溫和，經常受上司、長輩提攜，且有貴人相助。做事順利平穩，終致成功。

○紫微與祿存同宮之人，善於經營，具有優秀的管理能力，事業多成功。多動產、不動產，財運豐厚。

○紫微與化祿、化權、化科加會之人，在事業上可得助力。一生之中勿須辛勞，卽可享成功，爲幸運之人。

○紫微與火星、鈴星同宮之人，情緒不穩定，言行輕率，易受人誤解。多悲觀，逢其他吉星時，可稍減悲觀的傾向。

○紫微與地刼、天空同宮之人，無財產地位之惠。精神上時有空虛感，故自然傾向於研究哲學與宗教，以求精神情緒上的安穩。

○紫微與擎羊、化忌、陀羅同宮之人，喜參與投機、冒險的事業，成功失敗來去甚速。身體易患疾病，但無大礙。

〔紫微星之補足〕

①命宮紫微，與天相、左輔、右弼加會之人，具有優秀統率力及政治力。可為國家棟樑，與大企業中之幹才。

②命宮紫微，與左輔、右弼、天魁、天鉞加會之人，衣食住無虞，然恐孤獨過一生。

③命宮紫微，與擎羊、陀羅、火星、鈴星、地刼、天空、化忌等凶星加會之人，雖可獲成功，但須經過一番勞苦。

④命宮紫微，與天府、天相、左輔、右弼、天魁、天鉞、祿存、天馬等加會之人，可得錢財與名聲，為幸運之命式。

⑤紫微與天府同宮，入命身宮、疾厄、奴僕、兄弟、父母宮之一者，主與六親緣薄，有情緒不安穩的傾向。

⑥紫微對宮為破軍星時，有懷才不遇之嘆。難得財產與聲名。與左輔、右弼、天魁、天

鉞等吉星加會時，則良好。

⑦命宮爲紫微，與貪狼同宮，加會吉星之人，知識淵博。反之與凶星加會者，有名無實，易沉溺酒食，多爲異性之事而煩惱。交友宜愼。如能研究哲學、宗教、神秘學等特殊學問，則可從中獲致安泰。

〔女命之補足〕

①命宮爲紫微，入寅午申宮者，貌美、品德高貴，有內助之功，爲子孫繁昌之命式。

②命宮紫微，與七殺同宮者，富於感情，擅於社交，早與異性交往。

③命宮紫微，與七殺同宮者，自尊心強，不服輸。與溫厚男性結緣較佳。

④命宮紫微，與擎羊、陀羅、火星、鈴星等凶星加會，又無多吉星加會者，爲白玉有瑕之象，生活雖富裕，然多煩惱。

2、天機星

天機入命宮之人，幼年時便能展露聰明，對於未知事物，喜加以理解。天生與哲學、宗教及神秘事物有緣，並極具天份。

容貌：面長、眼光銳利，年輕時臉呈青白色，晚年爲青黃色。身材大多適中，入廟肥胖，落陷則軀瘦。性急，說話速度稍快。性格溫厚，禮儀端正而穩重。

雖然性急，然本性善良，與人有信賴感，喜好幫助朋友，受人之託時亦不推諉。

天機星之特徵爲，具有濃厚的求知慾，及高人一等的智慧。富於計劃、分析、設計、企畫、發明等能力，無法勝任管理以及勞動操作等工作，否則必會感到沉痾而痛苦。

天機星人恰如其名，象徵著瞭解「天之機密」，雖然未必絕對如此，然而由於其不屈不撓的忍耐力，終能悟達其所希望獲致的學識。

富有強烈的求道心，注重精神文化。具有探究事物的慾望，天生卽具研究心，雖能專心一意，但難免做空泛，及不切實際的理論，行事難得實際利益。

女命逢天機時，性剛不服輸，具忍耐力。一般多瘦弱，少女時卽廣受男性愛慕。婚後教養子女嚴格，熱心教育，有內助之功。生性節約，故家庭中少爲金錢而煩憂。唯一缺點是，喜杞人憂天。若能認識自己缺點，便可避免有患得患失之感。

〔天機星之適任職業〕適宜從事企畫、設計、創作方面等工作，及廣告、作家、作詞、宗教家、記者、雜誌編輯、設計師、漫畫家、發明家、設計開發、教師、命相家、神秘學研究家、哲學家、學者等。

以上爲天機星之基本特徵，與其他諸星配合時則各異。

○天機與太陰同宮之人，一生宜外出，旅行機會多，背井離鄉則能開運。感受性強，時有靈感。中年後有吉運。一生少有危險風波。

〇天機與巨門同宮之人，可成爲思想家、研究家及藝術家。理解力強，肯用功，極富上進心。

〇天機與天梁同宮之人，有先見之明，富智謀。具有專門技術及特殊技能。可成爲成功的評論家、仲裁者、顧問以及輔佐人員。

〇天機與文曲、文昌同宮之人，對於藝術、學術的探究心旺盛，可意外獲得成功，年輕時即揚名於世。

〇天機與左輔、右弼、天魁、天鉞加會之人，交友廣濶，明辨是非，一生喜幫助別人，亦易受他人回報。

〇天機與化權、化祿、化科加會之人，事業一帆風順，多受他人幫助，能僥倖成功，才能頗受上司賞識。

〇天機與火星、鈴星同宮之人，喜無事閒忙。行事時往往易判斷錯誤，而難見效果。

〇天機與地刧、天空同宮之人，思想多有悲觀傾向。年輕時易遭挫折、失望，而逃避現實。對哲學、宗教、玄妙學術頗富興趣。

〇天機與擎羊、陀羅、化忌同宮之人，性格頑固，多固執己見，心中多苦惱煩悶，身體羸弱，如不能克服心中糾結，一昧與人競爭，則難有成功之日。

〔天機星之補足〕

①命宮天機，與天粱同宮，並加會文曲、文昌、左輔、右弼等吉星之人，主有輔佐、參謀、顧問等卓越才能。有文章之才。身為官吏者必為清廉、公正、忠實之士。

②命宮天機，與太陰、天同、天粱加會者，為「機月同粱格」，頭腦縝密，適合從事於設計、秘書、輔導、經營顧問等工作，尤其適合於公職。

③命宮天機，位於丑未宮落陷，遇擎羊、陀羅、火星、鈴星等凶星沖破者，為下局。能經營小買賣，或賴自身技術、技能而維持生計。

④命宮天機，居巳亥宮，不逢吉星者，好酒食、離鄉里、薄情、無誠意。性格多乖張。

⑤命宮天機與巨門同宮者，以卯宮較佳，酉宮則不吉。居卯宮者無雙親依怙，須自食其力方能開運。居酉宮縱有吉星加會，亦難得財富地位。

⑥命宮天機與天粱同宮者，居辰戌宮均吉。逢地刼、天空、截空、旬空時，研修宗教及神秘學可得安泰。

〔女命之補足〕

①命宮坐天機，入廟者，爲人聰明好勝，教養子女嚴格，熱心教育，有內助之功。
②命宮天機，居寅申卯酉宮者，爲良好命式。戀愛早發，喜與異性交往。
③天機獨守命宮者，多爲虔誠信徒。
④命宮天機，遇擎羊、陀羅、火星、鈴星、化忌等凶星沖破者，一生多苦惱煩悶。

3、太陽星

太陽守命宮之人，性格積極進取，精力充沛，生性活潑好動。喜參與各類活動，擅長交際。

容貌：臉呈方圓形。年輕時面帶紅白色，或黃紅色，晚年爲紅色。身材肥胖，濃眉，眼大而深，說話、動作極速。

個性開朗，善交際，浪擲金錢。性爽直，不喜受人指使，好支配管理他人。在公衆場合常受他人推舉，或自薦負責指揮，故廣受他人注目，亦易因此而招人批評中傷。工作勤快。太陽守命宮之人，爲典型樂天派人物，凡事不拘小節，富進取心。喜袒護他人，故樹敵較多，然能化敵爲友，成爲好友。喜與人交際，對弱小者常寄與同情，富犧牲服務之精神。

太陽入命宮之人，先天具有優異組織能力，包容力、統率力、行動力亦強。一生財運豐饒，不知吝嗇，有揮金如土之弊。然收入豐裕，不致因金錢而憂困。（若太陽落陷、不得地時，收支有不平衡之虞，常因支出而煩惱。）

女命太陽守命宮者，性格外向活潑、任性，性格趨向男性。年輕時喜參加各種活動，與男性接觸機會多。婚後不宜受家庭束縛，外出工作，則精神快樂開朗。宜嫁溫和之夫，可愛情永固。

（太陽星之適任職業）太陽守命者，適宜從事議員、官吏、黨政、金融、銀行、土木、建築、運動、軍、警等，須花費體力的工作。其他如與社交性有關的旅行業、推銷業亦可適任。

以上爲太陽星之基本特徵。太陽由廟至陷，因強弱程度之不同，而使格局差異甚大，並各具不同特徵，甚爲複雜。故在此特別介紹，太陽與其他諸星配置之不同。

○太陽與太陰同宮之人，終其一生多發生戲劇性變化，經常轉職、旅行改變環境。雖可任高位，然難守財產。

○太陽與巨門同宮之人，爲人勤勉，然不致勞苦，可朝向事業成功邁進，因事業競爭者衆，故每因經營、計劃而苦。終可得相當財產。

○太陽與天梁同宮之人，爲人正直豪放磊落，頗富盛名，廣受大衆注目。

○太陽與文曲、文昌之人，幼年卽展露優秀能力，頗受衆人賞識。

○太陽與左輔、右弼、天魁、天鉞加會之人，事業上有貴人相助，協力發展。

○太陽與祿存同宮之人，備有卓越才能，經營工商業可獲巨富，多動產、不動產。

○太陽與化科、化權、化祿加會之人，早年揚名於世，可擁有財勢權力，成功而受人羨慕。

○太陽與火星、鈴星、擎羊、陀羅加會之人，物質上精神上多障礙，終其一生不得安定。身體多疾病，尤以視力、心臟爲甚。

○太陽與地刧、天空同宮之人，無理財觀念，入不敷出，常爲金錢煩惱。

○太陽與化忌同宮，太陽入廟旺之地，多吉星加會者，可有飛躍發展，若入不得地、陷，且與凶星加會者，恐有意外支出，經濟窮困。

〔太陽星之補足〕

①太陽與太陰同，因強弱程度之不同，於命盤十二宮有甚大差異。太陽位寅卯宮者，爲「初升」，居辰巳宮者爲「升殿」，至午宮爲「日麗中天」。太陽入廟旺，可獲得財富及地位。

太陽在寅，與巨門同宮者，稱之爲「巨日同宮格」。太陽在卯，與天梁同宮，謂「日照雷門格」。太陽在午，謂「金燦光輝格」。

故太陽居寅至午宮位者，爲良好格局，然須與吉星加會爲條件。與凶星同宮，遇沖破，爲破格，不以吉論。

②太陽在未申宮者，爲「偏垣」，年輕時勞苦，中晚年後可安定。

③太陽在酉，爲「西沒」，縱有吉運亦不長久，有懷才不遇之嘆。

④太陽位戌亥子丑宮者，爲「失輝」，辛勤勞苦而無結果，多障礙，交際欠圓滿。與化科、化祿、化權加會，爲良好命式。

⑤命宮太陽，與文昌、文曲、左輔、右弼、天魁、天鉞、祿存等吉星加會者，可得財富名聲。遇困難之事，亦有貴人相助。縱遇擎羊、陀羅、火星、鈴星等凶星沖破，不足以懼。

⑥太陽守命、落陷，更與凶星加會者，主有身體疾患。與化忌同宮，恐有眼疾。

〔女命之補足〕

①命宮太陽，入廟旺之地，與文曲、文昌、左輔、右弼、天魁、天鉞、祿存等吉星加會者，早生戀愛，性格剛毅如男子，恐有招夫入贅之象。

②命宮太陽，居寅卯辰巳午宮者，衣食住無虞。性格如男子，好動，工作能力強，一生運勢強。

③命宮太陽，居戌亥子宮，與吉星加會者，凡事先苦後樂，勞苦之後必有所成。

④命宮太陽，與太陰同宮之人，須歷經多次戀愛，方有婚運。且有外似華麗，而內實空洞之象。仍以貴命論。

⑤女命命宮太陽，喜奪夫權，宜嫁溫和之夫。

太陽、太陰併論

①太陽太陰同守命宮（丑未宮），更與文昌、文曲、左輔、右弼等吉星加會者，可享高官榮爵，財多。不逢吉星者，爲平常之命。

②太陽、太陰共守田宅宮者，謂「日月照壁格」，多逢吉星，主有不動產，可爲巨富。無吉星加會者，爲平常之命。

③命宮在未、太陽在卯、太陰在亥，三方加會者，謂「明珠出海格」。更聚文曲、文昌、左輔、右弼、天魁、天鉞等吉星者，主博學多才，早能成功。

④命宮在丑、太陽在巳、太陰在酉，加會者謂「日月並明格」。命宮在午，太陽在寅，太陰在子加會者，亦倣此論，其格局與明珠出海格相同。

⑤太陽在辰、太陰在戌，謂之「日月爭耀」。命宮在辰、戌均吉，可獲地位財富，然須有吉星加會爲條件。

⑥太陽、太陰夾命宮者，謂「日月夾命格」，一生財運豐饒，衣食無缺。

⑦日月並明格，較日月同宮格爲佳。因同宮之吉運、凶運較加會爲不顯。

4、武曲星（一名将星）

武曲星入命宮者，主性格剛毅，堅忍不拔，富決斷力，凡事一經決定，卽貫徹不懈。縱遇大礙，亦不言放棄。

容貌：臉呈方圓形，年輕時面帶靑白色，或靑黑色，晚年則爲靑黃色。身材矮小，聲高而響，易引人注意。肌肉頗豐，屬筋肉質人。通曉各項運動技能。

武曲星人頗爲自信。個性固執急躁。遇事缺乏忍耐，急於付諸行動，立刻加以解決，武曲星人生性乾脆、無耐性。工作熱心，富實行力。一生財運豐裕。可任要職，廣受衆人尊敬。

然而其優異決斷力，恐有成爲獨斷之傾向。因辦事迅速，審察不愼，或可種下禍因。

女命逢之，臉呈方圓形，膚白光艷。性格固執，聲高而速，不拘小節，富決斷力，爲標準現代女性。握擁家權。個性剛毅。婚後喜外出工作，與男子共事者，表現亦活躍。

〔武曲星之適任職業〕適合任職於銀行、證劵公司、金融業及一般買賣業。尤其以從事鐘錶、寶石商爲佳。其他如土木建築、工業、警官、警員、軍人亦可適任。

以上爲武曲星之基本特徵，與諸星配合則各異。

○武曲與天府同宮之人，富經營手腕，可成大事業。尤其以大資本獲利事業，更可發揮長才。

○武曲與天相同宮之人，爲人謙虛，多才藝、勤勉、善於社交，人際關係頗佳。青年時即可顯露頭角，一生多亨運。

○武曲與貪狼同宮之人，個性桀傲不羈，不喜受人拘束干涉，寧獨自發展。難承祖業，年輕時多苦勞，三十歲後運氣亨通，可向上發達。

○武曲與破軍同宮之人，個性好強，有膽量，不重錢財。凡事多衝動而遽下決定。器度寬宏，然有剛愎自用之象，不聽信旁人意見。成功失敗皆遽然而發。

○武曲與七殺同宮之人，胸中無秘密。本性乾脆直爽，不喜迂迴行事。因善於交際，故難聚財。一生有成有敗。

○武曲與文曲、文昌同宮之人，凡事皆感興趣，具睿智，必可展露頭角。

○武曲與左輔、右弼、天魁、天鉞加會之人，天生具統率力，可在政界、軍隊、財界、警界有傑出表現。

○武曲與祿存、化科、化祿、化權加會之人，早能就任合於個人才能的職業。財運亨通

○武曲與火星、鈴星、擎羊、陀羅加會之人，個性耿直，不易與人相處，性孤僻。身體易有殘疾或外傷。

○武曲與化忌同宮之人，喜任性而爲，不經思考而行事，易與人起衝突。

〔武曲星之補足〕

①命宮武曲，入廟旺，多吉星加會，位於辰戌丑未宮者，謂「將星得地格」，可握擁權力、財富。位居其他宮位，多吉星加會者，可獲財運或名聲。

②武曲守命，與天府同宮者，長壽，在財界、金融界享有大權。

③武曲守命，與貪狼同宮者，謂「貪武同行格」，年輕時多苦勞，年屆三十後可遽然成功，一反過去辛勞。

④武曲守命位居戌亥宮者，其人易罹災，或招人欺矇。

⑤武曲與擎羊、陀羅、火星、鈴星、化忌等加會之人，不宜經商，常逢不如意之事，憑各人技藝謀生較能安穩渡日。（居巳亥閑宮者亦同）

⑥武曲與七殺同宮，更加會擎羊、陀羅者，常因金錢而起紛爭，並易遭外傷。

⑦武曲與七殺、火星同宮之人，金錢物品易遭竊。

⑧武曲與破軍同宮者，與六親緣薄，縱然勞苦亦不得回報。
⑨武曲守命，位於卯，與擎羊、陀羅同宮之人，易因墜物所傷，或突遭災難。
⑩武曲與擎羊、陀羅、火星、鈴星、化忌同宮之人，顏面手足易受外傷，然可長壽。
⑪武曲守命，生於西方、北方之人，福厚；生於東方、南方者，則爲平常之命。

〔女命之補足〕

①女命命宮武曲入廟旺，與諸吉星加會者，爲貴婦之命。
②女命命宮武曲，喜奪夫權，夫良溫和可白頭偕老，故宜嫁個性溫儒之男子。若夫性剛毅，則夫妻多有口舌之爭，一生對立爭論不休。
③女命命宮武曲，與諸吉星加會者，爲女傑之命。事業順利成功，多受人尊敬。
④女命命宮武曲，落陷與化忌同宮者，婚後因家庭生計，須外出工作，夫不良，一生多辛勞。
⑤武曲與化權、化祿、化科加會之女命，則無上述傾向。

5、天同星

天同入命宮之人，個性溫和，善於社交，度量寬宏，少與人衝突。人際關係頗佳，因事受困必有貴人相助化解危機。

容貌：面呈卵型。年輕時膚白，晚年則爲黃色。入廟身材肥滿，落陷則身軀矮短。面貌柔和慈祥，富青春氣息。幽默，言行開朗，具好奇心，喜研究事物，故博學多能。適應性強，思想敏捷，理解力迅速，交友廣濶。

然缺乏耐性，行事難以貫徹一致，故不易專心學習技藝。天同星人生性樂觀，不拘小節，頗受人歡迎。因可擷長補短，難顯出其弱點。

天同星人易變，缺乏耐性，故凡事易生厭倦，而坐失良機，然良機仍迭次而來。其人有好逸惡勞傾向，幸而可不因貧困而苦。可受長上、部屬多方助力，並多僥倖。

女命天同之人，膚白而細，大多美貌。爲人親切柔順，身段頗富魅力，深受男性矚目。婚後能相夫敎子，具貴婦風範。然不善於家事，並有疏忽傾向，宜加注意。

〔天同星之適職範圍〕適任職具有社交性及事務性之工作。如餐飲業、百貨業、飾品業、旅行社、新聞業、電視公司、電影及銷售業。

以上所述爲天同星之基本特徵，與其他諸星配合時則各異。

○天同與太陰同宮之人，容貌優美，爲典型之美女俊男。天生卽具藝術才能。重生活享受。才思纖細、好美，與異性緣多，可受異性助力。

○天同與巨門同宮之人，多忙碌。語言表現欠缺技巧，易遭人誤解。戀愛、婚姻多出人意料之外。年輕多勞苦，中年安定，然暗中亦伴有苦勞。

○天同與天粱同宮之人，個性豪放磊落，講究氣派。性喜活動，精力充沛。腦中常懸念事業。一生多外出旅行等遷動。

○天同與文曲、文昌同宮之人，天生秉有文學、音樂、詩歌、創作，及藝術方面天才。交遊廣濶，人際關係良好。可獲致社會評價，早享知名度。

○天同與祿存同宮之人，一生多變化，好喜樂，並具魅力，爲人器度寬宏，財運豐裕。

○天同與左輔、右弼、天魁、天鉞加會之人，爲人富進取心，具公正判斷力。一生多幸運，可受長上、友人援助，而致事業成功。

○天同與火星、鈴星、擎羊、化忌同宮之人，因精神苦惱易生外傷或疾病。然可由煩惱中之體驗，而致成功。

〔天同星之補足〕

①天同入命宮者，缺乏忍耐心，難專念於一事。

②天同象徵福德，具解厄制化功能。與擎羊、陀羅、火星、鈴星、化忌等凶星同宮者，不畏凶。

③命宮天同，與太陰同宮者，主人聰明秀麗，個性多情善感，與女性緣佳，並可獲女性助

力，謂之「月生滄海格」。

④天同入命宮與巨門同宮，並加會火星、鈴星、化忌者，顏面主有大黑痣。

⑤命宮天同與天梁同宮者，不宜家居宜外出，喜行樂、社交、旅行等。

⑥命宮天同與巨門同宮者，前途多災難，至中年方有成果。然精神欠安定，故處理事物宜愼重。

⑦天同與文曲同宮之人，主有醫學、占術、神秘、宗教學等才能。

⑧命宮天同在午，與擎羊同宮者，謂之「馬頭帶箭格」，主有財富、地位，以丙、戊年生人爲上格。

〔女命之補足〕

①天同入命宮者，其人主美貌，並富才能。交際廣，多受人愛慕。

②天同守命，與太陰同宮者，主與異性交際頻繁，可受異性助力。

③天同守命，與天梁同宮之女命，多因交際而外出，善於社交，喜外出旅行。

④天同守命，與巨門同宮者，其人主好動忙碌，多苦勞不得安逸。

6、廉貞星

廉貞入命宮之人，主個性高傲不桀，是非黑白分明。固執，富忍耐性。爲人勤快，不爲他人左右。

容貌：濃眉、大眼、口大、皺紋深。面呈甲字形、顴骨高。年輕時面呈黃白色，晚年則爲紅黃色。身材適中。逢落陷、凶星者，多生面皰、雀斑。言語快速具威儀。

自視甚高，行事則貫徹全力，以求達成。遇有閒暇時，則寄情於玩樂。

廉貞星人，往往以自身標準，來評斷他人。從而給人以傲慢不遜印象。然具有言行一致之實行力，不易親善，常令人敬而遠之。一般而言命宮廉貞之人，其優點、缺點極爲顯著。

廉貞星人可與人有信賴感。對屬下要求極嚴苛，雖有部屬追隨，終不免孤獨。富旺盛進取心，可獲致成就，然性喜挑剔，人際關係不佳。成功可受衆人羨慕，失敗則易受他人嘲笑。

然其人對朋友慷慨，不惜傾全力相助。若與人意見相異時，可毫不顧忌加以批評攻擊。

女命廉貞，五官端正，肢體多美，重禮儀。年輕時則深受異性愛慕。婚後可致力家事，而獲夫之尊敬。

戀愛方面則不然，常因受異性喜愛，而憑添困擾。

〔廉貞星之適職範圍〕

男命適任於實業、重工業、教育界、司法界、自營業等職業。女命適任於美容、手工藝、銷售高級品、醫師、藥劑師、教師等職業。

以上所述爲廉貞星之基本特徵，與諸星配合則各異。

○廉貞與天府同宮之人，主家庭環境優越，可受親屬助力，而遂成事業。一生多財富、地位。

○廉貞與貪狼同宮之人，主淫逸、好酒色、喜享樂。富好奇心，凡事通達。不問男女皆易捲入異性糾紛。

○廉貞與天相同宮之人，主謙虛、努力。交遊廣濶，於事業推展過程中，可受長上心物兩面資助，而致成功。

○廉貞與七殺同宮之人，主性強而膽大，好冒險。不聽人言，一生多起伏。離鄉赴外可有良機，年輕多苦勞。

○廉貞與破軍同宮之人，忍耐性強，可克服逆境，終能成功，或爲巧藝之人。

○廉貞與文曲、文昌同宮之人，主具獨特魅力，對歌舞藝能之事尤爲關心，並頗富才能。擅於交際，廣受衆人矚目。

○廉貞與祿存同宮之人，主事業循次發展，多財富。

○廉貞與化祿、化權、化科加會之人，年輕即可獲特殊成功，而名躁一時。縱遇困難亦有貴人扶助，及意外之幸運。

○廉貞與左輔、右弼、天魁、天鉞加會之人，功名早成。年輕時即事業興盛，可握有權力。

○廉貞與火、鈴、擎羊、陀羅加會之人，主因下半身之疾患而困惱。晚年易罹心臟與血液之疾患。尤以精神煩悶爲憂。

○廉貞與地刼、天空同宮之人，主頻換職業，或因失戀、金錢而困擾痛苦。

○廉貞與化忌同宮之人，主多障礙，前途多舛。尤易生異性與法律問題。易罹下半身疾病。

〔廉貞星之補足〕

①廉貞爲剛強之星，呈現吉凶禍福。若入命宮，則成功失敗遽起。一生多與異性交遊。

②廉貞與天府、天相同宮之人，家庭環境優越，可受貴人助力。

③廉貞與祿存同宮之人，可成富賈。

④廉貞與七殺同宮之人，無論成功失敗，不致有中途而廢結果。離鄉赴外較易成功。多加會吉星，則可共擁財富、權力。若多與凶星加會者，終其一生均在外地。

⑤廉貞與破軍同宮，逢擎羊、陀羅、火星、鈴星等凶星者，主處理事物難有發展，多不

如意。其人多視力衰弱，有易遭交通事故之傾向。

⑥廉貞與白虎同宮之人，主觸犯刑罰，起訴訟事件。

⑦廉貞落陷，與化忌同宮，不逢吉星者，易沉溺賭色，而蕩盡家財。

〔女命之補足〕

①廉貞守命，主自尊心強，聰明美貌。

②廉貞守命，多與文曲、文昌、左輔、右弼、天魁、天鉞、祿存等吉星加會者，可為女企業家，一舉揚名。

③廉貞守命，與文昌、文曲加會之女命，肢體優美，擅長歌舞。

④廉貞、貪狼同宮，與文昌、文曲加會之女命，主因多情而招困厄，或易起醜聞。

⑤廉貞守命，與擎羊、陀羅、火星、鈴星、化忌等同宮者，易罹泌尿器、生殖器疾病。

7、天府星（一名號令星）

天府入命宮之人，主性格溫厚、度量寬宏。多友人、知己，具同情心，頗贏得他人好感。遇有危難，可獲友人、長上助力克服困難。

容貌：多呈圓形，臉龐與身材具豐滿感，眉眼多帶慈祥。面長者年輕多為青白色，晚年為黃白色。身材適中，或略胖。富幽默。中年之後體態肥滿，宜注意易患心臟病、高血壓。

天府星人興趣廣泛，多才多藝，然難專精。凡事均無意做深入研究。性格粗獷，不拘小節，但易流於懶惰。

處理複雜事物，缺乏耐心，易安於現狀，不知突破，對未來怠於勞力。

然其人度量寬宏，此為天府星人美德。富同情心，具包容力，甚得人望。人際關係頗佳，可受長上援助，令人羨慕，凡遇困厄，必有貴人相助。

終其一生，酒食、歡談機會多，且多喜樂，故中年後易肥胖。

女命天府守命，身材肥滿，容顏端正。與人以親切感。個性優柔，富同情心，深獲衆人喜愛，人際關係圓滿。

婚後少為家庭、經濟問題而苦，可享快樂。中年後易肥胖，應有適度運動。

〔天府星之適職範圍〕天府守命之人，不擅創業，適於守成。適任於土地、不動產、開發、農業、畜牧、礦業、政界、公務員、大企業職員、工業，及一般商業等職業。

以上所述為天府星之基本特徵，與諸星配合則各異。

〇天府與文曲、文昌同宮之人，具文學、藝術天份。擅長鑑賞古董、字畫，審美眼光獨到。

〇天府與左輔、右弼、天魁、天鉞加會之人，主具人事能力，及協調天份。適於擔任工會、商會、公會等組織負責人。

○天府與祿存、化權、化祿、化科加會之人，天生具統率力，早可擔任責任之職。有意料不及之幸運，可得財富及地位。

○天府與火、鈴、擎羊、陀羅同宮之人，主苦勞成性，易罹精神苦悶與身體疾患。然終可得安逸。

○天府與地刼、天空、化忌同宮之人，福力大減，常有不如意、挫折、失望等憂患。勞苦難望有報，終其一生多悔怨。

〔天府星之補足〕

①天府守命，與天相加會者，主一生亨通，遭遇困難可受貴人相助。多僥倖。

②天府守命，與祿存、化科、化祿、化權等加會之人，可在商業界雄霸一方，握擁大權力。

③天府守命，與擎羊、陀羅、火星、鈴星、化忌等加會之人，多因疾病而煩惱，並難賺取巨資，然不致爲金錢所困。

④天府守命，與地刼、天空同宮之人，易有孤獨感，鮮受良友、部屬之惠。

〔女命之補足〕

①命宮天府之女命，主夫經濟能力旺，一生福運滿。其人特徵爲易發胖。

②天府入命宮或夫妻宮，與紫微、左輔、右弼、天魁、天鉞加會之人，主可飛黃騰達。

③天府與擎羊、陀羅、火星、鈴星、地刼、天空、化忌等加會者，主有疾病之惱，可得良醫，不致爲重病。

8、太陰星（一名母星）

太陰入命宮者，主重生活情趣，喜追求理想生活。對詩歌、音樂、繪畫、學術等藝術或一切唯美事物均極愛好，具有風流瀟脫之傾向。

容貌：皮膚白晰、五官端正、優雅秀麗。臉形圓中帶方。年輕時面呈青黃色，晚年爲青黑色。身材適中或稍胖。言行舉止頗具魅力風度。衣食住可依個人喜好而行，頗具審美眼光。爲人態度謙虛，禮儀端正。太陰星人，思想早熟，富思考力與想像力，故理解力強。具藝術家氣質，感性強，反言之易神經過敏，陷於憂愁、憂鬱中。爲人謙虛、溫和，意見與人對立時，亦謙遜退讓，人際關係佳。

觀外表雖易與人相處，然俟稍許時日後，與人有孤傲感。

感受性強，年輕時卽好哲學、心理學、宗教、神秘未知等，所謂「形而上學」之事物。其人思想纖細，有潔癖、浪漫，然天性稍嫌消極，極注意生活細節，易流於幻想。擅於計劃、立案，然不長於執行，爲其特徵。

與異性緣多，有沉溺於美之傾向。故對繪畫、音樂具卓越鑑賞能力。戀愛時喜與對方共同出遊，爲美食專家。

女命太陰者，明眸皓齒，爲典型美人，自少女起卽有美人之譽，起居動作優雅，廣受男性戀慕。

婚後可爲賢妻良母，並盡內助之功。然而不耐單調生活。喜改變室內佈置、外出旅遊及日求變化。

〔太陰星之適職範圍〕太陰守命之人，適宜從事藝術、計劃、研究性之工作。如音樂家、畫家、詩人、作家、教師、學者、藝能、設計師、旅遊、餐飲、寶石、售販高級品、百貨公司及與人接觸頻繁等職業。

以上爲太陰星之基本特徵，與其他諸星配置則各異。

○太陰與文曲、文昌同宮之人，感覺敏銳、知識淵博、研究心旺盛。於音樂、美術、學術、宗教、占術等，具有超群才能，並可獲致極高評價。

○太陰與左輔、右弼、天魁、天鉞加會之人，主極富魅力，爲人謙虛努力。可獲長上、部屬、異性之助力而成功。

○太陰與祿存同宮之人，兼備藝術、商業天份，並可蓄財。

○太陰與化權、化祿、化科加會之人，主才能洋溢、學業優秀。早有藝術表現，或研究論文，可受衆人欽羨。

○太陰與火、鈴、擎羊、陀羅加會之人，主有失意挫折、懷才不遇之嘆！因精神苦悶或疾病而苦惱。疾病多在下半身，如泌尿器、生殖器、腎臟等。

○太陰與地刼、天空同宮之人，常陷於空虛感，具悲觀傾向，超越現實。有研究玄學、哲學、心理學、宗教等傾向。

○太陰與化忌同宮之人，對於愛情理想甚高，然難有結果。常遭失戀打擊。

〔太陰星之補足〕

①命宮太陰，入廟旺者，一生快樂安逸。其人多才多藝，重生活情趣，好自由。

②命宮太陰，居亥宮者，爲「月朗天門格」，爲極佳命式。然須與吉星加會爲條件。與凶星同宮，或冲破者，爲破格，不以吉論。

③命宮太陰，入不得地、落陷者，其人易溺於幻想。可爲風格特異之藝術家，思想自由奔放，難受人理解。

④太陰落陷、不得地，與擎羊、陀羅、化忌等加會之人，主在頭部及手足，留有傷痕。

⑤太陰與文曲同宮之人，在醫學、占術、神秘學、心理學、宗教學及未知事物上，具有特異才能。

⑥太陰與文曲、文昌、左輔、右弼、天魁、天鉞加會之人，具學術、藝術方面天份，並可因此而揚名。

〔女命之補足〕

①太陰守命之女命，肌膚白晰柔細，爲柳腰細眉美人。與異性緣多。可飛黃騰達。

②太陰守命，與天機、文曲、文昌加會者，頭腦敏捷、反應迅速、聰明而細心。婚後可兼顧工作、家庭，極爲活躍。

③太陰守命，入不得地、落陷，與擎羊、陀羅、火星、鈴星加會之人，主泌尿器、生殖器衰弱。

④太陰守命與地刼、天空、化忌等同宮之人，可嚐受難以忘懷之悲戀。

9、貪狼星

命宮貪狼之人，性格多不安定，善於交際、生性樂觀好享樂。酒食、歡談機會多，生活喜富有變化，目標常易幟，膽大、氣度寬宏，喜從事投機事業。

容貌：眉骨略高，有皺紋。眼光銳利、面長者，年輕時膚色呈青白，晚年爲青黃色。入廟多身長、肥滿。落陷則矮小。對異性極富魅力、誘惑力。偶時表現誇張或言語過份虛飾。言行具快，動作粗獷豪爽，稍欠禮貌。

貪狼星之人，物質慾望強，並富金錢頭腦，長於理財。工作勤勞，不懼勞苦，可蓄財。富冒險心，喜從事投機事業，常一獲千金，事業運變化多端。

性喜揮霍金錢，不喜刻板單調生活，偶時有意外之財，卻揮霍而盡，故難聚財。自許期望甚高，若不得成果，則感覺甚苦。反之則喜。貪狼之人易喜易憂，然不致陷於煩惱之中，天性樂觀。

初與人見時，便心投意合，可有良機造訪。

其人膽大，受人中傷，亦獨斷而行，不易屈服遷就。

一生與異性緣多，不論好壞皆為人之話柄。

女命貪狼者，體態美而健康，具豐滿容姿，及誘惑力。早熟，早與異性交遊，婚後喜外出工作，不願持家，好參與頻繁社交。

〔貪狼星之適任職業〕宜從事投機、社交性工作，不宜參加單調工作。適任職於演劇、藝術、歌舞、飲食、文化、證券、金融公司、廣告、百貨、高級、奢侈品銷售、旅行社、推銷等行業。

上述爲貪狼星之基本特徵，與諸星配置之不同而各異。

○貪狼與文曲、文昌同宮之人，主多才多藝，藝術表現卓優。然行事多乏深謀遠慮，故需歷經多次修正、無貫徹力。

○貪狼與左輔、右弼、天魁、天鉞加會之人，主在工作、戀愛、交際上常與異性交往，並可獲身旁之人助力，而有所發展。

○貪狼與火星、鈴星同宮之人，富機智、臨事大膽。具才幹、行動力，可伺機而一展鴻圖。

○貪狼與祿存同宮之人，主有理財能力，具有商業才能，可爲巨富。

○貪狼與化權、化祿、化科加會之人，幸運常伴，一舉可得財富地位，受異性助力大。

○貪狼與擎羊、陀羅、化忌同宮之人，主喜怒無常，性躁烈，易陷於煩惱。沉溺酒色，常起歹念，應注意下半身之疾患。

○貪狼與地刼、天空同宮之人，戀愛多挫折，主有失戀。無物質及與異性交遊欲望，終日審愼惶惶渡日。

〔貪狼星之補足〕

①貪狼守命，入廟旺，其人膽大、具才能、實行力。喜從事投機事業，可得意外之財。
②貪狼守命落陷者，喜怒變化激烈，易沈溺酒食、賭、色，爲其失敗主因。
③貪狼落陷，與擎羊、陀羅、化忌加會之人，主遭外傷，身體殘有傷痕。
④命宮貪狼，與文曲、文昌加會之人，凡事難依計畫而行，頗具占術、神秘學之才能，並可展露峥嶸。
⑤貪狼入命，或入官祿宮，與擎羊、陀羅、火星、鈴星、化忌等加會之人，可從事見血工作，如外科醫師、屠宰業、狩獵、漁業、警、軍、格鬪選手等。
⑥命宮貪狼，與地刼、天空加會之人，主物慾強，亦不受異性迷惑。居辰戌丑未宮者亦同。

〔女命之補足〕

①貪狼爲司掌交際、色情之星。女命逢之多妖艷，具魅力。然戀愛則易陷於三角關係，或畸戀，故宜注意。
②貪狼居命宮或夫妻宮，入廟旺，與左輔、右弼、天魁、天鉞加會之人，可飛黃騰達。
③命宮貪狼之女命，於藝能、社交、歌舞界較易成功。
④貪狼落陷，與擎羊、陀羅加會之人，主有泌尿器、生殖器等疾患。

⑤貪狼入命，或居夫妻宮，與化忌同宮者，婚姻、戀愛不順意，故易生悲。

10、巨門星（一名隔角煞）

巨門入命宮之人，主具有卓越分析力與聯想力。富研究心，雖不長於交際，然辯說能力優秀，與人強烈印象，不因現狀而滿足。性格頑固。

容貌：多皺紋，眼光銳利而且長，口唇多突出。臉呈方圓形。年輕時膚色爲青黃色，晚年爲青黑色。入廟身長，落陷則短小。聲高而速，動作率直，不矯飾，不重禮儀。

巨門星人，對人生大多持有高遠理想，往往不滿現狀，猜疑心強，常生疑問，凡事欲探究明白。

行動帶有主觀傾向，過於自信，不易接受旁人意見。根據個人信念而行動。

富知識、經驗，故擅於談話技巧，具說服力，並滔滔不絕。喜舉例證反覆說明，觀察事物極徹底，故時而與人不快之感。極易暗中受人憎恨，而蒙其害。命宮巨門星人，宜注意肝腎機能。

重金錢物欲，併重精神之充實感。擅長觀察人心機微，嗜好獨特，喜從事問題研究、調查，不重生活情趣。甘於清貧，苦勞不絕而無報，此爲巨門之人特徵。

未受社會肯定前，多歷經苦勞，然貫徹初志終能成功。

女命臉呈方圓形、肌膚淺黑、眼細長。年輕時工作勤奮認眞，自尊心強。婚後照料家事細心週到，然宜注意言語勃谿。凡事喜加干涉，易惹夫不滿。工作、家庭可兼顧，不失爲賢妻良母。女命巨門者，宜嫁溫和、善體人意之夫。

〔巨門星之適職範圍〕宜從事於高度知識性、技術性職業。不宜從事一般商業、勞務等工作。適任於評論家、學者、教師、大學教授、律師、司法官、書記、醫師、設計師、技師、研究家、主持人、廣播員、文學業，以及與出版、報導有關之事業。

上述爲巨門星之基本特徵，與諸星配合時則各異。

○巨門與文昌、文曲同宮之人，對事物之分析能力卓越，富研究心，記憶力優秀。於學術、文化方面有相當發展。

○巨門與左輔、右弼、天魁、天鉞加會之人，主聰明，具寬容精神，事業上可受貴人助力，而獲成功。

○巨門與祿存同宮之人，具辯才，可獨自研究獲致成果，並得財富。

○巨門與化權、化科、化祿加會之人，才能出類拔萃，並受多人評價，年輕時即揚名於世。

○巨門與火星、鈴星、擎羊、陀羅同宮之人，多不如意之事，一生勞多而功少。食欲不振宜注意消化系統疾病。

○巨門與地刼、天空同宮之人，易遭挫折、失望。生性孤獨，有懷才不遇之嘆！早年即傾向於研究哲學、宗教、神秘學之傾向。

○巨門與化忌同宮之人，富猜疑心，常陷於不信任他人之感。易與人起辯論，而生誤解。宜愼口舌之災。

〔巨門星之補足〕

①命宮巨門，入廟旺者，主具企畫、分析、教育、評論、法律、發明、創造等才能。善於演講、著述，從事上述範圍工作，必可成功。

②巨門守命，入子午宮，又逢化權、化祿、化科之人，謂「石中隱玉格」，經辛勞磨練後，終可成功。

③巨門守命，入不得地、落陷者，主有口舌之爭，易與他人起衝突。思想高超，不易爲人理解。

④巨門落陷，與擎羊、陀羅、火星、鈴星、化忌加會之人，主有口災，易逢邪僻，多因外傷、疾病而困惱。

⑤命宮巨門落陷，與擎羊、陀羅、火星、鈴星、化忌加會者，主遭回祿之災。

〔女命之補足〕

①命宮巨門，入廟旺者，主長壽，一生快樂。落陷則反之，一生多苦勞，難有歡樂。

②命宮巨門之女命，多苦勞。入廟旺者，一生衣食住無虞。快樂時日少，宜嫁懼內之夫。

③巨門落陷，與擎羊、陀羅、火星、鈴星、化忌加會之人，主有消化系統疾病。一生多爲家庭之事而煩惱。

11、天相星

天相入命宮之人，富同情心，生性喜助人，故多朋友。博學多能，臨事細心謹愼，計劃縝密。逢凶運必有貴人出力相助。

容貌端正。眼、鼻優美。肌膚細緻略黑。面長而圓中帶方。年輕時面呈青白色，晚年爲黃白色。入廟身材適中或肥滿。落陷則身軀短小。言語斯文，重禮節，行步優雅。

天相星人個性溫和，富同情心。人際關係良好。一生忙於爲人服務，待人眞誠，不計報酬，故反蒙其人之利。

性格謙虛，具協調性。工作上均可受長上提攜幫助，可任職負責職位。

忍耐力強，不厭勞苦，凡事努力以赴。行事合理，除具管理能力外，尚有處理事物之才。概言之，凡爲公益事業，皆感興趣，但不擅於經商。若爲商賈，必爲良商，行事必不違反良心與公衆道德。缺點爲考慮太過，缺乏實行力，故須有人在旁鞭策。

女命五官端正，外貌內在具美。好勤勉，人品優秀，學生時代卽受師長喜愛，喜交際多朋友，具寬容心。婚後可相夫教子，夫妻感情融洽，爲賢妻良母。

〔天相星之適職範圍〕宜擔任間接工作。如從事藥局、醫療機構、健康食品、機器、醫師、護士、福利、養老機構、經營顧問、教師、律師、司法官、書記、秘書、公務員、政治、觀光、旅行社等職業。

以上爲天相星之基本特徵，與諸星配合時則各異。

〇天相與文曲、文昌同宮之人，主聰明、多才多藝、藝術表現優異，可受社會評價。年輕卽得地位、財富。

〇天相與左輔、右弼、天魁、天鉞加會之人，富計劃性，爲人謙虛、寬容，多令人信賴。事業可受長上、部屬助力，而發展順利。

〇天相與祿存同宮之人，可發揮運用金錢，主管才能，事業發展漸次而進，終可得財富。

〇天相與化權、化祿、化科加會之人，其人溫厚篤實，富學問、才能。年輕卽受有力之人贊助，而致成功。可享意外之幸運。

○天相與火、鈴、擎羊、陀羅同宮之人，性格穩健，易因與人競爭而遭災。缺乏鬪志，生性軟弱。苦勞成性，安樂時間少，身體多有不適。

○天相與地刧、天空、化忌同宮之人，主有挫折、不如意之事，易逢邪僻、苦勞不絕。多不適於買賣業，從事醫療、技術方面工作，可減凶意。

〔天相之補足〕

①天相入命宮，與紫微、文曲、文昌、左輔、右弼等加會之人，可於政界發展，並獲地位、名聲。商業亦可成功。

②命宮天相，不逢紫微，然與左輔、右弼、天魁、天鉞加會之人，雖難享盛名，然亦可握擁大權。

③天相與擎羊、陀羅、火星、鈴星、化忌加會之人，難望於政界、商界發展。若朝醫療、技術方面發展，必能成功。

④天相落陷，與擎羊、陀羅、火星、鈴星加會之人，主有疾病、外傷煩惱，如有技藝、技術在身，可得安泰。

⑤天相象徵爲福。縱令落陷，亦有貴人相助。

〔女命之補足〕

①命宮天相之女命，主博學多能、聰明、貌美。個性略內向羞怯，常爲人所愛。一生可受長上，或有力之士援助。

②天相與擎羊、陀羅、火星、鈴星加會之人，多煩惱之事，勞苦成性，身體欠佳不適。

③命宮天相之女命，主可發揮醫療、看護之才能。

④天相落陷時，亦不具凶意。

12、天梁星

天梁入命宮之人，主有俠義心，好濟弱扶貧。性格溫和，臨事果決，主有壽，多受人尊敬。逢困厄者，有解厄、制化功用、好施濟。

容貌：眉、眼具長，老成持重，面帶慈祥，臉呈方圓形。年輕爲黃白色，晚年爲黃黑色，入廟者身長，多筋骨；落陷則身短且瘦。聲音低沉，度步悠哉穩重，略帶駝背，起居動作重禮儀。天梁星人，穩健具長者之風，深受衆人尊敬。其人性格好濟危，不喜勉強他人，具謙虛禮讓美德。易博得他人信賴好感，常爲人排解困難、糾紛。具有處理難事之才能。

其特徵爲多通曉醫藥，富慈悲心，其天性如此。

概括而論，命宮天梁之人，氣度寬宏，個性善良，令人羡慕，爲衆人矚目焦點。具先見之明，處事冷靜、適切。

其人淡泊金錢，好施捨。故大多以其爲首是瞻。

一生衣食住無虞無困，遇有困難必可獲助解困。

女命天梁者，容貌端正，眼長鼻挺。動作文雅具威儀。少女即受雙親、師長讚賞。富慈悲心，性格溫和，婚後亦然如此，有內助之功。關心重視子女教育。喜助人，風評佳，頗富人情味，爲良母。

（天梁星之適任職業）其人天生主有統御力，並具吸引魅力，故宜從事要職。如政府官吏、公務員、醫師、校長、公會理事、工會職員、區域會員、顧問、司法官、律師、書記、教育、產業、藥局、文化、慈善以及福利事業。然不宜從事利益色彩濃厚之工作、商業。

以上爲天梁星之基本特徵，與諸星配合則各異。

○天梁與文曲、文昌同宮之人，文筆優秀、才能豐富，尤對考證、歷史、考古等感興趣。

○天梁與左輔、右弼、天魁、天鉞加會之人，天生具統率力，可適應多種人際關係，而發揮其優異組織能力。

○天梁與祿存同宮之人，善於理財，人際關係良好，可獲巨財。

○天梁與化權、化祿、化科加會之人，主有僥倖之吉，生性達觀，處世多得衆人贊同。可獲支持者有形、無形之助力，爲推展事業之原動力。

○天梁與擎羊、陀羅、化忌同宮之人，主因助力而招損，事業多受人阻礙而難成。

○天梁與火星、鈴星、地刼、天空同宮之人，主有勞多功少之傾向，宜研究哲學、宗教、神秘學。

〔天梁星之補足〕

①命宮天梁入廟旺者，常居領導地位，年輕卽可成功。

②命宮天梁，入「午宮」者，謂之「壽星入廟格」，爲絕佳命式。然需與吉星加會爲條件，若與凶星同宮，或逢凶破者，爲破格。

③命宮天梁落陷，性喜照料他人，常爲助人而奔走。然多忘恩而拂去。以丁、己、癸年生人爲佳。

④天梁落陷，與擎羊、化忌、陀羅同宮者，因助人而遭致損失。

⑤天梁落陷之人，主具特殊才能，尤適從事撰寫自傳、回憶錄、歷史文學等工作。

⑥命宮天梁落陷，居巳亥宮者，無論男女，多爲戀愛、婚姻而困惱。若見擎羊、陀羅、火星、鈴星，則此傾向愈烈。如與天馬同宮、冲照，主遠離故鄉，與六親無緣，流浪輾轉各地。

〔女命之補足〕

①命宮天梁之女性，極富同情心，照拂他人，然爲善不欲人知，且不喜做表面功夫。

②天梁入廟旺者，爲人熱心，令人感到溫暖，一生衣食無虞，婚後可令家運隆昌。

③天梁與天機、太陰加會之人，爲女傑之命，雖可持家，但殊爲可惜。外出可發揮其才能。快樂時間多。

④天梁落陷，與擎羊、陀羅、火星、鈴星、化忌等凶星同宮之人，婚後因家計而外出工作。

13、七殺星

七殺入命宮之人，主其人個性好強，具獨立氣概。性情激烈、易怒，富不屈不撓之精神。離鄉赴外較易成功。

容貌：眉骨突出。眼鼻含威，眼銳如鷹，面部皺紋多。臉呈方圓形，顏色年輕時爲青白色，晚年爲紅黃色。入廟者多肥胖。坐閑宮則身軀瘦小，並帶傷痕，或面皰、痘痕之類。聲大，說話具魅力。動作粗獷、行步快速，動作亦快，不拘小節。

七殺星人，一般而言喜怒哀樂多顯形於色。

不喜受人拘束、干涉。工作上往往易與上司起爭執對立，然對部屬卻極有助力。

獨立心旺盛，行事具勇氣、行動力，併可克服困難。勇於面對危機、困難，具勇氣，努力自行解決。

終其一生難有平穩生活，成功、失敗多突然造訪。

好投機、冒險，赴外地外鄉較可發展。

事業發展過程中，可遭逢對手，而致使力量削弱。然彼此可棄前嫌而攜手合作，度量寬宏，爲其特徵。

性果敢，一經決定卽付諸實行，不達目標永不放棄。性激烈易怒，不矯柔造作。

女命七殺之人，個性外向，行事大方。容顏可愛。自幼起卽富有個性，獨立心強，喜助人。婚後宜外出工作，恐奪夫權，在夫之上。故婚後宜繼續工作，方可保家庭和諧。

（七殺星之適任職業）其性不喜從事平凡、單調，及一般事務工作，宜從事具危險、須勇氣職業。如適任於土木、建築、船舶、車輛、電力、重機等重工業，及外科醫師、運動員與格鬥選手。亦適任空姐、飛機、船舶、車輛等操作員，及業務工作，與需要勇氣之警員、軍人；證券買賣、銀行、金融、投機事業、政治、派遣海外等職業亦合宜。

以上爲七殺星之基本特徵，與諸星配合時則各異。

○七殺與文曲、文昌同宮之人，主有研究、分析事物之能力，頭腦敏捷、富決斷、果敢，有實行力。

此能力為推展事業中，最大之助力。

○七殺與左輔、右弼、天魁、天鉞同宮之人，個性豪放磊落，具威嚴、聰明，一生人際關係佳，可獲意外之幸運。

○七殺與祿存同宮之人，主有商才，因意外之法，而致事業發展順利，可積巨財。

○七殺入命，與化權、化科、化祿加會之人，年輕時卽可居有責任地位。逢吉運，可收意外成功。

○七殺與火星、鈴星同宮之人，主情緒不安，或有精神煩悶。幼時卽遭災厄、疾病之患。為人短視、多失敗，終其一生多變動、苦勞。

○七殺與擎羊、陀羅、化忌同宮之人，常與他人意見相左，喜獨斷專行，易遭失敗。並多意外之災禍，因外傷、疾患而苦惱。

〔七殺星之補足〕

①命宮七殺之人，主歷經艱難辛苦後，而能成功。易經驗多種職業。

②命宮七殺，居寅申子午宮者，謂之「七殺朝斗格」，為傑出之命式。

③七殺與文曲、文昌、左輔、右弼、天魁、天鉞等吉星同宮之人，可遽然成功，其人常

有僥倖之事。

④七殺與擎羊、陀羅、火星、鈴星等凶星同宮之人，幼時因傷而身體留有殘痕。

⑤七殺與化忌同宮之人，家中可遭祝融之災。

〔女命之補足〕

①命宮七殺之女性，可握擁家中大權，氣勢較夫爲高，宜外出任職。

②命宮七殺，入廟旺者，爲女傑之命，可與男性並齊工作，或可勝於男子。臉部偶時趨於男性化。

③七殺與擎羊、陀羅、火星、鈴星等凶星同宮者，主年輕健康不佳。婚後多勞苦。

14、破軍星（一名耗星）

破軍入命宮者，主個性獨特，不喜臣服於人，受人指示。喜怒哀樂起伏不定。好物欲享樂，人際關係多不佳。一生多變動，宜向外地發展。

容貌：五官變化大爲其特徵，眼鼻時大時小，偶時可聚爲一堆。顏面呈青白色，晚年則爲黃色。入廟多肥滿，面色早年爲黃白色，晚年爲青黃色。

聲高且速，動作快速，不重禮儀，不拘小節，好食零食，喜玩弄事物，態度缺乏穩重。

破軍星人，個性激烈，好惡分明，逢個人喜好之事，則全心投入廢寢忘食。反之則不爲所動相應不睬，待人接物亦是如此。感情起伏激烈，喜怒哀樂常形於色，人際關係大多不佳。個性倔強，不服輸，喜發令。多剛愎自用，不聽旁人所言，凡事必親恭，方得安心。

喜從事投機事業，時有預料不及之發展，或可旦夕傾覆，難以再起，終其一生變化起伏大。

破軍星人性情暴躁，好奇心旺盛，喜嚐試各類事物，缺乏耐性，常中途而廢。凡事易生厭倦，而施加破壞，態度粗暴、魯莽。

情況好轉，則可忘懷過去所遭勞苦，而一掃陰霾，轉爲開朗，性格乾脆，不拘泥，然不善理財、謀財，多揮霍金錢，故生活多不富裕，然其人亦不會爲衣食住而打算。

概括而論，破軍守命之人，與肉親緣份薄，年輕時喜哲學、宗教、玄學等學問。

女命破軍者，其特徵爲五官大小極爲顯著。

自尊心強，常有孤獨感。勞苦成性。婚後宜外出工作，方可保夫婦和諧。

〔破軍星之適任職業〕不宜從事平凡、單調之工作。其適職範圍與七殺星同。宜從事土木、建設、船舶、車輛、電力、重機等重工業，及外科醫師、運動員、格鬪選手、飛行、船舶、車輛等操作，業務推展以及須有勇氣之軍、警人員；證券、銀行、金融、投機事業亦極合適。

其他如派遣海外、巡察員、哲學、宗教、神秘學等職業亦極合適。

以上爲破軍星之基本特徵，與其他諸星配合時則各異。

○破軍與文曲、文昌同宮之人，主凡事優柔寡斷難決，怠忽良機，易逢水難，及罹泌尿器、生殖器等與水有關之疾病。

○破軍與左輔、右弼、天魁、天鉞加會之人，其人個性勇敢，富進取心。多受友人、長上之助力，可逢災轉吉。

○破軍與祿存同宮之人，行事主有計劃，可利用權勢而生巨財。

○破軍與化權、化科、化祿加會之人，其人多遇幸運，早年卽可展露崢嶸，而有作爲。

○破軍與火星、鈴星、地刦、天空同宮之人，主幼時多病，精神不安，苦勞終生。

○破軍與擎羊、陀羅、化忌同宮之人，可因突起之打擊，而致工作、精神兩面蒙禍。

〔破軍星之補足〕

①命宮破軍之人，吉凶禍福變化劇烈，有極端傾向。

②命宮破軍，位子、午宮者，爲「英星入廟格」，爲良好命式。然須以無凶星同宮、冲破者爲條件。以甲、癸年生人爲上格。

③破軍與左輔、右弼、天魁、天鉞等吉星加會之人，一生多意外之僥倖。

④破軍與擎羊、陀羅、火、鈴、化忌同宮之人，主因慢性病而煩惱。
⑤破軍與文曲、文昌同宮之人，易逢水難，及泌尿器、生殖器等疾病。
⑥破軍落陷，與化忌同宮之人，主遇外傷，偶時可致身體發生障礙。

〔女命之補足〕

①命宮破軍之女命，多勞苦，歡樂時日少。入廟旺者，事業發展可致成功。反之落陷，則努力一生亦難望有成，人生多苦勞。

②命宮破軍之女性，與六親緣薄，自尊心強，少朋友，具孤獨傾向。與化科、化祿、化權加會之人，可減其凶意。

③破軍與擎羊、陀羅、火星、鈴星、化忌等凶星加會之人，主罹泌尿器、生殖器等疾病。

15、文昌星（文貴）、文曲星（文華）

文曲、文昌入命宮之人，好探究事物，富研究精神。其性聰明、博學。面貌清雅秀麗，具辯才。

主有詩歌、散文、音樂、繪畫、陶藝、舞蹈、歌唱、演劇、藝能、技術、學術、文化等才能。多爲風流人物，嗜愛花鳥風月。

①文昌入命宮之人，面長，臉呈黃白色。身材適中，早年較瘦弱，中晚年則肥滿。
②文昌入命宮，與太陽、天梁、天同、祿存等同宮之人，主可發揮文化、學術、藝術之才華，並藉此得財富、名聲。
③命宮文曲之人，面長，呈青黃色，身材適中，年輕身材瘦弱，中晚年則多肥滿。
④命宮文昌，與武曲同宮之人，具優秀政治能力，從事文化、商業皆可獲致成功。
⑤文昌、文曲守命，與破軍同宮之人，易遭水難，主罹泌尿器、生殖器、腎臟等疾病。
⑥命宮文曲之人，主對醫卜星象、宗教、玄妙學問等具有天份。若與太陰、貪狼、天同等同宮者，此傾向愈顯。
⑦文曲、文昌不同宮，而獨守命宮，落陷，與擎羊、陀羅、火星、鈴星等凶星同宮，或沖破者，善於詭辯，動輒與人起口舌之爭。多爲懷才不遇之人。

〔文曲、文昌併論〕

①文昌、文曲主聰明、多才多藝。命宮居卯酉、辰戌、巳亥宮者，與文昌、文曲沖照、加會時的情況都是相同。
②文昌與文曲同宮、沖照、加會者，吉之作用甚大。
③文昌、文曲同宮、沖照、加會之情況：

命宮位於丑未宮：生於卯、酉時者，昌曲同宮。

命宮位於辰戌宮：生於子、午時者，昌曲沖照。

命宮位於卯酉宮：生於卯、酉時者，昌曲加會。

命宮位於巳亥宮：生於丑、未時者，昌曲加會。

④文昌、文曲夾命者，謂之「昌曲夾命格」，爲富貴之命。

⑤文曲、文昌同居福德宮者，爲上上命式，可擁有權力及地位。

⑥文昌、文曲與左輔、右弼加會，遇擎羊、陀羅之人，主其人之身有特殊黑痣。

⑦文昌、文曲落陷，逢擎羊、陀羅、地刼、天空沖破者，雖具有文化、學術、藝術天份，然不實際，僅徒具虛名。

⑧命宮天機、太陰，與文昌、文曲加會之人，主男女均有色情之惱。

16、火星、鈴星

火星、鈴星入命宮之人，其人主脾氣粗暴，情緒不穩，好惡極端分明，富決斷力，然缺乏遠慮，行事欠謹愼，常不考慮後果。多精神煩悶、苦惱，恐遭失意、挫折。

●火星（一名殺神）

①火星入命宮，生於寅卯巳午年及東方、南方之地，凶禍可獲減輕。

②火星入命宮之人，毛髮生長異於常人，多鬈毛，呈紅棕色，臉呈紅黃色。顏面、手足、身體殘有傷痕；齒與手足多外傷。

③火星守命，入廟，生於東方、南方之地，寅卯巳午年生人，主富決斷力，爲人大膽、行動機敏，行事積極終可獲致成功。

④火星守命，居申子辰宮落陷者，主其人身材短矮瘦小。顏面、手足、身體留有傷痕，或有面皰、痘痕。性格激烈、易怒，具狡猾傾向。

⑤火星落陷，與擎羊、陀羅加會之人，幼時主因外傷、疾病而煩惱。難以養育，宜做螟蛉子。

⑥生於西方、北方之人，火星入命身、兄弟、夫妻、子女、父母等六宮者，主與六親不和，時而發生險惡之事。（鈴星亦同）

⑦火星、鈴星加會，與廉貞、七殺、擎羊同宮或沖照之人，可因公殉職。赴外地主遭斃亡，無壽終正寢之象。

● 鈴星（一名殺神）

①鈴星入命，生於寅午戌年，及東方、南方之人，主可減輕凶禍。

②鈴星入命宮之人，容貌多奇特、怪異。面呈青黃色。顏面手足身體可殘留傷痕。

③鈴星守命、入廟，生於東方、南方之人，主性情大膽、敏捷，具行動力，有臨機應變之才。

④鈴星入命，生於西方、北方之人，身材低矮而瘦小。顏面、手足、身體主留有傷痕，或面皰、痘痕。大膽，易受衆人注目，性暴躁，好孤獨。

⑤鈴星守命，居申子辰宮位，落陷者，主孤獨，常因金錢所困，愼防夭折，然而顏面有傷痕者，可延壽。

⑥鈴星入命，與擎羊、廉貞加會之人，可逢刀劍之類災厄。

⑦鈴星與七殺同宮之人，事業未成而身先殉。

⑧鈴星與破軍同宮之人，主突逢破財，而致傾家蕩產。

⑨鈴星、火星共居寅午戌宮者，主財運突發。

⑩鈴星守命，與擎羊、陀羅加會者，主與肉親無緣，遠離故里。因疾病、外傷而困惱。

⑪女命鈴星守命、落陷，不逢吉星者，與肉親無緣，背夫、傷子。不貞，爲金錢而有不義之擧。鈴星入廟則不在此限。逢貪狼反吉。

17、左輔、右弼

左輔、右弼入命宮之人，富計劃性、聰明。性格穩健，喜助人、樂善好施。一生有貴人扶助，信用卓著，面貌端正、敦厚，秉性忠厚。

●左輔星

①左輔入命宮，與紫微、天府、化科、化權、化祿加會之人，主在文化、學術、商業方面可獲成功。

②左輔獨守命宮之人，臉呈卵形，面色為黃白色。身材略瘦或適中。

③左輔入命，與紫微、天府、天相、天機、文昌、太陰、太陽、貪狼、武曲加會，又與右弼同宮者，主有不小財富、地位。若逢擎羊、陀羅、火星、鈴星、化忌等凶星沖破者，雖可得財富地位，然不久長。

④左輔入命，與擎羊、陀羅、火星、鈴星、化忌加會，逢巨門、七殺、天機者，主不如意，多煩惱、苦勞。

⑤左輔守命，居辰戌宮者，必與天府同宮，三方加會吉星者，特喜。為上上命式。可就高官爵位，尊居萬乘。

又左輔與文昌同宮，三方見吉星者，亦為良好命式，若加會凶星者為破格。

●右弼星

①右弼入命宮，與紫微、天府、天相、文昌、文曲加會之人，終其一生衣食住無虞，可

有鴻圖發展。

②右弼入命宮之人，臉呈卵形，面色爲青白色，多瘦軀，或身材適中。

③右弼入命宮，與天相同宮，三方加會吉星者特喜，爲貴命。終生福厚。然居丑未亥三宮者不妙，縱貴亦不久遠。居卯酉宮者，天相落陷，少遂心順意，難望大成。

④右弼入命宮，與廉貞、貪狼、七殺、破軍等同宮、落陷或居閑宮，或加會擎羊、陀羅、火星、鈴星、化忌等凶星者，主福薄，多苦勞一生。

〔左輔、右弼併論〕

①左輔、右弼，主秉性寬大溫厚，凡事皆可發揮吉之作用。尤喜入命宮、身宮、遷移宮。

②左輔、右弼同宮，或沖照者，甚吉，如爲三方加會，亦爲良好命式。

③左輔、右弼同宮，沖照之條件：

辰戌宮安命：正月七月生者，輔弼沖照。

卯酉宮安命：六月十二月生者，輔弼沖照。

丑宮安命：九月生人，輔弼同宮。

未宮安命：四月生人，輔弼同宮。

④左輔、右弼同宮、冲照，以四墓（辰戌丑未）之地逢之尤貴。可尊居八座外，尚有高官爵祿。

⑤左輔、右弼夾於命宮，謂之「左右夾命格」，爲富、貴之命。紫微守命，左輔、右弼夾之，同爲富貴之命。

⑥左輔、右弼與財帛、官祿同宮、冲照、夾命時，爲衣緋著紫，貴富之格。

⑦左輔、右弼，與天魁、天鉞同宮者，主福壽，乃良好命式。尤以三星同在命宮，主福壽全美。女命逢之，益夫旺子，有內助之功，然需與吉星配合爲要件。

⑧左輔、右弼，與擎羊、廉貞同宮者，主遭財物損失，即易逢盜難。

⑨左輔、右弼入夫妻宮者，主人定再婚，然並不謂婚運不佳。

⑩左輔、右弼之人，主有貴人之助，尤以異性助力爲多。

⑪命、身宮無紫微、天府系十四正曜（卽命無正曜格），左輔、右弼獨守者，主爲螟蛉子，或與雙親之一無緣，早年多辛勞。

⑫命宮左輔、右弼，與文曲、文昌加會，逢擎羊、陀羅者，主身體暗處有黑痣。

18、祿存星

祿存入命宮之人，具經濟觀念，惡浪費虛擲。重金錢、守信用。財運佳、富同情心，行事穩健沉著，然有被動傾向，一般多肥滿。祿存爲司爵祿貴壽之星，有解厄、制化之功，於人身命主相貌持重，心慈耿直，聰明秀麗。

①祿存喜入命身、財帛、田宅、遷移宮，與吉星加會者，必爲富命。

②祿存獨守命宮之人，面呈圓形或方圓形。顏爲黃白色，身材稍高。

③祿存與文曲、文昌加會之人，謂「祿文拱命格」，具文學、藝術才能，可揚名於世。

④祿存與化祿同宮、加會之人，爲「雙祿重逢格」，爲良好命式，財運極佳，終身富貴。

祿存守命，與化祿同宮，爲「祿合鴛鴦格」，主有財富，終身可享。

祿存守命，與化祿三方朝合者，謂「雙祿朝垣格」，亦主有財富，終身可享。

⑤祿存與化祿、天馬同宮者，其格局最爲吉利。爲雙祿重逢與祿馬交馳組合，其吉之作用具相乘效果。

⑥祿存最忌獨守命宮，若無吉星加會者，爲守財奴。

⑦祿存具解厄制化之功用，可制化四殺、化忌之凶。然節約過度，縱不逢大難亦無快樂，其人性格孤獨。

⑧祿存恐遇地刧、天空，次懼截空、旬空。逢上述諸星者，錢財難聚。宜將管理金錢之事，委於配偶。

⑨祿存與化祿暗合，謂「明祿暗祿格」，主位居公卿，可得橫財。如祿存在寅守命、化祿在亥六合之地者，爲明祿暗祿。

19、擎羊星、陀羅星

擎羊、陀羅入命宮之人，擎羊性剛破相，性情粗暴；機謀狡詐，橫立功名。主化刑、刑傷，易與六親、友人起衝突。陀羅化忌主是非。於人之身命，主人身雄形粗，剛強破相，橫破橫成，不守祖業，爲人飄蕩，不做本處居民。性激烈，不聽人言，易與人起衝突。入廟、落陷則各異。肉體與金錢帶凶之作用，有突發之困厄。

①擎羊、陀羅位居四墓之地（辰戌丑未），入廟者，可遽然成功。逢機運可速發，運勢強，橫立功名。

②擎羊、陀羅與文曲、文昌、左輔、右弼同宮者，主身體有暗痣斑痕。

③擎羊、陀羅與七殺、破軍、貪狼、火星、鈴星、化忌等凶星加會者，因頭面手足傷殘而困擾。

④擎羊、陀羅與太陽、太陰同宮者，男命與妻不合，女命亦同。

⑤擎羊、陀羅、火星、鈴星守命身宮者，主爲腰駝背曲之人。

●擎羊星（一名夭壽煞）

①擎羊獨守命宮之人，面呈甲字形，顏爲紅白色，身材適中。入廟者多肥胖。落陷則主顏面有傷痕，或爲瞽者，或殘有面皰、痘疤之類。其性狡猾剛硬，易與肉親、友人起衝突，或因不如意而惱。常陷孤獨，多會恩將仇報。

②命宮擎羊，辰戌丑未生人，及安命身於辰戌丑未宮，入廟者，必橫立功名，大權大貴。與火星同宮者，威權壓衆，可展現崢嶸。以辰戌之地爲佳，丑未則次之。

③命宮擎羊，居於午宮，與天同、太陰、七殺、破軍、貪狼同宮者，爲「馬頭帶箭格」，主有超越艱難，完成創業。以丙、戊年生之人爲上格。

④擎羊落陷，與廉貞、巨門、火星同宮者，主有暗疾，或頭面手足有傷殘，一生多招災禍。難有善終。

⑤擎羊守命，遇火星、鈴星、地刼、天空、化忌等凶星冲破者，主身體有殘障、刑剋，六親不和，早離故鄉。

●陀羅星（又名馬掃煞）

①陀羅獨守命宮者，臉呈方圓形，面色爲青白色，兩頰略寬。入廟多肥滿。落陷主顏面有傷痕、齒弱，其性狡猾，善攻心計，多疑，行事難貫徹如一，進退無常。

②陀羅守命，居辰戌丑未宮者，入廟，武人能橫發高遷，商賈可急遽發展，並展露頭角

；文人雖可成功然不耐久。

③陀羅獨守命宮之人，與雙親緣薄，主孤獨、棄祖外出，爲人螟蛉子，二姓方可延壽，以巧藝安身。

④陀羅守命、落陷，與巨門、七殺同宮者，主帶傷殘、疾患而困惱。背六親，早離故鄉外出方得安泰。

⑤陀羅守命與貪狼同宮者，好投機，常因酒色而成癆。

⑥陀羅守命，會太陰、太陽者，男剋妻女剋夫。加會化忌者，有損目之疾。

20、天魁星、天鉞星

天魁、天鉞入命宮之人，主聰明，有威儀、貴祿。相貌秀麗清白。可逢貴人助力，具解厄制化之功。

①天魁，爲南斗助星，卽天乙貴人，爲司科甲之星。在數以晝生爲貴，故又名「晝貴人」，以午前五時至午後五時生人尤佳，甚吉。天魁獨守命宮之人，面呈圓形，地閣狹窄，顏爲青黃色，身材略短而瘦。天魁爲上界和合之神。

②天鉞爲南斗助星，卽「玉堂貴人」，爲司科甲之星，又爲上界和合之神。在數以夜生爲貴，故名「夜貴人」，以午後五時至午前五時生人，吉之作用特強。天鉞獨守命宮之人，

臉方，地閣狹小，面呈紅黃色，身材略矮而瘦。

③天魁、天鉞坐命身宮，且加會者，甚吉。

天魁、天鉞同宮，共入命、身宮者，謂之「魁鉞同行」格，爲上上命式，可位列三台，妙不可言，以位居命身宮爲最妙，三方加會次之。

④天魁、天鉞夾命，爲奇格，甚吉。魁鉞同行或加會者，須與吉星同宮、冲照或加會者爲條件。

⑤天魁、天鉞，與擎羊、陀羅、地刼、天空加會之人，主罹慢性疾病。

⑥女命天魁、天鉞守命，可受貴人助力，多爲異性之助。

⑦天魁、天鉞守命者，可受長上，或實力者之援助。

21、化祿星

化祿入命宮之人，主掌福德，喜見祿存。其人善於社交，個性豪邁，藝術感性強。一生衣食住無虞。富於幽默，性格溫和，多受人歡迎羨慕。

①化祿喜入命身宮、遷移宮，則上述傾向愈強烈。

②祿存卽指積蓄與固定資產，化祿則指流動資產。

③化祿與祿存、天馬同宮或冲照者，最喜。（請參閱祿存星）

④化祿入命宮、官祿宮，三方加會化權、化科者，可獲意外財富、高爵，因貴人之助而得盛名。

⑤化祿守命，與化忌加會者，主遭意外損失。

⑥化祿與地刧、天空同宮者，入不敷出，常因金錢而苦。

⑦化祿最忌凶星沖破。若逢凶星沖破，吉也成凶，其人主好面子，虛有其表，然敗絮其內，華而不實。

22、化權星

化權入命宮之人，重道德、規範、行事合理，性格嚴謹為人謹愼，可受長上信賴，並可得其助力、提拔。

①化權入命身宮、遷移宮，上述傾向最為顯著。

②化權入命身宮，與化科同宮者，主文章冠世，人皆欽仰，於學術界孚有衆望。

③化權入命宮、官祿宮，與武曲、巨門同宮，且加會吉星者，主具有優秀理解、分析能力，可發揮處理煩雜事物能力，及就任重要管理職位。

④化權遇擎羊、陀羅、火星、鈴星、地刧、天空等凶星沖破者，易聽讒言，而致事業招災損失。

⑤化權最恐地劫、天空，與此二星同宮、冲破者，縱有官位，亦難握實權。

23、化科星

化科入命宮之人，其性喜努力研究學問藝術。幼時即顯露聰明，具語言、文章才能。成績優秀，有辯才，早受人賞識。

①化科入命身宮、遷移宮者，上述傾向最為顯著。

②化科最忌逢截空、旬空、地劫、天空，與凶星同宮者，主難以發揮才能。

③化科最喜加會天魁、天鉞，或喜同宮。逢此二星者，可中榜及第。

④化科與擎羊、陀羅同宮、冲破者，雖有學問才能，然難於發揮實際應用。

⑤化科遇地劫、天空冲破者，主對神秘學、宗教、哲學、心理學等學問極富興趣。此外不適宜研究其他學問。

⑥化科與化忌同宮，身懷學問，然不受重用。

⑦化科守命，與文曲、文昌加會者，宜從事學問、藝術研究及活動，可一舉成名。

⑧化科守命，與化祿、化權其他吉星加會者，幼時即受師長賞識，可高中及第，早能發揮才能。

24、化忌星

化忌入命宮，可依宮內正曜之不同，而作用各異。化忌爲嫉妬星，爲多咎之神，主是非。可遭失敗、失意、失戀、失業、破財、對立、爭論、疾病、傷害、妨害、訴訟等災禍。守於身命宮，一生不順，易招是非。

①化忌入命身宮、遷移宮者，上述傾向益強烈。

②化忌與廉貞、七殺、破軍、貪狼同宮者，主遇意外之災。

③化忌與貪狼、七殺同宮者，主因戀愛、婚姻而生煩惱，或因異性而困。

④化忌與紫微、天府、天同、祿存、左輔、右弼、天魁、天鉞、化權、化祿、化科等吉星加會者，主好投機、冒險，金錢出入頻繁，成功失敗迭次而來。

⑤化忌與太陰、太陽同宮，入廟旺者，爲福，成功速起，財產橫發。如落陷，則凶意難滅。

⑥化忌星，主有強烈破壞性。逢吉星者，可減少凶性，然須以諸吉星入廟旺爲要。化忌與凶星加會者，不遇吉星，必生災禍。

⑦化忌守命身宮之人，終其一生多挫折、失敗。然其人並非無才能。從事藝術、小說、特殊學術研究、律師或法官等職業，反可成功。然不宜任職員與經商。

25、地刼星、天空星

地刧、天空入命宮之人，主勞苦成性，具神經質。凡事思慮過度，具悲觀傾向。終其一生苦勞多而報酬少。易遭挫折、失意，故傾向研究哲學、心理學、神秘學等。

①地刧獨守命宮之人，面呈甲字形，地閣狹小，顏爲青黃色。與吉星同宮，或入廟者，多身材短矮而肥滿。落陷則軀瘦。個性頑固、暴躁、易怒、多慮、煩惱。爲上天空亡之神。

②天空獨守命宮之人，面呈甲字形，天庭不豐，地閣不滿。顏爲青黑色。與吉星同宮，或入廟者，身材多短矮而肥滿。落陷則軀瘦，主人作事狂疎，動靜憎惡。不行正道，好爲邪僻之事。地刧乃上天刧殺之神，主破失。易溺陷於孤獨感。

③地刧入命身宮，與天空同宮、加會之人，從事商、工業者，亦頻換職業。常與他人意見相左，與朋友、肉親關係不良。

④地刧、天空守命，與吉星加會者，具解凶作用。並可得財富、地位。然功名遂志後，精神難免陷於空虛感。好哲學、宗教等學問。

⑤地刧、天空逢凶星者，可遭突然災禍，而致損失。精神易損耗。

⑥地刧、天空其凶作用，以同宮最甚，冲照次之，加會又次之，若無加會者，則其凶微弱不強。

⑦地刧、天空夾於命宮，謂之「刧空夾命」格，主遭挫折、辛勞，多障害。

26、天刑星

天刑主孤剋。守於身命宮，主人性剛無毒。不為僧道，主為孤刑。雖有才能，然個性傲慢不遜。少友朋。具苦勞、孤獨傾向。

①天刑入命身宮，與諸吉星加會者，主其人對法律、醫療、宗教等富於興趣。朝此行事可獲致成功。

②天刑與凶星加會者，主好狩獵、屠殺、漁業等，宜從事上述各項職業。

③天刑守命，與擎羊、陀羅、火星、鈴星加會之人，易罹疾病，或起法律訴訟，而招刑罰。

④天刑守命，居寅卯酉戌宮者，入廟，主握大權。

⑤天刑居丑、未宮者，落陷，主孤獨，因疾病而煩惱。與六親無緣，逢諸吉星則不限，宜為僧道。

⑥天刑入廟，與太陽同宮者，事業可獲發展，財運豐隆。

⑦天刑入廟，與文昌、文曲同宮者，主文武之才，併具學術、藝術之才，且擅於經商。

⑧天刑入廟，與巨門、天相、天梁同宮之人，主在醫療、法律上可一舉成名。

27、天姚星

天姚星主風流，入命宮者，主人性喜風流、瀟灑。多疑惑、具姿色。與異性緣厚。金錢花費濶綽，交際廣。在美容、服裝、裝飾與人以洗練感覺。好追求喜樂。

①命宮天姚，居卯酉戌亥宮者，入廟，主學識豐富、豪放磊落、交友廣泛，主富貴多奴，具艷福。多酒食、歡談機會。

②天姚位丑未宮者，爲落陷，性喜多疑，行事多懼人知。易躭於酒色。與凶星同宮者，主家產破敗，因色情而誤犯刑罰。

③天姚與擎羊、陀羅、火星、鈴星、化忌等凶星同宮者，主因酒食、賭博而招失敗。或爲異性而困擾。

④天姚守命，與貪狼、廉貞、沐浴同宮、加會之人，主少年夭折。與擎羊同宮者，亦主夭折。

⑤天姚與紅鸞同守命宮，愈淫奔。

⑥天姚入夫妻宮者，主人犯重婚，婚姻有虛僞之象。

⑦天姚入財帛宮者，因花酒、異性、賭博而破財。

⑧天姚入遷移宮者，遠赴外地可受異性扶助。

⑨天姚入田宅宮者，主破祖產，自置產業亦難有成。

⑩天姚入福德宮者，主身忙心亂，不得快樂，欲求難滿足。

28、天馬星

天馬屬火，爲司祿之星，主遷動。於人身命，謂之驛馬，主好動。可與人忙碌感覺。居家反不安寧。一生多變動。喜外出旅行、遷居、轉職等富於變化之環境。

①天馬喜逢化祿、祿存，與上二星同宮者，謂之「祿馬交馳」，主大吉利，可得遠方之財。主因變動而生財。然需與吉星加會爲條件。（一名折鞭馬）

②天馬與紫微、天府同宮者，謂之「扶輿馬」，主吉利。

③天馬與太陽、太陰同宮者，謂「雌雄馬」。太陰、太陽入廟旺，動則有利，反之無利。

④天馬與地刧、天空、截空、旬空同宮，入死絕之地者，謂之「死馬」，忙亦無功。

⑤天馬與擎羊、陀羅同宮，謂「折足馬」，宜靜不宜動，動則主遭致金錢損失、疾病、傷害，及意外事故。

⑥天馬與火星同宮，謂之「戰馬」，與擎羊、陀羅同宮，謂「負屍馬」，動則易遭損失、不利。目的難達，易與人起紛爭。

⑦天馬與化忌同宮者，謂爲「病馬」，動則遭人妨害、中傷，麻煩時起。

⑧天馬入夫妻宮，與吉星同宮者，必主得配偶之財。對己事業有助力。

⑨天馬與天粱同宮者，性豪放、器度寬宏，然淫奔、交際廣，一生多酒食、歡談機會。

⑩天馬與其他諸星配合之不同，而各有名稱。天馬入亥，與太陰同宮，謂之「財馬」。與太陽同在巳宮，謂之「貴馬」。與天相、武曲同居寅申宮者，名「財印馬」。與紫微、七殺同宮，居於巳、亥之地，名爲「權馬」。上皆主吉祥，逢吉星者更吉。

29、解神星

解神逢凶星，具解凶作用，並可化吉。

其吉之作用，不限僅在命宮，居命盤十二宮內，其性質不變，主可抑制凶星。遇難則成祥。然對七殺、破軍、貪狼、擎羊、陀羅、火星、鈴星、化忌等七甲級凶星，則不具任何作用。

30、天巫星

天巫主陞遷之宿、吉星。逢吉星則更吉，逢凶星者則無用。司掌晉升、遷升之事。

31、天月星

天月主疾病之星，爲凶星。主人罹患長期慢性疾患。如入廟旺，與吉星加會，無四殺或其他凶星沖破者，其症狀輕微，勿庸疑懼。

32、陰煞星

陰煞，主小人，爲凶星。凡事對個人有陰私妨害。與凶星加會之人，益凶。主遭他人破壞、妨害，而致大傷害。與吉星加會者，主暗中有人妨害、嫉妬個人陞遷與成功。

33、天哭星、天虛星

天哭、天虛入命宮之人，主行事不如意。性格孤獨，帶偏頗傾向。易與肉親、友人對立，難獲他人理解，個性固執，一生多勞苦。

①天哭、天虛入丑卯申宮位者，爲入廟，可減少凶意，反而揚名。

②天哭、天虛逢吉星，可解其凶。

③天哭所具之凶，爲揭櫫個人高超理想，而遭他人反對，或摒棄。

④天虛所具之凶，爲可增加戾氣與覇氣。其人主缺乏同情心，行事難以順遂。不知反省，而怨尤他人，故人際關係不良。

⑤天哭、天虛入兄弟宮，主兄弟姊妹無助力，且感情不佳。

⑥天哭、天虛入夫妻宮者，主刑傷，意見不一而誤解，招致不合。

⑦天哭、天虛入子女宮者，主爲子女之事而悲哀。性不喜孩子，或生活不安定。

⑧天哭、天虛入財帛宮者，主因事端而多花費，難蓄財。

⑨天哭、天虛入疾厄宮者，因精神不安而耗損健康。
⑩天哭、天虛入遷移宮者，主離鄉背井，易與人對立。
⑪天哭、天虛入官祿宮者，縱得地位、名聲，亦徒具虛名。
⑫天哭、天虛入福德宮者，少快樂，縱有快樂不耐久。
⑬天哭、天虛入父母宮者，主父母賣售祖產，而招破產。

34、紅鸞星、天喜星

紅鸞、天喜入命宮之人，主容貌秀麗、性格溫和，早與異性交際，婚姻早發。

紅鸞入丑寅卯辰戌亥宮者，入廟，主其人魅力四溢，人際關係良好，與財富、名聲亦有緣。若與諸吉星、凶星同宮者，則作用各異。

①紅鸞入兄弟宮，主兄弟感情良好，富同情心。
②紅鸞入夫妻宮，主男娶貌美之妻，女嫁貴夫。婚姻早發，美滿幸福。
③紅鸞入子女宮者，主多生女子。
④紅鸞入財帛宮者，雖主財旺，然難積蓄。
⑤紅鸞入遷移宮者，宜赴外鄉，動則招財。
⑥紅鸞入官祿宮者，早可高中及第，受人矚目。

⑦紅鸞入田宅宮者，主有不動產、住居之喜。

⑧紅鸞入福德宮者，一生衣食住無虞，多喜樂。

35、三台星、八座星

三台、八座乃輔佐紫微之雙星，主北斗之權。於命盤十二宮位內，皆無落陷。

①三台入命宮者，主其人正直、無私，具威儀。逢吉星則益吉。二星合之守身命宮，主吉利大貴，分則主孤。

②八座入命宮者，主其人正直，說話快速、善良、講義理，逢吉星則更吉。

③三台、八座喜同宮，共入命身宮，爲良好命式。

④三台、八座，共入夫妻宮，或加會者，主與配偶不和而別離。

⑤三台、八座，原來表徵爲地位。今可解釋爲交通工具。古代之人以乘輿車爲高官，故象徵爲地位。今可解釋爲汽車、飛機、船舶等交通工具。

36、龍池星、鳳閣星併論

龍池、鳳閣入命宮之人，主聰明伶俐、舉止優雅、容顏端正、多智多能。龍池、鳳閣爲文明之宿，主科甲。以合之爲美，分之則平常。男人逢之主攀龍附鳳，功名顯達，財祿豐厚。女命逢之，主相貌秀麗、心志堅定。

①龍池、鳳閣喜同宮、加會，分之則吉弱。如能同宮加會，主考試及第，有表彰、受賞之喜。

②龍池、鳳閣同宮加會，更與文曲、文昌、化科加會者，主才思敏捷，頭腦聰慧、成績優異、考運極佳，可突破難關而致勝。常受獎賞、榮譽。

37、龍池星

龍池入命宮之人，主聰明、高貴。有飲食之樂。多受人尊敬，可得名聲。逢凶星沖破，主罹耳炎、耳鳴等耳疾。

38、鳳閣星

鳳閣入命宮之人，主聰明敏捷。喜研究服裝、美食，具文筆之才。多與異性交往，爲人風流，可得聲名。

受凶星沖破者，主罹口、齒之患，與語言障礙。

（註）嚴格區分龍池、鳳閣並無耳、口之分，兩者皆備有。

39、天才星

天才入命宮之人，主富聰明、機智、多才多藝、具正義感、多情。與吉星同宮者，可發揮優秀才能展現頭角，博得名聲。遇凶星沖破者，主有懷才不遇之嘆。

40、天壽星

天壽星入命宮之人，主忠實、溫厚、勤勉、長壽。居酉戌亥宮位者，入廟，爲佳良命式，顯現吉祥。尤喜入命身宮、福德宮。與吉星同宮者，主長壽，具智慧。

41、恩光星

恩光入命宮之人，主行事小心謹愼、個性豪放，喜與異性交往。多才多藝。終其一生多貴人相助。陞遷迅速。逢凶星沖破者，則無吉。

42、天貴星

天貴入命宮之人，主舉止優雅、溫厚篤實、個性明爽，早年卽受衆人矚目。然性喜孤獨，個性極端。終其一生有貴人相助。

①天貴入命身宮之人，主幼少卽展露才華，衆所矚目。與文曲、文昌加會之人，容姿秀麗、聰明。學業優秀，具才能，頗受人尊重。

②天貴居寅辰之地者，入廟。主凡事有所進取，顯露頭角。可獲財富、名聲。

③天貴入兄弟宮者，主兄弟中有優秀人才，並可獲其精神物質之援助。

④天貴入夫妻宮者，主配偶高貴、貌美，並得其助力。

⑤天貴入子女宮者，主有聰明伶俐之子女，可因子女而揚名。

⑥天貴入財帛宮者，主可積極經營事業，獲致豐利。

⑦天貴入遷移宮之人，主赴外地、外鄉可受上司、長輩援助。

⑧天貴入奴僕宮之人，主聰明、守信，可受友人之助。

⑨天貴入官祿宮之人，主早在企業中快速竄升。並受上司器重、信賴，擔負重責。

⑩天貴入田宅宮之人，主繼承親友邸宅田地，並加擴充。

⑪天貴入福德宮之人，主衣食無困，快樂終生。

（註）恩光星、天貴星於入身命宮者，主其人重信用，具實行力。

43、天官星

天官入命宮之人，主好清閑，名具揚。聰明，然無成事之魄力。具有功成身退之傾向。喜與化權、化科、化祿加會，恐遇凶星沖破。

44、天福星

天福入命宮，主其人好誠實，喜照拂他人，凡事喜加干涉。一生多快樂，遭遇困難可受長上、有力之士相助，運命多僥倖。

①天福入命身宮之人，主壽福、福厚。男命婚姻早發，早有子息。女命主貌美，具威嚴。

②天福居寅申巳卯宮者，入廟。更增吉祥，與父母、兄弟、夫婦和合。位於十二宮內皆吉。

③天福守命，與吉星加會者，主有財運。逢凶星沖破，則損福運。

45、台輔星

台輔入命宮之人，主意志堅強，富決斷力，爲人正直，具文筆才能。容貌端正，可獲高爵地位。

46、封誥星

封誥入命宮之人，主爲人踏實，具實行力。聰明、愛好藝術、衣食無虞。主有封賞之事，可獲社會極高評價。

47、寡宿星

寡宿入命宮之人，常溺於孤獨感，與六親無親、無緣。容貌特異、六親無怙。遇沖破者，身體主罹疾病，一生少有快樂。

48、孤辰星

孤辰入命宮之人，常溺於孤獨感，個性頑固，易與人意見衝突相左。與六親不和。住居不定。逢凶星沖破者，主顏面殘有傷痕、傷害及心理異常傾向。

（註）孤辰、寡宿忌入財帛宮，主爲金錢所困，入不敷出。

49、孤辰星、寡宿星併論

孤辰忌入父母宮，寡宿忌入夫妻宮。孤辰於寅巳申亥四生之地囘座。寡宿於辰戌丑未四墓之地囘坐，故必會加會。

50、蜚廉星、破碎星

蜚廉、破碎入命宮，主其人孤獨，苦勞成性。欠穩重踏實，多遭失敗。主司掌剋害、損耗之事。於人身命，主生破損、耗敗，及頭面手足殘有傷痕。逢吉星者，可消除凶意。逢凶星者，其凶可起。（蜚廉入子卯午酉宮者，入廟，可減其凶。）

（註）蜚廉星最忌入命身宮、父母宮。與破碎星入兄弟、夫妻、子女、疾厄宮者，前述之凶可起十之八九。

第七章　各宮內諸星吉凶之現象

第一節　兄弟宮

由兄弟宮星曜，可觀知兄弟姊妹人數之多寡，彼此情感之濃淡、緣份之厚薄，及有否助力等，其所應注意事項如下：

①依兄弟宮內諸星吉凶、強弱、配合等，研判兄弟宮之吉凶。

②兄弟宮多與吉星加會，主兄弟姊妹多，彼此和諧，可受兄弟助力。

③兄弟宮多與凶星同宮、加會者，主兄弟姊妹少，有彼此感情不睦、緣薄、無助力傾向。

④兄弟宮內逢凶星者，主兄弟姊妹中有流產、墮胎、夭折之人。少兄弟姊妹。

⑤兄弟姊妹人數，依諸星配合之不同而各異。如紫微入兄弟宮者，主有手足三人；天府為五人。二星五行皆屬土，成比和，勢強，故合計判斷有手足八人。

此地所舉兄弟姊妹手足人數，僅為基本之數而已，與吉星、凶星加會時，其數可隨之發生增減變化，故宜特加注意。

⑥推斷手足人數時，須以諸正曜爲主。尤以紫微系與天府系十四正曜之配置，爲論斷之主要依據。其他則居次要地位。

而今所介紹者，爲古來常用之看法。

⑦本章並非僅單論兄弟宮，同時併觀其與對宮奴僕宮之吉凶關係，本法於其他類書中並不多見。在此筆者附註一句，卽以兄弟宮爲「體」，論奴僕宮之吉凶。而非以奴僕宮爲「體」，論兄弟宮之吉凶。讀者應加注意。

〇紫微星

紫微入兄弟宮者，手足中主有人享有盛名而功成，行事穩健踏實。爲人誠實懇切，人際關係良好。

幼年手足感情深厚、和諧、有幫助。多爲兄姊，少有弟妹。其數爲三人，對己甚有助力（與友人、同輩關係良好，可廣受助力。）

〇紫微與天府同宮之人，主有兄弟姊妹三人。與文曲、文昌、左輔、右弼、天魁、天鉞加會者，可增爲六、七人，個性孤傲，雖可受其物質援助，然感情平淡。

〇紫微與貪狼同宮之人，主有兄弟姊妹三人。其中具貌美且富魅力之人。少居家，常外出。個性外向好動，交友廣，與異性緣多。

〇紫微與天相同宮之人，兄弟姊妹有三、四人。主彼此感情親密，一生可受其助力。

〇紫微與七殺同宮者，主有兄弟姊妹二人。其人個性豪邁，不拘小節，剛硬，對己有物質助力。

〇紫微與破軍同宮之人，兄弟姊妹有三人，或有異母兄弟。其中有驕縱傲慢之人，然具社會地位，可受其幫助。

〇紫微與文曲、文昌、左輔、右弼、天魁、天鉞同宮之人，主有手足四、五人，且知識淵博、多才多藝。其人一生運盛，可得財富地位。對己頗有助力。

〇紫微與擎羊、陀羅、火星、鈴星、地刼、天空、化忌同宮者，主兄弟姊妹中，有身體衰弱之人，緣薄而不睦。

〇天機星

天機入兄弟宮者，主兄弟姊妹中具有聰明、才能優異之人。並可獲致極高地位，並得人望，前途似錦。

幼年時彼此和睦，意志溝通，相互尊重。

天機入廟旺之人，主有兄弟姊妹二人。對己有助力。落陷，縱能意志疏通，然少有助力。

〇天機與太陰同宮，主有手足二、三人。並有才智聰明、個性外向之人。性喜外出活動，少居家。

〇天機與巨門同宮之人，兄弟姊妹有二人。並具聰明、智慧。性喜居家，從事研究，不好外出。

〇天機與天梁同宮之人，主有兄弟姊妹二人。間有聰明、謙虛、富於才能之人。

〇天機與左輔、右弼、文曲、文昌、天魁、天鉞同宮者，主兄弟姊妹中具多才多藝之人，其人早年卽廣受注目，人際關係佳，可致成功，對己助力甚大。

〇天機與擎羊、陀羅、化忌、火星、鈴星、地刼、天空同宮者，主兄弟姊妹中有性格內懼，身體衰弱之人。其人恐遭厄運，然不致於險惡。

〇太陽星

太陽入兄弟宮，主兄弟姊妹中有個性開朗、活潑好動之人。其人喜照顧他人，擅社交，可獲致成功。

雖彼此偶有爭執、爭辯，然可立刻化解。成長後對己於物質上有莫大支助。

太陽入廟旺，兄弟姊妹有二、三人，一生可受手足之助。若與火星、鈴星、擎羊、陀羅、地刧、天空同宮，則減至一、二人，落陷則無助力。

（太陽入兄弟宮之人，主與較己爲長的友人、同輩尤其有緣，並可受其人助力。）

〇太陽與太陰同宮之人，兄弟姊妹有五人。其間有傑傲不羈之人，手足感情濃郁，可相互扶助。

〇太陽與巨門同宮之人，兄弟姊妹主有三人。與凶星加會者，其數則減。其間有個性倔強，常起紛爭之人，然可令人依賴。

〇太陽與天梁同宮之人，主有兄弟姊妹二人。其間有人運勢強旺，可於社會發展，凡事皆可賴其成全。

〇太陽與左輔、右弼、文曲、文昌、天魁、天鉞同宮者，兄弟姊妹有三人以上，有人可居高位，財富綽裕，對己有助力。

〇太陽與火星、鈴星、擎羊、陀羅、地刧、天空、化忌等同宮，則兄弟姊妹減至一、二人，彼此感情不睦而緣薄。

（註）太陽入兄弟宮之人，主有受手足恩惠之傾向。尤與兄長緣厚，若太陽入落陷、不得地則不在此限。

○武曲星

武曲入兄弟宮者，主兄弟姊妹中有嚴謹、勤勉之人。其人行事細心、謹愼、穩健、踏實，可獲社會信用。

手足雖時起勃谿，然可相互扶持。

武曲入廟旺，主有兄弟姊妹二人，彼此感情和睦、佳良。

武曲爲和平，更與火星、鈴星、擎羊、陀羅、地刼、天空等加會，兄弟姊妹僅有一人，或獨出無手足。（與友人、同僚關係雖佳，然少有實質助益。）

○武曲與天府同宮，主有兄弟姊妹三人，並有善於商才之人，可成大事業，雖可獲其人資助，然手足感情不佳，時有不和。

○武曲與貪狼同宮之人，有兄弟姊妹二人。有富於獨立精神之人，早離祖外出發展事業，與家庭關係不親密。

○武曲與天相同宮者，有兄弟姊妹二人，其中有人財運豐盛，名聲顯赫。可受此人莫大援助。

○武曲與七殺同宮之人，主有兄弟姊妹一人，或獨出全無。此人個性嚴謹，行爲怪誕。故時起紛爭。其人健康有疾。

〇武曲與破軍同宮之人，主有兄弟姊妹一人，其人性格強烈，一生多變動。彼此感情不佳，亦無助力。

〇武曲與左輔、右弼、天魁、天鉞加會之人，兄弟姊妹主有三人以上。彼此緣深且感情佳。並有助力。

〇武曲與火星、鈴星、擎羊、陀羅、化忌、地刧、天空等加會之人，主有兄弟姊妹一人，或全無。彼此感情惡劣，且緣薄。

〇天同星

天同入兄弟宮者，主兄弟姊妹中有溫厚、儒雅、篤實之人，並善交際，廣受歡迎。性格溫良。

幼年郎與個人感情甚篤，爲人寬大、謙虛。及長後彼此關係亦然不變，可相互扶持，緣深且長。

天同入廟旺者，主有兄弟姊妹四、五人。彼此感情佳良，可相互合作扶持。

天同落陷，主有兄弟姊妹二人，彼此關係雖不佳，然不致形成對立。

（天同入兄弟宮之人，主友人、知己多。多忙碌，廣受衆人歡迎。終其一生多受人助力。）

○天同與太陰同宮之人，主有兄弟姊妹四、五人，其中有人眉清目秀、性格溫柔、穩健、才能豐富，可得社會名聲，並受其莫大助力。

○天同與巨門同宮，不遇凶星者，主有兄弟姊妹二、三人，其中有苦勞成性，易陷於孤獨之人。與手足時起紛爭及對立。然性喜照拂他人，對己有所助益。

○天同與天梁同宮之人，兄弟姊妹主有二、三人。其中有性格寬大、性喜活動之人。對己有扶持。

○天同與文曲、文昌、左輔、右弼、天魁、天鉞同宮之人，主有兄弟姊妹四、五人，其中有人才能卓越，且優秀，可受其精神、物質之援助。與友人關係佳，可受助益。

○天同與火星、鈴星、地刧、天空同宮者，兄弟姊妹少有，且彼此不和，無緣，宜盡力加強彼此溝通，則不致成問題。且個人對其有所助力。

○天同與擎羊、陀羅、化忌同宮者，少有兄弟姊妹，彼此有隙且不和，易成對立，無緣。且兄弟姊妹中，有人身體虛弱。若有緣則可對此人與以身心物質之援助，且關係不惡。

○廉貞星

廉貞入兄弟宮之人，主兄弟姊妹中有性格嚴謹，且富自信之人。其人交際廣濶，且具實行力，並在社會可享盛名。

幼年時易起口舌爭論。對自己身心、物質方面有所助益。

廉貞星在兄弟宮，入廟者，主有兄弟姊妹二人。陷地則尅。

（所交往的朋友多爲熱情而正直，並可受其助力。）

○廉貞與天府同宮之人，主有兄弟姊妹三人。其中有人可獲成功，與己關係良好。成長後對己有莫大助益。

○廉貞與貪狼同入兄弟宮者，主有兄弟姊妹三人。其中有天性樂觀，好外遊之人。不喜居家，或早離故鄉外出，若否則與己感情不佳，無緣。

○廉貞與天相同宮之人，主兄弟姊妹有二人，其中具有天份卓優之人，年輕時可展露頭角。對己緣深且佳，可受其物質、精神兩面助力。

○廉貞與七殺同宮之人，主有兄弟姊妹一人。其人膽大，且身體虛弱。其人宜早離祖外出。雖無緣份，然有助力。

○廉貞與破軍同宮之人，主有兄弟姊妹一人，其人性格偏頗、極端，與己關係不睦，少有緣份。

○廉貞與文曲、文昌、天魁、天鉞、左輔、右弼同宮者，主有兄弟姊妹三人，其中有人發展順遂，可於物質、精神方面受到援助，然與其中一人不和。可獲友人莫大助益。

〇廉貞與擎羊、陀羅、火星、鈴星、地劫、天空、化忌同宮者，主兄弟姊妹少，且身體虛弱。有墮胎、流產、夭折之手足。彼此性格不和、無緣；然可受其照拂。

〇天府星

天府入兄弟宮之人，主兄弟姊妹中有人性格溫厚、寬大、天性樂觀、人際關係良好，具發展事業之才幹。彼此感情甚篤，幼少即受其人照拂，成長後可獲物質、精神雙方面之資助。

天府入兄弟宮，不論星曜之強弱，主有兄弟姊妹五人。

（天府入兄弟宮者，朋友多，且可受多人助力。）

〇天府與文昌、文曲、左輔、右弼、天魁、天鉞等吉星同宮者，主兄弟姊妹多，有六、七人，彼此關係和睦，可相互合作、努力。

可受友人、同事及各界朋友助力，可獲成功。

〇天府與擎羊、陀羅、火星、鈴星、地劫、天空、化忌等凶星同宮之人，主兄弟姊妹人少，約有二人。然關係不良，且緣薄。

〇太陰星

太陰入兄弟宮者，主兄弟姊妹中，有眉清目秀、仁愛慈悲之人。其人性格纖細、行事縝密、舉止文雅。具藝術、學術天份。

自幼關係良好，姊妹間關係親密。於性格之形成，或物質上，皆可受其影響，亦可受其助力。

（多友人，可受其人思想之感化，並可永久受其助力，尤以精神之助為甚。）

太陰落陷，主少有兄弟姊妹與友人。性格內向、悲觀，且與手足不和，尤以姊妹、女友緣薄。

太陰入廟旺，主有兄弟姊妹五人。多友人，可享盛名、爵位。可受物質、精神兩面援助。

○太陰與文昌、文曲、左輔、右弼、天魁、天鉞同宮者，主兄弟姊妹中，有具藝術、學術才能。並可享盛名，可受其人心物援助，手足關係親密。

○太陰與擎羊、陀羅、火星、鈴星、地刦、天空、化忌同宮者，主有兄弟姊妹二至三人。其中有性格悲觀、內向、自閉傾向之人。手足關係不良，且人數少。尤與姊妹無緣，手足中有流產、墮胎、夭折之人。

○貪狼星

貪狼入兄弟宮者，主兄弟姊妹中有好遊、外出之人。其人交際廣泛、魅力四溢。生性活潑外向，且富幽默。幼少時即時起紛爭、口舌之論。若能化解，或保持關係，則不致險惡。（主朋友多，但交友複雜，良、惡朋友皆有。雖可獲友助力，然有時卻可因此招災。）

〇貪狼與火星、鈴星同宮者，主兄弟姊妹中，有積極果敢，並具才能之人。其可發展急速，可致成功。對己有莫大影響力，並可受其精神、物質之助。

〇貪狼與左輔、右弼、天魁、天鉞加會之人，主兄弟姊妹中，有聰慧敏捷、人際關係良好之人。彼此關係良篤，可相互合作。

〇貪狼與文曲、文昌同宮者，主兄弟姊妹中具有藝術天份、姿容頗佳之人。然其人個性輕率，令人難以理解，但頗富魅力，令人難以抗拒。手足關係良好，且相談甚歡。

〇貪狼入廟旺者，主有兄弟姊妹二人，其中有性格外向活潑者，善於交際，對己有所助力。貪狼落陷者，兄弟姊妹中主有異母兄弟。其人自早離祖外出。且身體虛弱。彼此關係不睦、緣薄。

〇貪狼與擎羊、陀羅、地刧、天空、化忌同宮者，主兄弟姊妹中有輕薄、易躭溺於酒色之人。其人易受誘惑。身虛體弱，須人照拂。手足之間緣薄。兄弟姊妹人少，其中有因墮胎、流產、夭折而亡者，一至二人。

〇巨門星

巨門入兄弟宮者，主兄弟姊妹中有孤傲不遜之人。其人可爲學者，富研究心，具口才，可爲評論家。喜在家研究，好讀書，朋友不多。

手足自幼感情雖不佳，然思想可受其影響。成長後彼此往返平淡，對己無助益。

（所交往朋友，大多爲有教養之人，可獲其莫大助力，所獲之益較付出爲多。）

巨門入廟旺者，主有兄弟姊妹二人，其中有人可揚名於世，並對己特有幫助。

巨門入兄弟宮落陷者，主有異母兄弟。彼此易起勃谿、口舌爭論，或因思想分歧而對立，宜分居。

○巨門與文曲、文昌、左輔、右弼、天魁、天鉞同宮者，主有兄弟姊妹三人，其中有歷經苦勞而有成之人。對己於精神上主有助力，然彼此緣份不厚。

○巨門與火星、鈴星、擎羊、陀羅、地刼、天空、化忌等同入兄弟宮者，主有兄弟姊妹一人，或獨出全無。彼此關係不良，恐因手足而遭損失。

○天相星

天相入兄弟宮者，主兄弟姊妹中有溫和，且富慈悲之人。其人頗具才能，凡事皆有高度興趣，事業可發展順遂。

幼時彼此感情甚篤。主可受其人思想、物質之影響及助益。

（多朋友、知己。性喜照拂他人，個性開朗，關係親密，可受衆人助力。）

天相入廟旺者，兄弟姊妹有四、五人（得地爲二、三人），並可受其強大助力。

天相落陷，主兄弟姊妹感情雖不致惡劣，然彼此無緣。

○天相與文曲、文昌、左輔、右弼、天魁、天鉞同入兄弟宮者，主兄弟姊妹彼此感情甚篤，緣深，且可相互扶持。

○天相與火星、鈴星、擎羊、陀羅、地刼、天空、化忌同入兄弟宮者，主有兄弟姊妹一人，或獨出全無。手足感情雖不良，然不致惡劣。僅緣薄，彼此往來平淡。

○天梁星

天梁入兄弟宮者，手足中有個性正直、坦率之人。度量寬宏，多受人羨慕、尊敬。幼少手足感情雖佳，然却有受到兄姊拘束之感。在個人性格、精神形成上，受其影響甚鉅。成長後彼此可相互合作，緣深且濃。

（與友人、知己關係良好，並有助力。多受長輩、上司之扶助。）

天梁入廟旺之人，主有兄弟姊妹二人。彼此可相互合作。如有三人以上，主有異母之兄弟，易醸不和。

天梁落陷，主有兄弟姊妹一人，或全無。彼此關係雖不良，然不致惡劣。緣薄而淺。

○天梁與文曲、文昌、左輔、右弼、天魁、天鉞同入兄弟宮者，主兄弟姊妹多，約有三人。彼此感情甚篤，可相互合作，緣深厚。

〇天梁與火星、鈴星、擎羊、陀羅、地刼、天空、化忌等同入兄弟宮者，主有兄弟姊妹一人或全無，彼此無緣。

〇七殺星

七殺入兄弟宮者，主兄弟姊妹中有個性剛烈、不服輸之人。其人獨立心旺盛，不喜受人拘束、干涉。

自幼時手足感情不甚良好，主思想相違。

七殺入廟（子午寅申宮）主有兄弟姊妹三人，其中有握擁大權者，然手足關係不佳，宜分居。

七殺入辰戌宮者，主有兄弟姊妹一至二人，手足無緣。

（與友相處不久，多變動，且少獲友人資助。）

〇七殺與文昌、文曲、左輔、右弼、天魁、天鉞同入兄弟宮者，主兄弟姊妹中有自力而致成功之人，彼此關係良好，且對己有助力。

〇七殺與火星、鈴星、擎羊、陀羅、地刼、天空、化忌等同入兄弟宮者，主兄弟姊妹中有流產、墮胎、夭折之人。手足僅有一人或全無。彼此感情不佳，且對立。緣薄、不往來。

〇破軍星

破軍入兄弟宮者，主兄弟姊妹中有內向之人，其人性格怪異、荒誕，難與相處，予人孤高印象。

自幼時彼此感情平淡，少有往來。

破軍入廟（子午宮）者，主有兄弟姊妹三人。其中有意外突發，一夕成名之人，且對己有助力。

破軍落陷者，主有兄弟姊妹一人，或全無。彼此緣薄，少往來。

（知己、友人雖多，然友誼難持久，且少受助力。）

〇破軍與文曲、文昌、左輔、右弼、天魁、天鉞同入兄弟宮者，主有兄弟姊妹三人，彼此感情和睦，少有對立。

〇破軍與火星、鈴星、擎羊、陀羅、化忌、地刼、天空同入兄弟宮者，主有兄弟姊妹一人或全無。孤單。彼此無緣，感情不佳，宜分居，否則可遭致損害。

〇文曲星、文昌星

文曲、文昌入兄弟宮者，主兄弟姊妹中有眉清目秀，頗富教養之人。其人才能豐富，好研究。可得社會評價。尤擅長學術、藝能、藝術，並具此方面才能。

文昌、文曲不問入廟旺或落陷，主有兄弟姊妹三人。如與火星、鈴星、擎羊、陀羅、地劫、天空等凶星加會者，入廟旺之地，則兄弟姊妹感情不至太差，且可獲其助力。若入陷地，更加會凶星者，則有兄弟姊妹一人，或全無。手足之情淡薄、無緣，少助力。

〇左輔星、右弼星

左輔、右弼入兄弟宮者，主兄弟姊妹中有度量寬宏、性格爽直之人。其人朋友多，人際關係良好，可獲社會地位。幼少時手足感情良好，可相互幫助。於精神、物質上對己有助益，可共同推展事業。

左輔、右弼入兄弟宮者，主有兄弟姊妹三人。

火星、鈴星、擎羊、陀羅、地劫、天空等凶星同入兄弟宮者，主有兄弟姊妹二人，並少有助力。

〇天魁星、天鉞星

天魁、天鉞入兄弟宮者，主兄弟姊妹中有為人謙虛、秉性聰明之人，其人人際關係佳良，並聞名於世，可受其援助而發展。幼少時手足感情甚篤，可相互幫助。精神、物質上可受其助力，而共同經營事業。

天魁、天鉞入兄弟宮，更與化權、化祿、化科加會、同宮者，主兄弟姊妹中有成功之人，並可受其人莫大援助。

〇火星、鈴星

火星、鈴星入兄弟宮者，主兄弟姊妹間有口舌爭辯，時起勃谿而對立。宜分居，則不致招損。若與吉星同宮，則其傾向較輕。

若與擎羊、陀羅、地刼、天空同宮者，主兄弟姊妹中有流產、墮胎、夭折之人。

〇擎羊星、陀羅星

擎羊與陀羅入兄弟宮者，主兄弟姊妹感情不睦，宜分居，否則易起爭執、對立、相互傷害，手足之間緣薄且淺。

擎羊、陀羅入廟，主有兄弟姊妹一人，其人身體虛弱。或有因流產、墮胎、夭折而不保之手足，彼此感情不睦。

落陷則無兄弟姊妹。

若與吉星加會者，主有兄弟姊妹二、三人，然無助力，緣份平淡。

〇地刼星、天空星、化忌星

地刼、天空、化忌入兄弟宮者，主因兄弟姊妹而致金錢、精神上損失。

宜分居，否則可損及個人事業，而遭破產。或坐失良機、自怨自艾。手足無緣，易分離。

○祿存星

祿存入兄弟宮者，主兄弟姊妹中有善於掌管金錢之人，其人性格正直，財運甚佳，且知體恤他人。手足感情和睦、良好。可受兄弟姊妹物質之援助。若與火星、鈴星、地刼、天空、化忌等同宮者，則會反目成仇，造成對立。

第二節　夫妻宮

根據夫妻宮之星曜排列，可顯示戀愛、結婚之情形，及個人與配偶關係之良否，或緣份之厚薄，及配偶之性格、運勢，需注意下列各項。

①依夫妻宮內諸星之吉凶、強弱、配置爲主來判斷。

②夫妻宮內多加會吉星者，主婚姻、戀愛過程中少障礙。可受配偶助力。

③夫妻宮多與凶星同宮、加會者，主戀愛過程中易遇失意、挫折。不宜早婚，否則會遭危難或仳離。

④本節與各節相同，分爲總論與分論。如紫微入夫妻宮，所具之傾向爲總論，所言者爲大略之點，然紫微與諸星之配置，其特性各異，如紫微與天府同入夫妻宮，與紫微與貪狼入夫妻宮有所差異，故斷命時不以總論爲主，須視諸星之配置而有不同變化。更須依行限而有

變化。

⑤就宿命論而言，一般人有種錯覺，認為配偶乃天生註定，個人無選擇餘地，然事實卻非如此，可就命盤之顯示，而慎加選擇。

⑥夫妻宮命盤不佳，宜望婚姻安泰無虞者，可就下列各項所示，慎加選擇配偶。

(A)晚婚：所謂晚婚年歲因各人而異，因各人所訂適婚年齡之不同，而標準亦不同。有人以二十六歲為標準，而有人以三十歲為標準。根據中國面相而論，凡超過印堂（眉間）部位，所示之年齡者為晚婚，即虛歲二十八歲。筆者亦採此說以為判斷之用。

何以晚婚可化凶為吉，其理由為晚婚者，無論在心智上皆已成熟，社會經驗與人際關係較早婚者豐富，故對婚姻考慮慎重，而不輕率。並對婚姻眞正意義，有所認識，處理事物較客觀、冷靜。

(B)慎重選擇伴侶：可根據各人命盤選擇合於自己的伴侶，然此非表示必須服從天意。若夫妻宮良好者，可選擇性格、面貌與夫妻宮星曜所示相同之人為配偶，根據此法所選之配偶，大多婚姻生活圓滿無誤。反之若夫妻宮不佳者，宜避免夫妻宮星曜所示之性格、面貌者為配偶。

然實際上卻甚難。因男女感情在熾熱交往後，很難說服個人中途放棄，做理智考慮，縱知夫妻宮不佳，然面臨婚姻抉擇時，往往會爲感情所矇蔽，待婚後始悟不合適，而徒嘆後悔。此雖非絕對如此，然大多數人均難逃宿命之網，故夫妻宮不佳之人，婚後宜愼加維護夫妻感情。

夫妻宮不良者，在選擇伴侶時尤須注意，應詢問各方意見，經檢討後再下決定，切勿因感情用事，草率決定。以理智判斷，經再三考慮後再愼下決定，如此方不致錯謬。

(C)選擇年齡差距大者爲伴侶：一般均以五歲爲標準。男性宜娶較長五歲者爲妻，女性則嫁給比自己年幼五歲之夫較佳，而女命嫁與較己爲長五歲之夫亦佳。

有關此點，因個人思想之成熟早晚各異，故難以年齡一概而論，而夫妻年齡保持差距，非能絕對保證婚姻良好，此點僅爲衆多條件之一。

(D)宜分居、旅行相互迴避：夫妻意見相左，長期同居一處，自然易生齟齬、爭議。爲減少磨擦、紛爭，故應相互尊重，避免干涉，其最佳方法爲外出工作，減少居家相處時間，或可藉短暫分居、外出旅遊而改變家中氣氛，以維繫彼此感情，並在此期間多加反省，共同改變。

或可夫妻皆外出工作，及請友人到家，以旁人客觀眼光評論彼此優缺點，或於工作餘暇，埋首於各人興趣中，總之以不干涉對方爲要。此外尙要尊重對方興趣、嗜好及價值觀，不、宜妄加批評。

〇紫微星

紫微入夫妻宮者，男命主娶賢妻，妻容端麗、高貴、性格溫良且帶威嚴、心細，善於處理家事，宜娶年長之妻，若妻較幼，則奪夫權，性剛，具才能。婚姻生活安穩、幸福。

紫微入夫妻宮者，女命可嫁富貴之夫，夫容端正，個性正直，器量寬宏。事業可發展順利，並獲高爵，社會風評佳，關心家庭。

宜配年長之夫，夫賢，可體恤妻子。凡事可示明確意見，予以信賴、安心感。婚姻幸福，受人羨慕。

（註）紫微入夫妻宮者，無論男、女性，主配偶自尊心強，晚婚則吉，早婚易惹種種問題。

〇紫微與天府同入夫妻宮者，主戀愛中有口舌爭論，易起問題，然結爲夫婦可偕老。配偶家庭環境優渥，收入安定，衣食無虞。配偶性格主孤獨，不耐單調婚姻生活。

〇紫微與貪狼同宮之人，主早生戀愛，結交異性爲二人以上，戀愛過程富曲折、變化，少有初戀而成婚。配偶深具魅力，富容姿，善於社交、口才。

配偶雖體貼，興趣高尚，然喜外出，參與交際活動，少居家中。

○紫微與天相同宮之人，戀愛對象多，爲同事、同學，或經四週人介紹。配偶性格溫厚而穩健，富同情心、溫柔。婚姻美滿和諧。

○紫微與七殺同宮之人，主戀愛不久即成婚，婚姻彌堅。配偶具社會地位，家庭環境優渥。自尊心強，性剛毅果敢、不服輸。凡事喜加干涉，易招對立，十分關心家庭。

○紫微與破軍同入夫妻宮者，主戀愛中易起口舌、對立。且戀愛過程多曲折。配偶個性強，不喜平凡生活，凡事不喜受束縛，故婚姻生活多障礙，然不致造成仳離。

○紫微與文曲、文昌同入夫妻宮者，主戀愛浪漫，配偶具學術、藝術才能。探究知識心旺盛。容姿優雅。婚姻生活美滿和諧，家庭快樂。

○紫微與左輔、右弼同入夫妻宮者，主戀愛中可遭三角關係。戀愛過程曲折，富於變化，難以選擇對象。婚姻因性生活頻繁而煩惱。配偶性格寬厚，且有助力。

○紫微與天魁、天鉞同入夫妻宮者，年輕時有暗戀師長、上司、學長之傾向。配偶家境、事業皆佳，且照顧家庭，可受配偶助力。

○紫微與火星、鈴星、擎羊、陀羅、地刧、天空、化忌同入夫妻宮者，主婚前婚後，口舌、爭議頻繁，然不至於險惡。

（註）紫微獨守之補足。紫微獨守子午宮，與貪狼冲照。入子宮者，主遇戀愛挫折。晚

婚可得安泰。紫微入午宮者，主配偶頗具地位。婚姻生活圓滿，配偶多才能，超越自己。紫微獨守午宮者，多晚婚。

〇天機星

男命天機入夫妻宮者，主早生戀愛。妻溫和善良，配偶身材嬌小、聰明。心細然易陷於幻想中。婚姻生活幸福。

天機入夫妻宮之女命，早生戀愛，主配偶舉止優雅，善於辯才。天機落陷者，夫猜疑心強，凡事喜加干涉，且有嘮叨傾向。

女命可配具學術、藝術才能之夫，其人觀察力敏銳，對神秘、未知、宗教等玄妙學問極富興趣。適於勞心工作。本性善良，縱起口舌爭辯，亦即消解。婚姻生活平穩。天機落陷者，主夫好高鶩遠，易陷於孤獨感中。有懷才不遇之嘆。

〇天機與太陰同入夫妻宮者，主早生戀愛。戀愛交往時日長。富浪漫，配偶容姿秀麗、優雅，並具神秘、宗教、學術、藝術之才能。思想纖細，多愁善感。重情趣及生活調劑，婚姻生活多彩多姿。

〇天機與巨門入夫妻宮者，主戀愛過程多曲折，易起爭論、對立。

主配偶頭腦聰明，思想敏捷，研究心旺盛，然易陷於固執。早婚不吉，宜晚婚。

〇天機、天粱入夫妻宮者，男性易與年長者戀愛。妻貌美，且巧於處理事物，具內助之功。

配偶較己年幼，然年歲差距不大。性格溫和，且富忍耐性。於家庭、事業可發揮內助之功。女性宜嫁較己稍長二、三歲之夫。婚姻生活平穩。

〇天機與文曲、文昌入夫妻宮，主戀愛過程浪漫，富於情趣。配偶富知性，具學術、藝術才華。容貌清秀、舉止優雅。

〇天機與左輔、右弼、天魁、天鉞同入夫妻宮者，主配偶人際關係良好、富機智、幽默。重禮儀，婚姻生活圓滿。

〇天機與火星、鈴星、地刼、天空同宮者，主戀愛過程遭挫折、失敗。配偶善良，然易陷於感傷，個性悲觀。好研究神秘、未知、宗教等玄學。婚姻初始有苦勞，久後安定。

〇天機與擎羊、陀羅、化忌同入夫妻宮，主婚前婚後，易遭挫折、困難。配偶身體虛弱。性格孤獨，夫妻易起對立、爭執而仳離。

（註）天機獨守夫妻宮之補足

天機、太陰冲照（巳亥宮），主易因意外情形，或與意外之人結褵。天機入巳亥較亥宮爲佳。多受配偶助力。婚姻生活圓滿幸福。男命天機入亥宮，主因受妻干涉而煩惱，配偶易嫉妬。女命可嫁謹愼深慮之夫，然因配偶事業不穩而憂患。

天機、巨門冲照（子午宮），主配偶誠實勤勉。生活安定無虞。

天機、天梁冲照（丑未宮），天機入丑宮，主夫妻易起勃谿、對立。

天機入未宮，較丑宮爲佳。主對配偶易抱不滿。

天機、太陰同宮（寅、申宮），居寅宮較申宮爲佳。

天機、巨門同宮（卯、酉宮），居酉宮較卯宮爲佳。

天機、天梁同宮（辰、戌宮），居戌宮較辰宮爲佳。

〇太陽星

男命太陽入夫妻宮者，主戀愛時與對方思想難配合而困惱。妻性活潑，然情緒易變。浪費成性、虛榮心強，個性似男子，可助夫發展事業。凡事以己爲中心，才幹勝於男子，恐奪夫權。太陽落陷，主妻浪費、任性而爲，易釀口角爭執。

女命太陽入夫妻宮者，主少年時卽受男性愛慕，廣受男性追求。配偶性格開朗、好動。並忙於社交，好健康活動。個性爽直，然易怒、固執。可獲社會之名聲，財運豐榮，行事握守原則，一成不變，故有頑固傾向，可令人安心、信賴。

〇太陽、太陰同入夫妻宮者，主戀愛過程多曲折變化，時有劇變。配偶才華豐富，無論男女，皆早有戀愛經驗傾向。主初戀難有結果。配偶個性強烈。愛惡分明、極端。婚姻生活時而感情甚篤，時而爭論不休，幸而雙方均有負責之心，婚後可受配偶助力。

〇太陽與巨門同入夫妻宮者，主戀愛過程多變化。配偶富於才華、勤於工作，人際關係佳良，可獲名望。然自尊心過強，婚前、婚後易招口舌之爭。婚姻生活美滿。男命妻恐嘮叨多事。

〇太陽與天梁入夫妻宮者，主戀愛中令人羡慕，或爲大衆談論對象。配偶家境優渥，頗富名望。婚後於精神、物質上可受其助力。

〇太陽與文曲、文昌、左輔、右弼同入夫妻宮者，主戀愛過程多變化，易成衆人談論對象，及受人祝福。配偶多才多藝，並富幽默感。

〇太陽與天魁、天鉞同入夫妻宮者，主年幼即對學長、老師暗生愛慕之意。婚後生活圓滿，可得配偶莫大助力。

〇太陽與火星、鈴星、擎羊、陀羅同入夫妻宮者，主戀愛過程中起意外事端，婚後亦易罹事態，故不宜早婚，晚婚爲吉。配偶易遭失敗，身體虛弱。

〇太陽與地刼、天空、化忌同入夫妻宮者，主戀愛中易遭挫折，難與初戀者結合。配偶浪費成性，任性而爲。故夫妻易起爭執，恐致仳離。

（註）太陽入夫妻宮者，不宜早婚，晚婚吉。太陽入夫妻宮之補足。

太陽、太陰同宮（丑、未宮），可白頭偕老。然可遭一、二次愛情挫折。

太陽、太陰冲照（辰戌宮），爲廟旺，宜晚婚，家庭圓滿和諧。入不得地、落陷，主經歷一、二次失戀。三十歲後成婚，夫妻感情較佳。

太陽、巨門同宮（寅申宮），無論男女，對婚姻均抱甜美之憧憬。更與左輔、右弼同宮者，主婚後常憶初戀之人。

太陽、巨門冲照（巳亥宮），入旺地，男命屈於妻子能力之下，有內懼之象；妻奪夫權，女性可配富於手腕之夫。配偶主可得高位、名望，並可信賴。落陷，男性早婚，可因妻子而煩惱，婚姻生活多起問題。女命則夫性剛烈、怪誕，婚姻生活困苦。

太陽、天梁同宮（卯酉宮），更與文曲、文昌、天魁、天鉞、祿存同宮者，男命主娶富家之女。女命主夫財運豐盛。如與左輔、右弼、火星、鈴星、地刼、天空同宮，男命主妻有神經質傾向。女命入卯宮者，主夫性格豪放磊落，事多而忙碌，可得聲望。入酉宮者，則夫多爲大男人主義者、專制，若能順從其意，不加反抗，則不致起問題。

太陽、天粱沖照（子午宮），太陽入子宮之男命，主因妻而困惱。女命則因夫事業不安定，而多苦勞。

太陽入午宮，男命主受妻欺凌，欲逃避婚姻之傾向。女命可配成功之夫，提升身份。

○武曲星

武曲入夫妻宮之男命，主與妻同歲，或年歲相差甚微。配偶性格強烈、急躁，聲高而尖。說話言語有欠思慮。富決斷性、勤勉，善於應用金錢。不喜家居，多外出活動。雖擅於家事，然有固執己見之傾向。喜奪夫權，對夫事業，可盡內助之功。

武曲入夫妻宮之女命，主戀愛過程單調。交往男性多與人信賴感。配偶性格剛毅，富忍耐性。精力充沛、頑固，事業心旺盛、行事愼重，早得成功。雖不善製造羅曼蒂克氣氛，然十分重視家庭。婚姻生活安定。

○武曲、天府同入夫妻宮者，主戀愛有僥倖之運。可受饋贈之物，或對方傾力相助。配偶財運佳，富計劃性，善於應用金錢。婚後物質享受無匱，歡樂渡日。

○武曲、貪狼同入夫妻宮者，主早生戀愛，然婚運遲。配偶不喜居家，好外出活動，情緒變化甚大，性格活潑外向。早婚不吉，易招口舌、對立。

○武曲、天相同入夫妻宮者，主夫妻年歲相差甚微。配偶多爲同學、同事，或經週圍之人介紹而成。戀愛平穩順坦，少障礙。配偶人格高尚，可受長上提攜。

○武曲、七殺同入夫妻宮者，主戀愛過程多曲折、變化。可因爭論而仳離。易生亂倫之事。配偶頑固不讓，夫妻間易招口舌、對立。

○武曲、破軍同入夫妻宮者，主戀愛遭雙親、友人反對，且多障礙。配偶性格偏頗、多固執、人緣不佳。因性急易怒，故夫妻易起勃谿。

○武曲與文曲、文昌入夫妻宮者，主戀愛過程歡樂愉快，受人羨慕。配偶多才多藝、知識淵博，婚姻生活圓滿。

○武曲與左輔、右弼、天魁、天鉞同宮者，配偶地位高尚，家庭、事業可受援助。

○武曲與擎羊、化忌、陀羅同宮，主戀愛，婚姻有挫折、離仳之象。配偶體弱多病，因金錢不足而困。武曲入廟旺，其凶可減輕。

（註）武曲獨守夫妻宮之補足。武曲、貪狼冲照，男性主妻性格剛毅、堅強。可盡內助之功，幫助事業發展。女命主夫性格怪誕，相處機會多，易起衝突，宜相互尊重，夫妻皆外出工作為佳。

○天同星

天同入夫妻宮之男命，主戀愛過程順利平坦，並獲妻助。配偶性格溫和，具謙讓美德。

容姿秀麗、端正，注重生活情趣，善於社交，婚後處理家事得宜，有內助之功。不喜浪費，善於理財。戀愛中易陷溺於幻想，婚後感情不變。

天同入夫妻宮之女命，主戀愛受人羡慕，易成爲衆人談話目標。常因陷於浪漫氣氛中，表露愛意。夫具知性，擧止文雅，器度寬大。富幽默感，善長社交。行事細心，注意小節，體貼，故婚姻生活良佳。除夫居家中，有懶惰傾向外，餘則十分理想。

○天同、太陰同入夫妻宮者，主戀愛過程奇異，富於變化，似小說情節，可遭意外情形。婚前婚後可受配偶精神、物質援助。婚姻生活富於情趣，彼此親愛相敬。家中以妻爲主。

○天同與巨門同入夫妻宮者，主戀愛過程中多對象，然無結果，易起爭論。配偶好高騖遠，不滿現實。如婚姻生活單調，易陷於煩悶。

○天同與天梁同入夫妻宮者，主早生戀愛。配偶好外出活動，交際廣泛。富好奇心，婚前婚後感情甚篤，家庭圓滿和樂融洽。

○天同與文曲、文昌同入夫妻宮者，主戀愛過程甜美，令人羡慕。配偶禮儀端正、擧止優雅，具學術、藝術才能。婚姻生活甜美愉快。

〇天同與左輔、右弼、天魁、天鉞同入夫妻宮者，主早生戀愛，且易陷於三角關係。婚後感情甚篤，家庭生活圓滿和樂。

〇天同與火星、鈴星、擎羊、陀羅、地刧、天空、化忌入夫妻宮者，主戀愛過程多曲折。婚後易招意見對立，然不致爲大礙。

配偶身體虛弱，幸不至成凶。夫妻易起勃谿，然不成災。彼此努力迴避，可化解危機。

（註）天同、太陰同宮（子午宮），入子宮者，男命主妻貌美，婚姻生活甜美。女命主夫英俊倜儻。入午宮者，男女主遭失戀經驗，或有亂倫關係。

天同、巨門冲照（辰戌宮），以晚婚爲吉，年齡差距大爲宜。

天同、太陰冲照（卯酉宮），主戀愛中易陷於三角關係。晚婚爲宜，夫妻年齡差距大爲佳。

〇廉貞星

廉貞入夫妻宮之男性，有早生戀愛傾向，妻性剛毅，雖可愛然善嫉。喜惡分辨極端。凡事要求嚴格，行事認眞，令人佩服。婚後宜家，且對夫事業有所助益，凡事積極主動，有內助之功。廉貞落陷，主妻猜疑心強，時起口舌勃谿，易起對立。

廉貞入夫妻宮之女命，少女時卽受男性注目，夫喜社交活動，凡事積極進取，個性急躁、不服輸，公私分明，具實行力。事業運良好，與人以信賴感。可照顧家庭，婚姻生活有變化。廉貞落陷地，主夫因忙於交際，多不在家，或頻頻遲歸，夫妻易起口舌之爭。

○廉貞、天府入夫妻宮者，主戀愛過程平順，無曲折。配偶家境優渥。勤於工作，富責任感。

婚後衣食無虞，配偶個性剛毅，故意見常對立。

○廉貞、貪狼同入夫妻宮者，主早生戀愛，並易陷於三角戀愛中。易迷戀對方，並易分離。配偶多情，且有多次戀愛經驗。婚前婚後多受異性誘惑，婚姻生活多變化，不宜早婚，否則易趨別離，晚婚則可減少此傾向，夫妻相處時日少。

○廉貞、天相入夫妻宮者，主戀愛中易爲大衆談論焦點，戀愛難有成功，須經友人介紹，則易結合。配偶禮儀端正、容貌秀麗。家庭環境優。然個性倔強，彼此不讓，故早婚不宜，晚婚可避不吉。

○廉貞、七殺同宮者，主戀愛早生。然多遭挫折、障礙，不宜早婚。婚前婚後多口舌、衝突。配偶個性剛烈，婚姻生活難圓滿，易仳離。

○廉貞、破軍入夫妻宮者，主戀愛過程遭雙親，或週圍反對，而陷於苦惱。配偶性格暴躁、頑固，相互間易起不滿。配偶多疾病。若夫妻生活單調，則易生變化。

○廉貞、文曲、文昌入夫妻宮者，主戀愛過程快樂，然多誘惑，配偶貌美，肢體優雅健美。善於歌舞，喜享受歡愉氣氛，夫妻感情甚篤。

○廉貞與左輔、右弼、天魁、天鉞入夫妻宮者，主戀愛過程複雜，易陷於三角關係中。配偶富於才華，具實行力，多固執己見。對己有助力。早婚則有仳離之兆。晚婚則吉。

○廉貞、火星、鈴星、地刼、天空入夫妻宮者，主戀愛中易起事端，可遇挫折、失意。配偶性孤獨，常固執己見，有懷才不遇之嘆。婚姻生活不甚圓滿。

○廉貞、擎羊、化忌入夫妻宮者，主有亂倫、異常感情，而致身心受創。配偶如非身體虛弱，則爲性生活有虞，恐有外遇。夫妻多對立，仳離。

（註）廉貞獨守命宮之補足。廉貞、貪狼冲照（寅申宮），主男女戀愛、婚姻恐遭挫折，宜晚婚，或夫妻年齡差距大，可避此凶。

○天府星

天府入夫妻宮之男命，早生戀愛。戀愛過程多曲折，妻富慈愛心。品性高尚，具教養。宜家宜室，並善於社交，與友人關係良好。婚後因外出社交，活動頻繁，而夫妻易起齟齬。應愼加避免。

天府入夫妻宮之女命，主少女起卽受男性愛慕，交際廣濶。

夫家環境優渥，夫個性溫和篤實。具知性，可得聲名，金錢富裕。與友人、知己往來親密祥和。

婚後以家庭爲重，勤奮工作，一生衣食無虞。然因交際活動頻繁，故易引起夫妻爭執，宜加注意。

（註）天府入夫妻宮，不論男女中年後易肥胖，並可獲配偶意外之助。

○天府與文曲、文昌入夫妻宮者，主戀愛中可受贈物，戀愛可享快樂。配偶具才華、勤勉，性喜閱讀，追求美好生活，居家生活圓滿。

○天府與左輔、右弼、天魁、天鉞入夫妻宮者，主戀愛過程中有第三者介入，引發嚴重事態。婚姻恐因生活方式不同而致不睦，然可受配偶莫大助益。

○天府與火星、鈴星、擎羊、陀羅入夫妻宮者，主戀愛過程，可遭多次失敗經驗。配偶身體欠佳、虛弱、個性保守欠積極。夫妻易起爭執、對立，應愼加小心。

○天府與地刧、天空、化忌同入夫妻宮，主戀愛過程易遭挫折、失望。婚後夫妻易起勃谿、齟齬，而致仳離。

（註）天府不與化忌同宮，與文曲、廉貞、貪狼、武曲四正曜同宮者，女性晚婚爲宜。

○太陰星

太陰入夫妻宮之男命，易有青梅竹馬之戀。交往異性雖多，然少陷於熱戀，戀愛具浪漫傾向，時日長久方有結果。妻貌美，品性高尚，富趣味，尤具藝術、學術、藝能之才華。個性溫和，禮儀端正。擅長家事，重生活情趣。婚後感情甚篤，婚姻圓滿。

若太陰落陷地，更加會凶星者，主因失戀而遭打擊。

太陰入夫妻宮之女命，早生戀愛，令人羨慕。交往之人多且廣，多爲容姿優雅、思想纖細、洗練之人。行事愼重，重禮儀，具學術、藝術、藝能之才能。

婚後家庭和諧，生活甜美，主夫重家庭生活，然有懶惰傾向，如妻亦同則不悅，易起口舌之論。

太陰落陷，主夫具神經質，消極渡日。

○太陰與文曲、文昌入夫妻宮者，主戀愛浪漫，多彩多姿。配偶容貌秀麗、優雅、感性，唯美論，感情敏銳，具藝術、學術、藝能天份。婚姻和諧美滿。

○太陰與左輔、右弼、天魁、天鉞入夫妻宮，主交往異性多，易陷於三角戀愛，因而困苦。配偶人格高尚，具社會名聲。

○太陰與擎羊、陀羅入夫妻宮者，主戀愛中遭挫折、失敗。不宜早婚。配偶身體虛弱，或因疾病而惱，夫妻易招對立、仳離。

〇太陰與火星、鈴星、地刧、天空入夫妻宮者，主戀愛過程中，精神易遭打擊。早婚不宜。配偶喜研究藝術、學術、神秘學等。本性善良，頗富才華。然生性悲觀，有懷才不遇之嘆。

〇太陰與化忌入夫妻宮者，主戀愛早生，然因失戀陷於痛苦，而致孤獨，故宜愼加小心。

〇貪狼星

貪狼入夫妻宮之男命，主富交際手腕，多與異性交往，異性緣厚。戀愛過程富於變化。妻容艷麗，熱情洋溢。不喜居家，好外出活動。人際關係良好，拙於從事家事。

貪狼入夫妻宮之女命，生性慈悲、善良，喜援助他人。少女時卽受男性愛慕，戀愛早生，不宜早婚，晚婚爲吉。夫主容貌俊美，人際關係良好，人緣廣，頗得人望，喜外出遊玩，事業早成。

（註）貪狼入夫妻宮者，不論男女婚後社交活動頻繁，而致夫妻對立，早婚恐遭離異。

〇貪狼與文曲、文昌入夫妻宮者，主戀愛過程快樂。配偶美姿容，具誘惑，重穿著，爲人風流倜儻，人緣佳。然行事欠週詳，須經多次修正。

〇貪狼與左輔、右弼入夫妻宮者，主與多位異性相戀，因而生醜聞，或引起事端。婚後仍不改習性，夫妻易起爭執、對立。

○貪狼與天魁、天鉞入夫妻宮者，主配偶地位高，財富豐裕，一生衣食物質無虞。

○貪狼與火星、鈴星入夫妻宮者，主配偶好動，常有佳運。

○貪狼與擎羊、陀羅、化忌、地刧、天空入夫妻宮者，主婚前婚後因異性而起問題。夫妻對立，易致仳離。晚婚則可避凶。

○巨門星

巨門入夫妻宮之男命，主戀愛過程中易起爭執。妻之喜怒哀樂常形於色，難以明白事理。婚後則勤勉，致力於家事，重子女教育，家中無論事之大小，均處理完善，令配偶無虞。若夫因忙於朋友之事，則招委非難，夫妻易起爭執對立。

巨門入夫妻宮之女命，戀愛過程易起口舌爭執。夫性寡言，不善交際，易不滿現實，主有懷才不遇之嘆。婚後雖愛護家庭，然不善表達體貼之意，或態度舉止有失溫和，易令配偶失望。

（註）巨門入夫妻宮者，不論男女主過於注意配偶生活上細節，個人主張強硬，不知變通。夫妻間易起爭執、對立。男子宜娶年長之妻，或夫妻年歲相差大者爲佳。

○巨門與文昌、文曲入夫妻宮者，主配偶研究心旺盛，努力勤奮。富於才能，可得社會評價、聲名。

○巨門與左輔、右弼、天魁、天鉞入夫妻宮者，主配偶器度寬宏，人格高尙，可得人望地位。婚姻和諧美滿而安穩。

○巨門與火星、鈴星、擎羊、陀羅、地刼、天空入夫妻宮者，主配偶猜疑心強。與人欠和。難發揮眞才實學，或配偶身體虛弱。夫妻易招對立，而致離異。

○巨門與化忌同入夫妻宮者，主配偶性喜嘮叨、短視、易怒，常不滿現實生活。夫妻時起勃谿、對立，早婚則恐離異，宜愼重。

○天相星

天相入夫妻宮之男性，主不善交際，戀愛過程平穩。妻之經濟能力與已相同。婚姻以相親、介紹方式爲宜。夫妻生活圓滿、和樂。愛情雖不致熱烈，然夫妻間少有對立，妻有內助之功，重子女教育，爲賢妻良母。家庭可保安穩，夫妻感情永續。妻與妯娌、親朋關係良好，令人望生羨慕。

天相入夫妻宮之女命，主與男性交往機會多，然戀愛過程單調平順。夫之經濟程度與已相同。婚姻宜採相親、介紹方式，可白首偕老，夫容貌端正，重禮儀，爲人誠實。家庭生活圓滿、偕老。

（註）天相入夫妻宮者，配偶多爲四週鄰近之人，如爲同學、同事，或經人介紹。夫妻性格相投。

○天相與文曲、文昌入夫妻宮者，主配偶眉淸目秀，姿容美，人品高尙。重衣衫鞋履。具藝術天份，爲人風流，家庭圓滿和樂。

○天相與左輔、右弼、天魁、天鉞入夫妻宮者，主同時與多位異性往來戀愛。配偶人格高尙，富慈悲心，可受其莫大恩惠。

○天相與火星、鈴星、地刼、天空、擎羊、陀羅、化忌入夫妻宮者，主戀愛中可遭挫折、失敗。配偶身體虛弱，晚婚爲宜。

○天梁星

天梁入夫妻宮之男命，主戀愛過程順調平穩。妻多年長、老成。容貌較年齡爲長，貌美。性格善良、溫和，擅於家事。具忍耐力，有內助之功。婚後巧於處理雜務，家庭安樂平順，夫妻和諧美滿。

天梁入夫妻宮之女性，主少女時卽受男性愛慕。戀愛過程平穩、順坦。夫意志堅定，性格溫和，富慈悲心。所到之處必可展露頭角，喜濟弱扶傾。對女性具包容力，感情溫暖，與人以信賴感。婚後精神、物質雙方可受惠，夫妻愛情圓滿和樂。

○天梁與文曲、文昌入夫妻宮者，主配偶個性明朗、豪放磊落。富於幽默，具辯才。多得人望，家庭美滿和諧。

○天梁與左輔、右弼、天魁、天鉞入夫妻宮者，主配偶意志堅強，具忍耐力，行動快速。可於事業、家庭受其助力。

○天梁與火星、鈴星、擎羊、陀羅入夫妻宮者，主配偶不善社交，人際關係欠佳，或因助人而陷於困境，常置家庭、事業不顧，忙於他人之事，而夫妻易起口舌爭論。

○天梁與地刼、天空、化忌同宮，主戀愛過程多挫折。配偶身體虛弱，易遭小人損害，家庭時起風波，夫妻主有口舌、爭議，宜愼加注意。

○七殺星

七殺入夫妻宮之男命，主戀愛短，易陷於一見鍾情，而遽然完婚。妻個性激烈，喜惡分明，且易陷於極端。

富行動力，個性剛毅不懼。不善家事，然可助夫發展事業。具實行力，凡事可單獨行事，不喜依賴他人，常持己見，故夫妻間易起口舌爭論。

七殺入夫妻宮之女命，主戀愛過程富於曲折變化。常因衝動而決定伴侶。夫性急、易怒，個性剛毅、不服輸。喜怒哀樂變化激烈。獨立心旺盛，器度寬宏。事業發展順遂，可愛顧家庭，然往往剛愎自用，不聽人言，夫妻間易起爭執。

（註）七殺入夫妻宮，無論男女，主婚姻會遇障礙。早婚則有損配偶健康，或夫妻易招對立，而致仳離。晚婚爲吉。選擇配偶欠深思熟慮，遽下決定，故易起問題。

○七殺與文曲、文昌入夫妻宮者，多爲閃電結婚。配偶主具魅力，富姿容。爲人洗練，人品高尚，爲風流人物。

夫妻對立，雖不嚴重，仍以不相互干涉爲佳。

○七殺與左輔、右弼、天魁、天鉞入夫妻宮者，主同時與多位異性往來、戀愛。可遭亂倫之戀。配偶具社會地位、評價高，可發揮才能。

○七殺與火星、鈴星、擎羊、地刼、天空、化忌入夫妻宮者，主有二婚，戀愛易遭挫折。配偶身體欠佳，或因生離死別而分離。夫妻關係不佳。

○破軍星

破軍入夫妻宮之男命，主戀愛過程多曲折，易起齟齬、勃谿。妻性剛強，具實行力，有奪夫權之象，故凡事以妻意見爲主。

夫妻關係雖不致過於惡劣，然婚姻生活單調，易陷於嚴重事態。

如社交活動頻繁，可引妻之不滿，而陷於爭論。

破軍入夫妻宮之女命，主早生戀愛，所交往異性層面廣，然不爲對方深愛。夫性倔強不屈，性格易怒，不善社交，好奇心旺盛，易生厭煩。如能專精勤於一事，可獲意外成功，職業變動頻繁，尙佳。獨立心旺盛，不喜依賴他人。夫妻間時起勃谿、對立。

（註）破軍入夫妻宮者，不問男女晚婚爲吉。婚後不宜長期相處，宜外出工作，或可短暫分居，則可改變其凶。

◎破軍與左輔、右弼、天魁、天鉞同入夫妻宮，主配偶可擁社會地位、評價。並受其恩惠，夫妻愛情融洽、良好。

◎破軍與文曲、文昌、火星、鈴星入夫妻宮者，主戀愛、婚姻中易失良機，婚後夫婦易起口舌爭論。

◎破軍與擎羊、陀羅、地刧、天空、化忌入夫妻宮者，主戀愛、婚姻可遭突發事件，而致分離。配偶身體虛弱，事業失敗而不安定。

◎文昌星、文曲星

文昌、文曲入夫妻宮者，主戀愛過程多浸於浪漫中。配偶具知性，禮儀端正、優雅，人際關係頗佳。具藝術、學術才華，並可展露頭角。婚姻生活和諧美滿。

文昌、文曲入陷地，其他正曜力量微弱者，主配偶好大喜功，喜言行誇張，好面子，多淪於空談。

夫妻宮爲天機、太陰，更與文曲、文昌同宮者，主有同居，或婚後不貞傾向。

文曲、文昌與火星、鈴星、擎羊、陀羅、地刼、天空、化忌入夫妻宮者，主夫妻間意見對立不一。

○火星、鈴星

火星、鈴星入夫妻宮者，主戀愛過程易遭種種障礙，而致失望。配偶性急、聲高而快、動作敏捷，然有短慮傾向。夫妻間易起爭執、勃谿。

如不與七殺、破軍、巨門、廉貞同宮，而火星、鈴星入廟者，主男女雖有爭論，尚不至於險惡，相互可忍讓。

如與擎羊、陀羅、地刼、天空加會者，主配偶短視、易激怒，行事欠思慮，因相互爭執不讓而仳離。

○左輔星、右弼星

左輔、右弼入夫妻宮者，主戀愛時同時與多位異性交往，有再婚傾向。配偶容貌端正、優雅、度量寬大，多受精神、物質之恩惠，婚姻生活圓滿。

○左輔、右弼與貪狼、廉貞、火星、鈴星、擎羊、陀羅入夫妻宮者，主戀愛、婚姻有挫折、仳離。男性妻宜長，且宜娶個性剛毅女子爲妻。

◯左輔、右弼與武曲、太陽、巨門、天機、太陰、火星、鈴星入夫妻宮者，主夫妻恐起緣變，而致分離。

（註）左輔、右弼同入夫妻宮（丑未宮），主必再婚，更與貪狼、廉貞、火星、鈴星、擎羊、陀羅同宮，主人必再婚無疑。

夫妻宮居辰、戌宮，舊曆一月、七月生人，因左輔、右弼沖照，故亦主再婚。

◯天魁星、天鉞星

天魁、天鉞入夫妻宮者，主可受異性助力、恩惠。學生時代卽暗戀教師，或有戀慕較己年歲甚長之異性。

配偶個性溫和做事嚴格。心思縝密，家庭生活和諧，少起風浪。溫暖，可得配偶大力支持。

◯擎羊星、陀羅星

擎羊、陀羅入夫妻宮者，主戀愛過程多曲折障礙。早婚不吉，晚婚可減其凶意。配偶感情起伏激烈。易與六親、朋友起衝突，身體虛弱。性剛，不知退讓，故夫妻間易招對立。

如不與七殺、破軍、貪狼、巨門、廉貞同宮，而擎羊、陀羅入廟者，主晚婚爲宜，則夫妻可免口舌爭議，少生問題，感情甚篤。

擎羊、陀羅與七殺、破軍、貪狼、巨門、廉貞同宮，或落陷地者，主戀愛、婚姻難有成，必有破裂、仳離之傾向。

○地劫星、天空星

地刧、天空入夫妻宮者，主戀愛過程易遭挫折。與吉星同宮，主配偶富慈悲之心、信仰篤實，然具悲觀傾向。如與凶星同宮者，主配偶狡猾、浪費成性、生活不安定。夫妻易起口舌、對立，而致仳離。

○祿存星

祿存入夫妻宮者，主配偶生性節約，不喜浪費，亦不喜追求喜樂遊嬉，善於應用金錢，富計劃性，可蓄財。家運安泰，家業興隆，可日漸發展。

○祿存與火星、鈴星、地刧、天空同宮者，主配偶以技懷身，而謀生計。

○化祿星

化祿入夫妻宮者，主早生戀愛。配偶擅於社交。性格爽直、乾脆，為人幽默，具藝術天分，受人欽慕。重生活情趣，致力於家庭幸福，一生衣食住無虞。

○化權星

化權入夫妻宮者，主早可體驗戀愛。配偶爲人正直、禮儀端正、行事拘謹愼重，遵守秩序、道德。可受長上信賴，獲得佳評。愛顧家庭，婚姻生活美滿和諧。

〇化科星

化科入夫妻宮者，主早生戀愛，配偶學識、才智超群，富進取心。凡事皆具研究心，生活安定，婚姻和諧美滿。

〇化忌星

化忌入夫妻宮者，主有戀愛挫折、婚姻破裂之傾向。配偶個性激烈易怒，帶神經質、固執不屈。夫妻之間易生對立、勃谿。如與吉星同宮入廟旺者，可減其凶意。與七殺、破軍、貪狼、廉貞、巨門同宮，更與火星、鈴星、擎羊、陀羅、地刼、天空入夫妻宮者，主人定再婚，會仳離。配偶體弱多病，個性怪誕荒謬，因而陷於困惱。

宜晚婚，或短暫分居，可化解夫妻間之芥蔕，幸福渡日。

第三節　子女宮

①子女宮多吉星者，主與子女緣厚。可得賢子，事親至孝。

子女宮多凶星者，主與子女緣薄，不知盡孝，因子女而苦惱。

②子女宮本宮、三合宮、對宮，多天機、天同、天府、天相、天梁、七殺、文昌、天魁、天鉞、火星、鈴星等南斗諸星者，主與男子有緣，多生男子。

多紫微、武曲、廉貞、貪狼、巨門、破軍、文曲、祿存、左輔、右弼、擎羊、陀羅者，主與女子緣厚，多生女子。

③太陽、太陰同宮者，觀子女之法。

太陽入子、寅、辰、午、申、戌等正宮者，第一胎主孕男子。

太陽入丑、卯、巳、未、酉、亥等副宮者，第一胎主孕女子。

④太陽居副宮，太陰入正宮者，則須據個人生時判斷孕育男女。

本人生時爲寅至未時者，因陽氣旺盛，故多生男子。

本人生時爲申至丑時者，因陰氣旺盛，故多生女子。

⑤尚須注意者爲，太陰入子女宮，本人生時爲寅至未時者，主太陰落陷，因陰陽之氣不調，故難有子息。

如太陽入子女宮，本人生時爲酉至丑時者，主太陽落陷，因陰陽不調，故難有子息。

⑥根據子女宮星曜，可顯示子女人數，其法與兄弟之數相同。可參閱兄弟宮一章。然今日社會較古時變化甚鉅，各國政府均講求鼓勵節育，故不宜取古法以斷定人數。

⑦子女宮與火星、鈴星、擎羊、陀羅、地刼、天空、化忌等凶星同宮、加會者，主有難產，子女體弱多病，或因子女而苦惱。

如與諸星配置不佳，根據前述法則，可判斷有流產、墮胎、夭折、絕嗣之傾向。

⑧判斷子女宮諸星之配置，與兄弟宮內諸星之配置相同。並應併論對宮（田宅宮）。

〇紫微星

紫微入子女宮者，主得賢子，子息優秀、心地善良、聰明。可得成功，出類拔萃，健康頗佳，事親至孝。可與雙親精神、物質之助。

〇紫微、天府入子女宮者，主子女可發展大事業。然性格孤獨、內向。

〇紫微、貪狼同入子女宮者，主子女極富魅力，容貌美艷。富積極性，好交際外出。

〇紫微、天相同入子女宮者，主子女可具社會地位、名聲。

〇紫微、七殺同入子女宮者，主子女性格剛毅、強烈，具扳逆性，然有發展。

〇紫微、破軍同入子女宮者，主子女虛榮心強，浪費成性。

〇天機星

天機入子女宮者，主子女好學、聰明，可得賢子。可受長輩疼愛。手足感情濃郁良好。

天機入廟旺，主學業成績優秀，凡事富計劃性，易於成功。落陷則有孤獨傾向，自幼卽身體虛弱，才思雖敏捷，然不好學，易令雙親操慮。

○天機、太陰同入子女宮者，主子女性格溫柔，事親至孝，可助家業。

○天機、巨門同入子女宮者，主子女個性孤獨，富向上進取心。不喜外出活動，好研究、用功讀書。

○天機、天梁同入子女宮者，主子女聰明異常，事親至孝。

○太陽星

太陽入子女宮者，主子女具正義感，性格明朗，活潑外向。有發展，可獲地位、聲名、贏得家譽。太陽入廟旺者，年輕即展露頭角。落陷則生性浪費，喜外出不歸。

○太陽、太陰同入子女宮者，主子女天性獨立、自主、事業有成，然性格孤獨。

○太陽、巨門同入子女宮者，主子女個性剛毅，親子常對立。可於社會上大發展。

○太陽、天梁同入子女宮者，主子女富於才智，可成名。

○武曲星

武曲入子女宮者，主子女性格好強不屈，富決斷、實行力。武曲入廟旺者，可於商工、軍警界展露頭角。落陷則性情激烈、易怒，常與人起爭執、鬥毆，令人生憂。親子緣薄，易意見對立。

〇武曲與天相、天府同入子女宮者，主子女可於工商業成功，而財富豐裕。

〇武曲、貪狼同入子女宮，主難繼家業，白手起家。

〇武曲、七殺同入子女宮，主子女身體虛弱，尤以幼兒時期爲甚，令人生憂。

〇武曲、破軍同入子女宮，主子女性格剛強，冒險心旺盛，親子間可免對立。

〇天同星

天同入子女宮者，主多子息，兄弟感情甚篤，子女性格溫和，親子少磨擦，可供養父母。

〇天同與巨門同入子女宮，主子女有好孤獨之傾向，不喜群居，喜獨處。親子關係平穩。

〇天同與太陰同入子女宮，主子女可發揮學藝、藝術之才能。

〇天同、天梁同入子女宮，主子女性格外向，常受友人之惠。

〇廉貞星

廉貞入子女宮者，主子女性急、暴躁、易怒。不喜受束縛，常起反抗之心。早與異性交遊，與父母緣薄。廉貞入廟旺者，子女聰明，早出社會，年輕時卽現崢嶸，可獲致成功。落陷則喪志怠時，好遊樂、荒怠學業，令雙親困惱。

○廉貞與天府同入子女宮者，主子女事親至孝，可於社會有大爲。

○廉貞、貪狼同入子女宮者，主子女好遊、荒廢學業，令人生憂。

○廉貞、天相同入子女宮者，主好學、勤問。受人矚目，可贏得家譽。

○廉貞、七殺同入子女宮者，主子息個性倔強不屈，然幼兒時多身體虛弱。

○廉貞、破軍同入子女宮者，主子女性格剛毅，與父母不和。

○天府星

天府入子女宮者，主子女學習能力卓越，勤勉好學，富好奇心。理性、感情皆重。可得社會聲名、地位。財運佳榮，雙親老來可得安泰。天府入子女宮者，主子息多。

○太陰星

太陰入子女宮者，主子女聰明。具文學、藝術天份，且可揚名，尤以女子貌美出衆。太陰入廟旺，子息早熟，才氣揚溢。落陷則易溺於憂愁，身體虛弱。太陰入子女宮者，子女性格柔和，可與父母起磨擦，事親至孝。

○貪狼星

貪狼入子女宮者，主雙親縱慾過度。子女好玩樂，頻與異性交遊，與父母緣薄。喜怒哀樂變化激烈，缺乏耐性，成功遲來。貪狼入廟旺者，其人善於交際活動，可早展露頭角。落陷則因好玩怠墮，而致父母操憂不已。

○巨門星

巨門入子女宮者，主子女性格內向，少友人，然勤讀好學，喜研究，成績佳。富於口才，記性特優。巨門入廟旺者，主子女好研究，早可展露頭角。落陷則有頑固傾向，親子間彼此互不相讓，易起爭端。

○天相星

天相入子女宮者，主子女富於智能，可於政治、金融、文化界出類拔萃。子女財運強，可受其恩惠。天相入廟旺者，主可展現崢嶸。落陷亦可博人好感，縱逢困難，可得助力。

○天梁星

天梁入子女宮者，主子女個性沉著冷靜，富統率力。生性善良，事親至孝，手足感情甚篤。可得社會名聲。天梁入廟旺者，子女早可展現頭角。落陷則好遊，友人多，喜外出，不喜居家。

○七殺星

七殺入子女宮者，主子女喜怒哀樂改變激劇，爲人缺協調性，與父母緣薄，不善於人際關係。七殺入廟旺，主子女可才華早現，掌握權力。落陷則自幼始卽身虛體弱。

○破軍星

破軍入子女宮者，主子女性喜遊樂，好生活變化，不喜單調，少居家中，性格獨立自主，不喜受人束縛，手足間易起爭執。破軍入廟旺者，子女可早現頭角，贏得社會地位。落陷則身體虛弱。

○文昌星、文曲星

文昌、文曲入子女宮，主子女有眉清目秀，具藝術、文學才能，早得成功之人。

○左輔星、右弼星、天魁星、天鉞星

左輔、右弼、天魁、天鉞入子女宮者，主子女性格明朗活潑，健康良好無憂，易於撫育。學業成績優異，勤學努力，事業早得成功。人際關係佳，少有障礙，可就高位。

○火星、鈴星、天空星、地刧星

火、鈴、天空、地刧入子女宮者，主子女個性孤獨好強，豪放不羈，性好自由，不喜受人拘束。如子女宮中主星入廟旺，則上述傾向可轉弱。從事特殊職業，或有成就。

○擎羊星、陀羅星、化忌星

擎羊、陀羅、化忌入子女宮者，主子女身體虛弱。如宮內主星入廟旺，則健康無虞。

○祿存星

祿存入子女宮，主子女善於理財，於商界成就非凡，受人尊敬。

○化祿星、化權星、化科星

化祿、化權、化科入子女宮，主子女聰明、健康，易於養育。可獲社會地位、名聲。如三方加會化祿、化權、化科則妙不可言，成就卓然非凡，光宗耀祖。

第四節　財帛宮

○紫微星

紫微入財帛宮者，主其人財運亨通，一生安定，可受貴人資助，或可不勞獲財。適獨資經營，以資本、規模龐大者爲佳。

○紫微與天府、天相同入財帛宮者，主一生財富豐裕，衣食無虞。

○紫微、七殺入財帛宮者，宜經營大規模企業。可握擁權力，自由運用巨資。

○紫微與貪狼、破軍入財帛宮者，宜從事股票、投機事業。然欠缺安定，錢財來去消長迅速。

○紫微與文曲、文昌入財帛宮者，主其人先得名聲，後獲財。

○左輔、右弼、天魁、天鉞與紫微入財帛宮，主一生收入豐裕，財運亨通。可受貴人、友人助力。

○紫微、擎羊、陀羅、火星、鈴星入財帛宮者，主財利橫發。因紫微具抑凶化吉作用，故上述星曜不做凶論。

○紫微、天空、地刧、化忌入財帛宮，主其人不善管理經濟，幸收入豐裕，可自由運用金錢。

○天機星

天機入財帛宮者，雖無意外之財，然可因自力而致財，其錢財多因努力、勞苦積蓄而來，非爲意外之財。天機入廟旺，年輕時即可得財。落陷則至中年後，財運始發。

○天機、太陰入財帛宮，主同時從事二種以上職業。收入豐厚，財運安定。

○天機、巨門入財帛宮，主財運不安定，蓄財之前頻頻轉職。

○天機、天梁入財帛宮，主其人具卓越處理事務能力，可發揮隨機應變之才而招財。若從事特殊技能職業，較易成功。

○天機、文曲、文昌入財帛宮者，主其人先得名聲後招財。

○天機、左輔、右弼、天魁、天鉞入財帛宮，主財運早成，可受長上厚助而蓄財。

○天機、擎羊、陀羅、火星、鈴星入財帛宮，其人乏具經濟觀念，多因浪費而窮困。

○太陽星

太陽入財帛宮之人，主具備優秀經營能力，可於財政、金融界揚名。太陽入廟旺，為巨賈之命，早可成財。落陷，錢財耗散急速，支出龐大，然不致窮困。

○太陽、太陰同入財帛宮，主其人財運甚佳。可兼營多項事業。然財成則伴有障害，中年後可安定。

○太陽、巨門同入財帛宮，主資產豐厚。事業經營過程中，多與人為敵。財成前多伴有勞苦。

○太陽、天梁同入財帛宮，主初具信用、聲望，然難聚財，後可獲財富。

○太陽、文曲、文昌入財帛宮，可因才能而致名聲、財富。一生財運亨通。

○太陽與祿存、化祿同宮者，其人主具卓越理財能力，多動產、不動產，可為一方巨富。

○太陽與左輔、右弼、天魁、天鉞入財帛宮，主有意外收入，可因友人助力而得財，一生財運佳良。

○太陽與地刼、天空、化忌入財帛宮，主缺乏經濟觀念，生性浪費。然太陽入廟旺，則收入豐厚，不在此限。

○武曲星

武曲入財帛宮者，可於財界、工商界揚名，並握擁重權。天性富忍耐力，善於應用財政政策，並可發揮才能，克服困難，打破僵局，開創契機。武曲入廟旺之人，爲富豪之命，一生財運豐裕而亨通，居弱地則須突破多重困難而成財。

○武曲與天府、天相入財帛宮者，主可在財界、金融界握擁重權。

○武曲與貪狼同入財帛宮者，主三十歲前因金錢而苦勞，其後可突然招財。

○武曲與七殺、破軍入財帛宮者，主其人性格豪放磊落，恣意揮霍金錢，故難蓄財。

○武曲與左輔、右弼、天魁、天鉞入財帛宮者，早年卽財運亨通，可受長上、友人資助，因而獲財。

○武曲與文曲、文昌入財帛宮，主其人擅於應用處理金錢，因而生財。

○武曲與擎羊、陀羅、火星、鈴星入財帛宮，主其人缺乏經濟觀念，支出額高，因而招致窮困。

○武曲與天空、地刧、化忌同宮，武曲入廟旺之地，金錢使用尚爲自由。如武曲落陷，因意外支出多，故金錢使用常感不足。

○天同星

天同入財帛宮者，主其人淡泊金錢，不喜勞動。天同入廟旺者，可白手起家，受貴人之助而成財。落陷則財運不定，金錢使用不自由。

〇天同、太陰同入財帛宮，主有良好財運，尤以不動產爲多。

〇天同、巨門同入財帛宮，主早年因財而苦勞，然中年後可獲財。

〇天同、天梁同入財帛宮，主其人事業心旺盛，宜遠赴外地，可招財。

〇天同、文曲、文昌入財帛宮，主先得聲望，後成財。

〇天同與左輔、右弼、天魁、天鉞入財帛宮者，主其人淡泊金錢，可受友人、長上助力，因而得財。

〇天同與擎羊、陀羅、火星、鈴星入財帛宮，主財運欠穩，須以穩健踏實之法，漸趨築財。

〇天同與天空、化忌、地刼入財帛宮，主錢財消耗巨，因意外而破財，生性節約，使用金錢常有不足之感。

〇廉貞星

廉貞入財帛宮者，主具商才，財運一生亨通而財豐，經營事業步步爲營，謹愼小心，重信用，生性節約，故可蓄財。

〇廉貞與天府、天相同入財帛宮，主有貴人之助，事業發展順遂，可蓄財。

〇廉貞、貪狼、破軍入財帛宮，宜從事股票、投機事業，買賣可速成，然亦快敗。

〇廉貞、七殺同入財帛宮，主事易速成速敗，錢財出入巨額。

〇廉貞與文曲、文昌入財帛宮，主財運安定，可得信用，事業發展順遂。

〇廉貞與左輔、右弼同入財帛宮，主其人易生盜難。

〇廉貞與天魁、天鉞同入財帛宮，主受貴人提攜，而招財。

〇廉貞與擎羊、陀羅、火星、鈴星入財帛宮，如廉貞入廟旺，可獲預期之財。如落陷則金錢來去快速。

〇廉貞與天空、地刧、化忌入財帛宮，易逢盜難，或因意外而損財。

〇天府星

天府喜入財帛宮，不論居廟旺、落陷之地，皆主財運豐裕，可收意外之財，多動產、不動產，宜選不動產，較易安定。天府入財帛宮者，少因勞苦而得財。與凶星加會，縱支出高，然因其錢財巨額，不致爲困，財運強，廣受衆人羨慕。

〇天府與文曲、文昌、左輔、右弼、天魁、天鉞入財帛宮，主其人可於財政、金融界握有重權，多因貴人之助而成財。

○天府與擎羊、陀羅、火星、鈴星入財帛宮者，一生財運亨通，但支出額高。
○天府與天空、地刼、化忌入財帛宮者，主多有意外支出，且額巨。
○太陰星
太陰入財帛宮者，主其人淡泊金錢，不因勞苦可蓄財，尤以不動產爲多。太陰入廟旺者，財運早生，落陷則因支出高而難蓄財，中年後方可蓄財，先得聲望後招財，宜從事不動產事業，可獲成功。太陰入財帛宮者，熱心於蓄財，主可富賈一方。
○太陰、文曲、文昌同入財帛宮，主具特殊才藝，先得聲望後招財。
○太陰、左輔、右弼、天魁、天鉞入財帛宮者，可因異性助力而獲財。財運長久。
○太陰、擎羊、陀羅、火星、鈴星入財帛宮，主其人支出額高，然尚不致困窮。
○太陰與地刼、天空、化忌入財帛宮，如太陰入廟旺之地，雖支出高，然無大礙。太陰落陷則外華而內蕪，常因金錢而苦惱。
○貪狼星
貪狼入財帛宮者，不喜單調踏實工作，宜從事投機事業。生性揮霍，不知節制，多支出。貪狼入廟旺，與火星、鈴星同宮，反爲美論，可獲巨財。貪狼落陷成功失敗迭起，或因意外而破財，宜愼加注意。
○貪狼、文曲、文昌入財帛宮，主可經營多種事業，因易見異思遷，迭換職業，難以滿足一項事業，成功失敗互訪。

○貪狼、左輔、右弼、天魁、天鉞入財帛宮，主多與異性交遊，或因異性而得財，並受其助力。可受異性之助而蓄財。

○貪狼、擎羊、陀羅入財帛宮，主因異性而支出大增。

○貪狼、地刼、天空、化忌入財帛宮，貪狼入廟旺，主錢財消耗甚大。落陷因金錢而與人衝突，或起爭執。

○巨門星

巨門入財帛宮者，主得財前須奔波勞苦，或經努力而獲財。多技藝安身，先得名後招財。巨門落陷常因意外而破財，宜愼加注意。

○巨門、文曲、文昌同入財帛宮，主經長期努力而得名聲，後招財。

○巨門、左輔、右弼、天魁、天鉞入財帛宮，凡遭困難，可獲良友精神激勵，而克服困難。

○巨門與擎羊、陀羅、火星、鈴星、天空、地刼入財帛宮者，主爲他人而損財。

○巨門、化忌入財帛宮，因意外而耗財，巨門落陷，易爲錢財與人起衝突、爭議。

○天相星

天相入財帛宮者，宜經營大規模企業，一生財帛豐足，財運亨通，可受長上、友人之助而發展事業。善於理財，富計劃性，重信用。性喜助人。凡遇困難，主有貴人資助。與凶星加會者，不吉，成敗無積蓄，金錢使用多不自由。

○天相、文曲、文昌入財帛宮者，主財運早生，功成名就，可受長上佳賞。

○天相、左輔、右弼、天魁、天鉞入財帛宮，主受長上支援，早可握擁權力。

○天相、擎羊、陀羅、火星、鈴星入財帛宮，多意外支出，然收入豐裕，故少受影響。

○天相、天空、地刼、化忌入財帛宮，易起金錢糾紛，然可受貴人助力，少有損害。

○天梁星

天梁入財帛宮者，主人淡泊金錢，重名勝於重利。然財運良佳，不致困窮。固定收入不多，然因媒介而收入頗豐。天梁落陷，主爲他人之事奔波，無財可招。

○天梁、文昌、文曲入財帛宮者，可因學術、技藝而招財。

○天梁與左輔、右弼、天魁、天鉞入財帛宮，可受貴人援助，而獲財。

○天梁與擎羊、陀羅、火星、鈴星入財帛宮，主缺乏理財觀念，性喜助人而耗財，然可獲相等回報，金錢使用尙自由。

○天梁與地刼、天空、化忌入財帛宮，常因意外而損失，終可獲貴人助力而解決。

○七殺星

七殺入財帛宮之人，不甘居人之下，不喜從事單調、固定工作，宜選投機事業。離鄉遠赴可招財成名。性喜冒險，事業多起伏變化。七殺入廟旺之地，可得意外財運。入閑宮者，不計金錢，支出額巨，故難蓄財。

○七殺、文昌、文曲入財帛宮，主成功失敗遽發，一夕成名。

○七殺與左輔、右弼、天魁、天鉞入財帛宮者，主有意外財運。可受友人、長上之助而招財。

○七殺與擎羊、陀羅、火星、鈴星入財帛宮，主其人乏經濟觀念，金錢拮据。

○七殺、天空、化忌、地刧入財帛宮，主因意外而耗財，或爲金錢起衝突、爭執。

○破軍星

破軍入財帛宮，主宜從事特殊職業，或以巧藝安身，並見發展。常起奇想而招財。其人卓越才能爲人羨慕，然金錢運用缺計劃性，故經濟難安定。破軍入廟旺，可遽然成功而獲財。落陷則支出大，難以蓄財。

○破軍、文曲、文昌入財帛宮，主錢財出入額巨，而招窮，一生貧困。

○破軍與左輔、右弼、天魁、天鉞入財帛宮，主得長上、友人助力而招財。

○破軍與擎羊、陀羅、火星、鈴星入財帛宮，因人而耗財、貧困。
○貪狼、天空、地刼、化忌入財帛宮，易遭意外而耗財，或因金錢與人起爭執、衝突。
○其他諸星
文曲、文昌入財帛宮，主得名聲、財帛，財運亨通不絕。
左輔、右弼入財帛宮，主兼營多項事業（投資、從事、經營），雖收入不豐，然可長期獲利。
天魁、天鉞入財帛宮，主受貴人助力，致事業發展順遂。縱遇困難，可獲意外之財，得以解決。
祿存入財帛宮，主其人生性儉約，不喜浪費。多動產、不動產，可爲富豪。
化祿入財帛宮，重生活環境，不惜花費巨資。財運強無不足之感。一生財運亨通，多意外之財。
化權、化科入財帛宮者，財旺，宜蓄財，少有意外之財。財運順調，金錢無窮困之憂，運用金錢富計劃性。
擎羊、陀羅、火星、鈴星入財帛宮者，主其人運用金錢之計劃性，性喜浪費虛擲。如與吉星加會，可減凶意。

天空、地刧入財帛宮，錢財多耗，多意外支出。主爲他人而損財。

化忌入財帛宮，主其人乏經濟觀念。生性浪費。多爲意外而支出。如與七殺、貪狼、破軍同宮者，可因金錢與他人衝突。

天馬入財帛宮，宜赴遠方，或因外出、旅遊而得財。以流動性職業爲佳。如與祿存、化祿加會者，一生財運豐裕。

第五節　疾厄宮

○紫微星

紫微入疾厄宮者，少爲疾病而惱。縱遇惡疾，亦獲良醫，恢復迅速。身體以脾臟、消化器爲弱。

（症狀）消化不良、胃痛、胃酸過多、胃下垂、胃弛緩、食慾不振、嘔吐。

（註）風邪，多因身體機能衰退，長居潮濕之地，或多攝食生冷食物而起。

○紫微、天府入疾厄宮，災少。然易因精神苦悶而致不眠症。與火星、鈴星、擎羊、陀羅、地刧、天空、化忌同宮，易罹精神病。

○紫微、貪狼入疾厄宮，災少。然易罹腎臟、泌尿器、生殖器、性病等疾病。

○紫微、天相入疾厄宮，災少，主易罹消化器官、皮膚疾病，或皮膚羸黃。與文昌、文曲、火、鈴、擎羊、陀羅、化忌同宮者，易罹糖尿病。

○紫微、七殺入疾厄宮，主腸胃衰弱、災少。

○紫微、破軍入疾厄宮者，災少，主血氣不調。以肺臟、支氣管、呼吸系統爲弱。如與火星、鈴星同宮，氣血不調，主有暗疾。與地刧、天空、擎羊、化忌、陀羅同宮，多咳、痰多。肺、支氣管主有疾患。

○天機星

天機入疾厄宮者，主幼時多災，易罹腦神經、肝、膽疾患，與熱毒濕氣之疾。陷地則頭面破相。與擎羊、陀羅、火、鈴，陷宮有目疾，四肢無力。

（症狀）頭痛，易生倦怠、暈眩、失眠、耳鳴、筋骨疼痛、兩頰紅赤、口帶苦味、食慾不振、憂鬱等。

○天機、太陰入疾厄宮者，易生疥瘡（爲皮膚病之一種，奇癢。初由手足開始，漸而移轉至全身）、痔疾、白癬（香港脚、頑癬）。

○天機、巨門入疾厄宮，主消化系統、血液循環系統虛弱。

○天機、天梁入疾厄宮，主有便秘、下腹無力、脂肪囤積。

○太陽星

太陽入疾厄宮者，主有頭風寒溫之疾，易罹心臟、循環器、腸、目等疾患。

（症狀）多汗、緊張、悸動、氣喘、視力衰退、眼球突出、血行不良、頭痛、耳鳴等。

○太陽、太陰入疾厄宮，易罹眼疾。

○太陽、巨門入疾厄宮，主易患高血壓、心臟病。

○太陽、天梁入疾厄宮，易患循環系統疾病。

（註）太陽入廟旺，所罹疾病症狀較輕。入陷地，則主視力衰退、心臟無力。

○武曲星

武曲入疾厄宮之人，主幼時多災，手足頭面有傷，或有風痰之疾。易罹肺臟、支氣管、呼吸系統疾病。

（症狀）多咳、痰、喉乾、支氣管炎、失聲、呼吸不順、痰血、筋骨疼痛、關節老化，併須注意手足外傷、骨折等。

○武曲、天府入疾厄宮，災少，然易患肝、膽疾患。

○武曲、貪狼入疾厄宮，入廟旺，主易罹呼吸、泌尿、生殖系統疾患。入陷，與火、鈴、擎羊、陀羅同宮，除有上述疾患外，更有眼疾、手足、痔疾。

○武曲、天相入疾厄宮，易罹皮膚病、筋肉疼痛、骨痛。與擎羊、陀羅、火、鈴，破相，有暗疾。

○武曲、七殺入疾厄宮，主有血行不良、循環系統之疾患，易遭手足傷殘。

○武曲、破軍入疾厄宮，主易罹目疾、腦神經系統之患。

○天同星

天同入疾厄宮者，少因疾病而煩惱。易罹腸胃、消化器、泌尿器、感冒等疾患。

（症狀）胃痛、胃酸過多、食慾不振、消化不良、便秘、下痢、腸炎、膀胱炎等。

○天同、太陰入疾厄宮，主易罹貧血、消化不良、血行不良、耳炎等疾。

○天同與巨門同入疾厄宮者，易罹食道、口腔、語言障礙等疾。

○天同、天梁入疾厄宮，易患血行不良、新陳代謝障礙。

○廉貞星

廉貞入疾厄宮者，主其人易患心臟、循環器、腦神經系統之疾。

（症狀）頭痛、失眠、高血壓、神經痛、緊張、夢悸、神經過敏、恐怖、恐懼、自慰過度、自戀傾向等。幼時多有腰足之患。

○廉貞、天府入疾厄宮者，災少，健康佳，易罹消化系統疾病。

〇廉貞、貪狼入疾厄宮者，主罹腎臟、泌尿器、生殖器、性病、痔疾、生理不順等疾患。

〇廉貞、天相入疾厄宮者，健康佳，災少。易罹皮膚、消化器疾病。與火、鈴、擎羊、陀羅、化忌同宮，則主罹糖尿病。

〇廉貞、破軍入疾厄宮者，主罹泌尿、生殖器疾病。

〇天府星

天府入疾厄宮之人，少災，故少因疾病而煩惱。縱有疾病亦逢良醫診治，恢復迅速。以脾臟、胃等消化器、筋肉腫等部份較弱。

(症狀)消化不良、食欲不振、便秘、下痢、有倦怠感、口渴、流汗、手足關節疼痛、胸悶、面呈橘黃色、小便爲紅黃色而量少、舌苔呈黃色。

〇太陰星

太陰入疾厄宮者，主易罹腎臟、泌尿器、生殖器、腰及下腹部之疾患。

(症狀)腰疼、腹痛、耳鳴、早漏、多尿、便秘、下痢、生理不順、視力衰退。

〇貪狼星

貪狼入疾厄宮者，主易罹腎臟、泌尿器、生殖器、腰、性病及下腹之疾患。

（症狀）腰痛、腹痛、多尿、耳鳴、四肢疼痛、早漏、血行不良、倦怠、生理不順等。

舌痛、食欲不振等。

〇巨門星

巨門入疾厄宮者，主易罹胃腸、消化器等疾患。

（症狀）腸炎、胃炎、胃酸過多、胃痛、下痢、便秘、消化不良、耳炎、耳鳴、齒痛、

〇天相星

天相入疾厄宮者，少災，少因疾病而煩惱，易罹水腫、浮腫、皮膚病。

（症狀）過敏性皮膚炎、水蟲、黑斑、寄生蟲、白癬菌症。

（註）水腫計有傷風水腫、傷濕水腫、腎虛水腫、脾虛水腫四種。本疾因體內水份過多而引起。其原因爲久居潮濕之地，發汗遇風而起，或因營養不良而起。且伴有膀胱疾患、頻尿，尿液呈清白色，下腹伸張，排尿困難，尿液呈紅黃色等症狀。

〇天梁星

天梁入疾厄宮者，災少。主易罹肝臟、肺臟、消化器系統之疾患。

（症狀）消化不良、食欲不振、倦怠、胃痛、便秘，舌苔略成黃色帶味、失眠、齒痛、眼痛等。

（註）天梁居亥、巳宮者，主有因細菌感染，而致血液汚濁。

○七殺星

七殺入疾厄宮者，幼時多罹疾病。易罹支氣管、肺臟呼吸器系統、肝臟等疾患。

（症狀）咳嗽、扁桃腺炎、感冒、喘氣、支氣管炎、痰、血痰、背痛、腰痛、筋骨疼痛、大腿疼痛等。

○破軍星

破軍入疾厄宮，主幼時多遭手足傷殘，或易罹病。成長後易患腹部、泌尿器、生殖器系統之疾。

（症狀）腰痛、腹痛、多尿、夜尿、早漏、生理不順、婦人病、耳鳴、視力衰弱、神經衰弱、筋骨疼痛、盜汗等。

（註）破軍入疾厄宮之男命，主有夢遺、早漏、分泌物過多之傾向。女性則多有黃帶、白帶，並有異味，主因感冒風邪侵入細胞，致血液受損而起。古人一說，因居家不潔，幼時易罹痲瘋病。

○文曲星、文昌星

文曲、文昌入疾厄宮，主易患大腸、肺臟、肝膽之疾患。上述疾患卽爲「三焦病症」。

以人體分上中下三部份。上焦包括手、肺之厥陰心包經;中焦包括陽明胃經、足之太陰脾經;下焦包括足之少陰腎經、足之厥陰肝經。三焦主使陽氣運行至全身,而生活動力。文昌、文曲入疾厄宮者,主三焦虛弱。

(註)文曲入疾厄宮,易患膽病,或生淡黃色雀斑、黑痣。

文昌、文曲二星之症狀,多因飲食不規則,生活習慣紊亂不正常,致身體不調而起。

○左輔星

左輔入疾厄宮,以脾胃較弱。除與擎羊、陀羅、火星、鈴星、地刼、天空同宮外,所罹疾患症狀輕微。

○右弼星

右弼入疾厄宮者,易罹上火下寒(上半身悶熱而下半身寒冷)之疾。本疾因喜、怒、憂、思、悲、恐、驚,七情不穩,致精神衰弱而起。

右弼除與擎羊、陀羅、火星、鈴星、地刼、天空同宮外,其疾症狀輕微,不致引憂。

○火星、鈴星

幼時多有傷殘,成長後少因疾病而煩惱。

入廟則健康災少。落陷,與七殺、破軍、貪狼同宮,主罹慢性疾病、皮膚病。

〇祿存星

祿存入疾厄宮者，以脾、胃較弱。幼時多病多災。除與擎羊、陀羅、火星、鈴星、地刼、天空同宮外，所罹之疾症狀輕微，可保健康。

〇擎羊星

擎羊入疾厄宮者，以頭部、大腸較弱。症狀爲口歪、眼斜、四肢疼痛等。

〇陀羅星

陀羅入疾厄宮者，以肺臟爲弱。多因頭癬而困惱。頭癬可分風症、濕症二種。風症症狀爲脫髮、無痛癢感，大小頭皮逐次聚成一片；濕症爲頭皮呈顆粒狀、奇癢，搔後流有黃汁。

（註）擎羊、陀羅二星入疾厄宮，主幼時多災，多生疾病、傷害，成長後程度較輕，落陷地，與七殺、破軍、貪狼同宮，主遭意外傷殘及急患。

如顏面留有傷痕，則可延壽。

〇天魁星、天鉞星

天魁、天鉞入疾厄宮者，以脾、胃、肝膽較弱。除與擎羊、陀羅、火星、鈴星、地刼、天空同宮，則症狀較輕，少因疾病而煩惱。患病主可逢良醫，可受貴人相助而無礙。

〇地刼星

地刧入疾厄宮者，主有眼花、暈眩、手足之疾患。

〇天空星

天空入疾厄宮者，易罹上火下寒（上半身悶熱，下半身寒冷）之疾。

〇化祿星

易罹脾、胃疾患。

〇化權星

易罹肝臟之疾患。

〇化科星

易罹膀胱之疾患。

〇化忌星

易罹腎臟之疾患。體質虛弱、多病、易疲勞、倦怠。抵抗力弱，與七殺、破軍、貪狼、廉貞、巨門同宮，易逢手足、頭、背傷害，及急症。

〇天刑星

天刑入疾厄宮之人，易罹支氣管、肺臟、鼻、呼吸系統之疾患。

第六節　遷移宮

○紫微星

紫微入遷移宮者，主對外關係良好，可受友人、長上助力，而獲名聲、地位。可繼承家業，宜赴外地發展事業。喜外出旅遊，可滿足其好奇心，生活快樂。

紫微、天府、天相入遷移宮，宜赴外鄉，主受貴人之助，事業發展順遂，可得財。

紫微、貪狼、破軍入遷移宮，宜赴外地，交遊廣濶，尤受異性助力大，事業發展順遂。

紫微、七殺入遷移宮，宜赴外鄉，可因特殊機緣而獲重權，事業成功。

紫微、文曲、文昌、左輔、右弼、天魁、天鉞入遷移宮，宜赴外鄉，可受貴人之助，實益頗多，事業發展順遂。

紫微、火星、鈴星、擎羊、陀羅、地刼、天空入遷移宮，主赴外地外鄉易遭挫折障礙。然終可達成，化凶爲吉。

○天機星

天機入遷移宮者，宜赴海外、外地，主有發展之運。天機入廟旺者，可獲貴人助力，而致意外成功。落陷則爲順應外地生活習慣而苦勞，晚年方得安定。

天機、太陰入遷移宮，至外地外鄉，多辛苦奔波，精神難望安樂，然終可發展事業。

天機、巨門入遷移宮，赴外地外鄉多變動，雖有苦勞，終有發展。

天機、天梁入遷移宮，宜赴外地外鄉，甚有發展。

（註）天機與文曲、文昌、天魁、天鉞、左輔、右弼同宮者，主受貴人之助，縱遇困難，亦可解決。

天機與火星、鈴星、擎羊、陀羅、地刼、天空同宮者，以巧藝安身，否則多苦勞，難望安定。

○太陽星

太陽入遷移宮之人，多支出，對外關係良好，外出運佳。多友人、知己，廣受歡迎。宜赴遠方，可受貴人之助，必可成功得財。女命太陽入遷移宮，赴外地外鄉，主與異性接觸頻繁。太陽落陷，赴外地難生利益，精神多苦勞，外出所費不貲。

太陽、太陰入遷移宮，變化多端，職業多變，終日忙碌，然有發展。

太陽、巨門入遷移宮，赴外地外鄉身心多苦勞，且易遭激烈競爭，然終可獲勝，發展順遂。

太陽、天梁入遷移宮，其人主富事業心、行動力，宜赴外地，事業發展順遂。

（註）太陽與文曲、文昌、左輔、右弼、天魁、天鉞入遷移宮者，雖多忙碌，然可受多人之助，事業終可發展。

太陽與火星、鈴星、擎羊、陀羅、地刼、天空入遷移宮者，主多勞而少有報酬，然事業終可發展。

○武曲星

武曲入遷移宮，宜赴外地外鄉，多活躍，然常逢競爭對手。主鬧中安身，不宜靜守。武曲入廟旺，對外關係良好，交際廣泛，可獲意外成功。落陷地，雖可得財利，然可遭精神壓迫，或因支出龐大而煩惱。

武曲、天府、天相入遷移宮，主出外地可經營大企業，並握擁財富、權力。

武曲、貪狼入遷移宮，赴外鄉可受異性助力而招財。初始辛勞，後必安定。

武曲、七殺入遷移宮，赴外地，無論成功失敗皆早發。

武曲、破軍入遷移宮，赴外地主以巧藝安身。宜從事投機事業，可發展順遂。

（註）武曲與文曲、文昌、左輔、右弼、天魁、天鉞入遷移宮者，主人際關係良好，凡事皆可蒙其益，而獲財富、名譽。

武曲與火星、鈴星、擎羊、陀羅、地刼、天空入遷移宮，主赴外鄉，經營事業而損財。

或罹傷殘疾病，多勞苦。

〇天同星

天同入遷移宮之人，主外出運佳，宜赴外地，主受衆人歡迎，可獲貴人、有力者資助而事業發展成功。其人適應性強，所行之處均可適應，生活快適。天同入遷移宮者，性喜大自然，身心可得調合。

天同、太陰入遷移宮，主人際關係良好。外出尤可得異性助力，俾使事業發展，生活快適無憂。

天同、巨門入遷移宮，外出不宜多勞苦。生活難望安定，機運遲至。

天同、天粱入遷移宮，出外可受長上、貴人提拔，事業雖有發展，然精神多緊張。

（註）天同與文曲、文昌、左輔、右弼、天魁、天鉞入遷移宮，赴外鄉主事業發展順利，可得財富、名聲，多為白手起家。縱遇困難可得貴人助力，而獲解決，可享喜樂。

天同與火星、鈴星、擎羊、陀羅、地刼、天空入遷移宮，外出多障礙，勞苦終日，然事業終必有發展。

〇廉貞星

廉貞入遷移宮之人，宜赴外地、遠方，主可繁榮。其人縱可繼承祖業，亦不得發展。外出交際廣，可受貴人援助而成功。如從事外交、活動頻繁事業，必可發揮才能。

廉貞、天府入遷移宮者，外出可經營大事業，而獲致財富、地位。

廉貞、貪狼入遷移宮者，宜經營富於變化之事業。外出可受異性助力而發展。

廉貞、天相入遷移宮者，外出主自營事業，初多勞苦，後可受貴人資助，而事業發展順遂。

廉貞、七殺、破軍入遷移宮者，外出生活多變化，以巧藝安身，可獲發展。

（註）廉貞與文曲、文昌、左輔、右弼、天魁、天鉞同宮，赴外鄉宜從事投機事業，主有發展。尤受異性助力大，可獲意外成功。

廉貞與火星、鈴星、擎羊、陀羅、地刼、天空入遷移宮者，主遭突發之事態，因涉及法律問題，或起異性糾紛，而招刑獄，或錢財損失。

○天府星

天府入遷移宮之人，外出良好，主受貴人提拔，而獲高位、厚財。天府星人，個性剛毅，不甘受人束縛。與其保守家業，莫如選擇投機事業，歷經困難方可成功。

○太陰星

太陰入遷移宮者，宜赴遠方發展，可受貴人援助而獲財。尤與異性緣佳，並受其助力。

然太陰落陷，則不在此限，其人易與人起衝突、對立、不睦，而頻臨困難。

〇貪狼星

貪狼入遷移宮之人，外出多忙碌，與異性緣厚，性喜酒食。宜鬧中生財，靜守不宜。貪狼入廟旺者，可獲異性助力而得財。落陷則因異性而起問題。

〇巨門星

巨門入遷移宮之人，外出運不佳，精神欠安定，易與人起衝突、對立。巨門入廟旺者，可得大財。落陷則須經勞苦，方可成財。外出長期旅遊，恐因食物、飲水而罹消化器疾病，宜注意。

〇天相星

天相入遷移宮者，可外出。赴外地、遠方主可發揮才能。可獲貴人援助，而致事業發展順遂。廣結人緣，多酒食歡談。事業上可獲意外成功，突破困境。

〇天梁星

天梁入遷移宮者，外出主受尊長特殊提拔、援助，致事業發展順遂，而獲聲名。工作、生活喜求變化，單調則難發揮才能。天梁落陷，須歷經苦勞方可成功。

〇七殺星

七殺入遷移宮之人，宜赴外地，主工作、生活變化頗大。七殺入廟旺，可突然成功。落陷則至晚年，方得安定。易順應外地生活。

○破軍星

破軍入遷移宮者，主外出生活不安定，勞心不絕，花費巨貲。破軍入落陷，主罹疾病，或生不利事情。與四殺、化忌、天空、地刼同宮，以巧藝安身，則生活富裕。

○文曲星、文昌星

文曲、文昌入遷移宮者，外出可獲貴人助力，主可發展特殊才能。社會評價高，早得名聲。

○左輔星、右弼星、天魁星、天鉞星

左輔、右弼、天魁、天鉞入遷移宮者，不論外出、離鄉，主遭劇烈競爭而得勝，早可展露頭角。多受貴人助力，事業繁榮、順利。財富、地位可兼得。

○擎羊星、陀羅星

上述二星入廟旺者，外出金錢收入豐裕。落陷則外出運不佳，易遭人嫉妒、排斥，陷於不利狀態。時逢意外、災厄。

○火星、鈴星

火星、鈴星入遷移宮，居廟旺之地者，外出須竭盡心力方可得財。落陷則對外關係不佳，主招誹謗、中傷、精神打擊。

〇天空星、地劫星、化忌星

天空、地刦、化忌入遷移宮者，主生性勤奮，可獲極高評價。然可遭競爭對手誹謗、中傷而致煩惱。外出運不佳，赴外地外鄉難得繁榮。宮內主星成廟旺，則經艱難辛勞後，可獲成功。

〇化祿星、化科星、化權星

化祿、化權、化科入遷移宮者，主外出運佳，宜赴外地、外鄉。外出多成功發展機會，可獲財富、地位，早現頭角。

〇紅鸞星

紅鸞入遷移宮者，對外關係良好，可獲僥倖之惠。與異性緣佳，可受異性助力而發展。

〇天姚星

天姚入遷移宮者，無論是否外出，皆可得貴人之助，廣結人緣，受人歡迎。

〇天馬星

天馬入遷移宮者，主一生多外出、旅遊。與吉星同宮，赴異鄉早成功，可得財富、名聲、地位。與凶星同宮者，則苦勞而無報，主精神欠安定，願望難達，一生流離顛沛。

第七節　奴僕宮

①論奴僕宮之吉凶時，須併觀對宮之兄弟宮。

判斷奴僕宮諸星之配合吉凶，與兄弟宮相同，故可參閱兄弟宮一章。紫微斗數重兄弟宮之原因爲本宮諸星之配置，可應用解釋於奴僕宮、子女宮、父母宮。詳情請見兄弟宮，故不再贅述。

②奴僕宮所示者，僅爲與友人、部屬間之普通關係，而非職業上或事業之關係，有關此部份，請詳見官祿宮。

③奴僕宮內多吉星者，與部屬、友人關係良好，可獲助力。

奴僕宮多凶星者，與部屬、友人關係不佳，難有助力，反得其害。

④論奴僕宮之吉凶時，須重左輔星、右弼星。左輔、右弼入命宮、身宮、財帛宮、遷移宮、官祿宮、福德宮，與本宮冲照、加會者，主受友人、部屬助力。

○紫微星

紫微入奴僕宮者，主人際關係良好，廣結人緣。可得友人、部屬協力，致事業發展順遂，並獲巨財。如行限爲凶，則部屬急於表現，威脅於己。少得協力，宜從事其他事業，可繼續發展。

紫微爲帝座之星，不宜入奴僕宮，故吉凶相半。

○天機星

天機入奴僕宮，居廟旺之地，主受友人、部屬協力而致發展。落陷則易招友人、部屬反感、怨尤。

○太陽星

太陽入奴僕宮，居廟旺之地，主得友人、部屬助力，事業經營順遂而成財。落陷則難得助力，終必意見對立，反目而去，因部屬而浪費、困惱。

○武曲星

武曲入奴僕宮之人，主得衆人協力，一呼而百人諾，人際廣而關係良好，事業發展順遂。武曲入廟旺者，須徹底駕馭部屬，否則易意見相左起衝突，終致難以協調，不可收拾。

○天同星

天同入奴僕宮之人，人際關係佳，無障礙。多受友人、部屬支援，而事業發展成功。

○廉貞星

廉貞入奴僕宮者，主多受異性助力。與同性之友多成對立、不睦。

〇天府星

天府入奴僕宮者，可受友人、部屬助力而成巨富。交友廣泛，主有權力地位，縱遇困難，可得衆人支援而無憂。

〇太陰星

太陰入奴僕宮者，主人際關係良好，可得友人、部屬協力，事業成功，而獲名聲高位。多受異性助力。縱遇困難主有貴人相助，不致爲憂。

〇貪狼星

貪狼入奴僕宮者，交友廣，性喜酒肉食色，多因異性而生問題。貪狼落陷，主受友人、部屬妨害、欺詐，而遭失敗。

〇巨門星

巨門入奴僕宮者，易與友人、部屬起衝突，難得協力。巨門落陷，缺乏管理部屬之能力。

〇天相星

天相入奴僕宮者，可得有力友人、部屬之助力，事業發展順遂。主與財政要人交遊，可獲其恩惠，致使事業繁榮順調。

〇天梁星

天梁入奴僕宮者，多友人、部屬，且助益良多。年輕者重人情尤勝於利益。性喜助人，不惜鼎力相助。

〇七殺星

七殺入奴僕宮，主其人性激烈、剛毅、傲慢。部屬、友人多具謀略之才。然意見易對立，招致不和。七殺落陷，主難以統制部屬，事業多失敗。

〇破軍星

破軍入奴僕宮，居廟旺之地，主得友人、部屬助力，事業順利。落陷則與友人、部屬關係不良，易起磨擦，而致怨懟、憎恨。

〇文曲星、文昌星

文曲、文昌入奴僕宮者，主擅長人事管理，受部屬之惠頗大。

〇天魁星、天鉞星、左輔星、右弼星

上述各星入奴僕宮者，主人際關係良好。多受友人、部屬協力。與貴人交際，可受援助。

○擎羊星、陀羅星、火星、鈴星、天空星、地刼星、化忌星

上述各星入奴僕宮者，主與友人、部屬關係不調合，易起意見紛爭。各星入廟旺者，循漸管理，或可受部屬助力。落陷則主有妨害，易起對立、無助。

○化祿星、化權星、化科星

化祿、化權、化科入奴僕宮者，主對外人際關係良好，可得友人、部屬助力，發展事業。其人重信用，受人歡迎，而致繁榮。

○祿存星

祿存入奴僕宮者，可得富友助援，部屬助力亦大，事業得以發展。人際關係良好，廣結人緣，受人歡迎，主有幸運。

第八節　官祿宮

觀官祿宮可知個人事業之吉凶成敗，人際關係之良否，與職業運等。其應注意事項如下：

①官祿宮非爲選擇適任職業之絕對標準，一般而言，亦可依命宮內諸星之配置，而加以選擇。如以官祿宮爲選擇職業標準時，則須併論身宮，或須先察官祿宮諸星之配置，如勝於

財帛、遷移宮者亦可，否則難以取爲判斷職業之標準。

②判斷官祿宮之吉凶，須併論命宮、夫妻宮、財帛宮內諸星與配合。

③本章所述內容，上至與上司，下至與同事之人際關係所涉及範圍，以工作、職業之人際關係爲主。本章所擷內容精深獨到，爲其他類書中少見。工作之人際關係良否，主可決定個人所獲評價與地位的高低，其中尤以男子爲甚，此處不再贅言。從事自由業者，亦可依官祿宮所示，知其事業上的人際關係，並具相同的重要性。

〇紫微星

紫微入官祿宮者，早有發展之運，學生時即可發揮領導能力，出入社會可早任重職，具優秀管理能力。

與上司、主管關係良好，並獲人信賴。可受部屬欽羨、尊敬及助力。

〇紫微與天府入官祿宮者，可於政治、工商、企業、投資、建設界發展，主擁大權，必可成功。早年即受大衆肯定。

〇紫微、貪狼同入官祿宮者，主事業起伏大，多轉職機會。不適任平凡單調，及小規模事業。宜從事投機性、大規模事業、推銷高級品，或與異性有關之工作亦合適。

○紫微與天相入官祿宮者，主可經營大企業，並可握擁重權，實力雄厚。金錢運用出入額巨。可得部屬助力而致成功。

○紫微、七殺入官祿宮者，早年事業不安定，中年後則財富、權力集於一身。多任職於大企業中，從事管理部屬工作。

○紫微、破軍入官祿宮者，主與上司不睦。然與部屬關係良好，可獲助力。事業可遽然成功，宜從事具投機性事業。

○紫微、文曲、文昌、天魁、天鉞入官祿宮，主一生事業運佳，具僥倖之運。與上司、部屬、同僚間關係良好，可握時機而成功。多受友人、上司助力。

○紫微、火星、鈴星、擎羊、陀羅、地刼、天空、化忌入官祿宮者，主事業過程，或工作上可遭挫折、失敗，然不致引憂。

○天機星

天機入官祿宮者，性喜自由，不喜受拘束，宜從事自由業。其人主具高度智慧、技藝高超。擅長企劃、處理、創作。

工作能力可獲上司好評，宜就任高級管理之職。

雖與部屬關係良好，然可爲庇護部屬而招損。

適任於學術、教育、藝術、出版、採訪等工作。亦適任於公務員、企畫、研究、管理、經營、會計之職，或與宗教、木材、紙有關之工作。

天機入廟旺者，主具才能，並獲人肯定而成功。

天機爲平和，主才能受人肯定，然多轉業、轉職，缺乏安定性。

天機入陷地者，主有難以施展才華之嘆，或有失職之虞。

○天機、太陰入官祿宮者，主事業多變化，早年多轉職轉業。然具獨然創解，而促使企業日益發展。可受知人、友人助力而發展。

○天機、巨門入官祿宮者，主事業過程中，可受尊長友人助力，然不宜從事管理之職，恐遭部屬反目，而致損失。宜從事研究新產品之開發。

○天機、天梁入官祿宮者，早可就任管理之職，或具輔佐才能。不喜受上司拘束，性格豪放，可得部屬強力支持。多受上司信賴，於事業推展過程中，可得助益。

○天機、文曲、文昌、左輔、右弼、天魁、天鉞入官祿宮者，可得社會名聲、高位。然財富不豐。主爲學術、團體巨擘。

○天機、火星、鈴星、擎羊、陀羅、地刼、天空入官祿宮者，多勞苦少報酬，尤不適任管理之職，易與部下不和，或起衝突。

○天機、化忌入官祿宮者，主才能受人忽視，不受注目，多勞苦，行事多妨害。

（註）天機、太陰入寅申宮者，皆爲吉兆。天機、巨門入卯酉宮者，以卯宮爲吉。天機、天梁入辰戌宮者，以辰宮較戌宮爲吉。

○太陽星

太陽入官祿宮者，主事業運變化多端。從事多項經營，業務範圍廣泛。太陽入廟旺，與居陷地、不得地，兩者吉凶相差甚巨。適宜就任穩重踏實工作，亦宜經商、文化工作，所任職業範圍甚廣。如學術、藝術、藝能、政治、經濟、土木、建築、金融、交通、旅行、廣告、出版、傳播、採訪等皆適宜。

太陽入廟旺者，事業早興，發展順利，可就高職，負責管理工作。太陽入不得地、落陷者，早年因工作而多勞苦，縱有名聲，然難得財。中年後方得安定。

○太陽、太陰同入官祿宮，主早年事業多變化，轉職轉業頻繁。宜從事出版、採訪、傳播、廣告、旅行、推銷等富於變化之職業。中年後方可安定，可就高位而招財。

○太陽、巨門同入官祿宮，主可發揮企畫、分析能力，並獲上司信賴。事業競爭對手雖多，然終可獲致成功。

○太陽、天梁入官祿宮，主事業亨通，發展順利。工作能力卓越，可受上司信賴而得社會名聲。因名聲、信用具佳，更致事業日益發展。

○太陽、文曲、文昌、左輔、右弼、天魁、天鉞入官祿宮者，早可成功，可得社會之評價，然易轉業。縱遇太陽入不得地、落陷亦可逢凶化吉，爲良好之命式。

○太陽與火星、鈴星、擎羊、陀羅、地劫、天空入官祿宮者，主事業易遭困難，多勞苦。所遇僱主多嚴苛，雜務繁多，少得財富。太陽入廟旺，則不在此限。入不得地、落陷，其傾向較強。

○太陽、化忌同入官祿宮，如臨廟旺之地，則可獲致意外成功。落陷、入不得地，一生中主遭一回大敗。然勇於面對逆境，終致成功。

（註）太陽、太陰同宮（丑未宮），吉凶皆同。

太陽、巨門入寅申宮者，寅宮吉運較長。居申宮則進退起伏不定，難得安定。

太陽、天梁入卯酉宮者，以卯宮爲吉，主具發展性。酉宮則爲平常命式。

○武曲星

武曲入官祿宮者，早年握擁權力。學生時代卽受衆人矚目，具統率領導能力。出社會後行事果敢，富行動力，故可早露頭角。多受同僚、部屬羨慕、尊敬，並可獲得助力。性不喜受人拘束，故與上司關係不良。工作少遇障礙，早可成功受人羨慕。

武曲入官祿宮人，重財勝於名聲、地位。適任一般商業，尤以銀行、金融、企業、土木、建築、重工業、機械、軍警、運動，與金屬有關之職業爲佳。

○武曲、天府入官祿宮者，主熱心事業，巧於處理事務。宜經營大規模企業。與上司、部屬關係佳良，事業富發展性。

○武曲、貪狼入官祿宮，主職業頻變。早年多起伏，不安定。卅歲後有機運造訪。如從事一般工作，恐有不正違法行爲。

○武曲、天相入官祿宮，早可握有權力，事業亨通，並獲上司提攜、部屬尊敬，宜從事大事業，或於大企業中任職。

○武曲、七殺入官祿宮者，事業多起伏變化。離祖外出主有發展。宜從事投機性事業，或具流動性之交通、運輸、貿易工作；軍、警、運動員亦合適。

○武曲、破軍入官祿宮，主事業多曲折、變化。早年難安定，易遭挫折、障礙。中年後以巧藝安身可獲成功。宜離鄉外出可獲發展。

○武曲、文昌、文曲、左輔、右弼、天魁、天鉞入官祿宮者，主事業運旺盛，極具發展。

○武曲、火星、鈴星、擎羊、陀羅、地刼、天空、化忌入官祿宮者，主事業難有進展，易逢詐欺之事，因起訴訟而失敗。

○天同星

天同入官祿宮者，宜於自由，不受拘束環境下工作。難以管理指揮部屬；如任管理之職，則難發揮能力。

與上司關係良好，對部屬具同情心，然因過度庇護，而自招苦勞。

早年事業欠安定，多轉業、轉職。中年後可待好機，而遽發成功。

適任具社交性職業，如旅遊、服務業。亦適任於飲食、雜貨、百貨、裝飾、廣播、採訪、電影、及一般銷售等工作。

○天同、太陰入官祿宮者，宜從事文化、藝術、學術、藝能等工作。事業順調，可獲衆人支持，然須先經一番競爭。

○天同、巨門入官祿宮，早年事業不安定。少受器重，或多爲人利用，與上司不睦。然可受部屬欽慕，多受同僚之助。

○天同、天粱同入官祿宮，宜從事於富社交性、變化性之職業。不適於管理之職。中年後主得貴人助力，而發展順遂。

○天同、文曲、文昌、左輔、右弼、天魁、天鉞入官祿宮者，主多得賢達之士助力，事業可發展成功，並具社會地位名聲。

○天同、火星、鈴星、擎羊、陀羅、地刼、天空、化忌等入官祿宮者，主事業多障礙挫折，須經磨練方得成功。

（註）天同、太陰同入子午宮，以子宮爲吉，主得名聲地位，午宮則於成功，件有勞苦。天同、巨門同入丑未宮者，吉凶皆同。天同、天梁同入寅申宮者，吉凶亦同。

○廉貞星

廉貞入官祿宮者，主其人重工作效率，可發揮卓越統率力。服從命令，對上司忠誠竭力，對部屬具包容力，善激勵士氣，發奮自立，自然可早獲成功。尤適任高級主管，事業順調。

適任一般商業，及重工業、機械、船舶、車輛、精密機器、電器等工作。美容、娛樂、高級品或女性用品之推銷亦極適宜。

○廉貞、天府入官祿宮者，主早年事業不定安。中年後宜赴外發展，可獲意外成功。

○廉貞、天相入官祿宮者，性喜自由，不受束縛。不好管理部屬，或受上司拘束。然事業運順調，可受尊長莫大助力。

○廉貞、七殺入官祿宮者，事業多起伏變化，與部屬關係良好，然與上司不佳。所受助力多來自友人。宜離鄉外出，可獲成功。

○廉貞、破軍入官祿宮者，主以巧技安身，早能成功，不甘居人之下。與部屬關係不佳，然易與上司起對立、爭執。不適任一般商業。

○廉貞、文曲、文昌、天魁、天鉞、左輔、右弼入官祿宮者，主具卓越統率力、經濟手腕。早可成功，得社會高位。

○廉貞、火星、鈴星、擎羊、陀羅、地刼、天空、化忌入官祿宮者，主推展事業易遭意外災厄，難望發展。

○天府星

天府入官祿宮者，早可就任高位，事業運主有僥倖之惠。多不勞而獲，掌經營大權，並致意外發展。可受上司信賴提拔，及部屬支持。面臨危機，主有貴人扶助。具社會地位、名聲，發展穩健踏實。

適任於政治、工業、礦業、不動產、建築、土地開發、農業、畜牧等事業，並可發展順遂。或可經營商店，就職於大企業中亦佳。

○天府、文昌、文曲、左輔、右弼、天魁、天鉞入官祿宮者，不論就任何種職業，均可發展順遂成功。

○天府、火星、鈴星、擎羊、陀羅、地刼、天空、化忌入官祿宮者，主事業過程多波折起伏，然不致成大害。

○太陰星

太陰入官祿宮者，主適任於思考、企畫職業。不宜從事管理、經營。太陰入廟旺或陷地，兩者吉凶變化甚巨。

太陰入廟旺，事業早獲成功，併受貴人援助、提拔。

太陰入陷地，早年事業多苦勞，而少有報酬。須經努力，方可受人肯定。

適任於研究、企畫、設計、藝術、藝能、學術；亦適宜從事餐飲、寶飾、高級品、旅行、娛樂、百貨，及動產、不動產、建築、施工、農業、畜牧等職業。

○太陰、文昌、文曲、左輔、右弼、天魁、天鉞入官祿宮者，可獲社會高位、名聲。多受部屬支持，然難適任於管理職務。太陰不論入廟旺，或居陷地，與上述諸星配置，皆以吉論。

○太陰、火星、鈴星、擎羊、陀羅、地刼、天空、化忌入官祿宮者，入廟旺雖有困難挫折，然可轉凶爲吉。居陷地，主事業多苦勞，不安定，不受重視，工作環境多惡劣。

○貪狼星

貪狼入官祿宮者，事業起伏多變，不適於單調、穩定及一般職業。喜從事自由，不受束縛，具變化，富投機、冒險性之職業。工作時易與上司起爭執、對立。或因管理部下而遭困惱。

貪狼入廟旺者，主事業早發展，可獲意外成功。

貪狼爲平和，可立卽順應事業變化。常轉職、轉業，事業不安定。

貪狼落陷地，主從事多種職業，方可發展。可因異性起紛爭事端，或行爲不正受罰。適任於飲食、服裝、寶飾、旅行、娛樂、演藝、戲劇、歌舞、模特兒、觀光、高級品、女用品、社交性之推銷，其他凡與木材、紙、布有關之職業，亦適任。

○貪狼、火星、鈴星、左輔、右弼、天魁、天鉞入官祿宮者，主事業發展中，可受友人、異性助力，並可早收意外成功。

○貪狼、文曲、文昌、擎羊、陀羅、地刧、天空、化忌入官祿宮者，主事業過程中易遭障礙、痲煩。

○巨門星

如從事一般商業多不安定。從事藝能、社交、旅行、觀光事業可望有所發展。

巨門入官祿宮者，不宜從事具社交性、協調性之工作。宜從事企畫、研究之職。工作中易與上司意見不一，而起衝突。或因庇護部屬，而遭損失、困惱。早年有勞多功少傾向，事業不安定。中年後則可待機發展。

巨門入廟旺者，苦勞後可成功，並獲社會地位、名聲。

巨門落陷，則事業競爭多對手，故宜以巧技安身。早年多勞苦，頻頻轉職。

適任於學術、技術、法律、設計、創作、醫療、教育、企畫、廣告、評論等研究。

〇巨門與文曲、文昌、左輔、右弼、天魁、天鉞入官祿宮者，可創立新學說，或研究開發有成，事業可成功，並獲社會名聲，然吉運較遲。

〇巨門與火星、鈴星、擎羊、陀羅、地刼、天空、化忌入官祿宮者，主事業發展易遭挫折、困難。工作上難獲上司好評，多困惱。

〇天相星

天相入官祿宮者，早年運佳，可握擁權力。學生時代卽早露頭角，擔任要職。出社會可受上司賞識提拔，就任高位。事業發展多有僥倖之惠。多與有力、有地位之人親近。

其人與上司、同僚、部屬關係良好，並可受其助力，事業得以發展。尤擅長處理煩雜問題。

適任於政界、醫藥、法律、教育、會計、秘書、慈善事業、社會福利、救濟、保育、組織幹部、理事等職務。

○天相、文曲、文昌、左輔、右弼、天魁、天鉞入官祿宮者，不論任職於公、私營企業中，均有所成就，並獲成功。

○天相、火星、鈴星、擎羊、陀羅、地刼、天空、化忌入官祿宮者，主事業易遭挫折，然可受上司、尊長援助，不致生危害。

○天梁星

天梁入官祿宮者，早可就任重職，爲人心細，善於處理難題，評價頗高。

不厭辛苦，工作勤奮，頗得上司信賴。因寬宏對待部屬，偶遭勞苦。事業發展中，勇於面對問題。雖不免有勞苦，然可獲意外成功。與上司、部屬關係良好。

適任於醫院、衞生所、藥局、製藥廠、醫療機器、醫師、護士、衞生機關等。亦適任於理事、政界、律師、司法官、慈善事業、救濟活動、幼教、孤兒院、社會福利事業，其他如學術、藝術、宗教等亦適合。

○天梁、文曲、文昌、左輔、右弼、天魁、天鉞入官祿宮者，可於政治、勞工組織、法律、醫療、大規模企業、團體中展露頭角，受人尊敬。

○天梁、火星、鈴星、擎羊、陀羅、地刼、天空、化忌入官祿宮者，主事業多挫折、妨礙、勞苦，然終可化凶爲吉。

○七殺星

七殺入官祿宮者，宜選擇自由、不受束縛之職業，早可就任管理職務。然易與上司起衝突不和或紛爭，亦受制於部屬。多不滿所任工作。早年事業多起伏變化，難望安定。中年後事業發展順調。宜離鄉外出，可獲成功機會。

不適任安穩、平凡職業，宜從事富冒險、變化、投機性職業，如證券公司、投資公司、運動員、警、軍、漁、狩獵、探險、土木、建築、重工業、航空、海運、鐵運、旅行、外科醫生、鬪士等。

○七殺、文曲、文昌、左輔、右弼、天魁、天鉞入官祿宮者，早可統率部屬，握擁權力，居高位。

○七殺、火星、鈴星、擎羊、陀羅、地刼、天空、化忌入官祿宮者，主事業多起伏變化，且不安定。可就任特殊職業，可歷經挫折而遂發展。

○破軍星

破軍入官祿宮者，主事業富變化，不宜從事一般商業，難望安定。不適任管理部下之職。

常與上司不和，然其人精明幹練，頗得老板賞識，可得部屬羨慕及助力。發展事業幾遭困難，然可憑毅力，一一克服而致成功。離鄉外出可得良機，難有僥倖成功之機運，皆賴實力而來。

適任於警察、軍人、探險、飛機、車輛、輪船等運輸、旅行、交通、觀光、宗教，變動頻繁之職業，亦極適任。

○破軍與左輔、右弼、天魁、天鉞入官祿宮者，主獲意外之成功，受人羨慕。

○破軍與文昌、文曲、擎羊、陀羅、地刧、天空、化忌入官祿宮者，主事業發展過程中，多遇障礙、挫折，然終可克服，而獲發展。

○文昌星、文曲星

文昌、文曲入官祿宮者，巧於處理事務及人事管理。計劃縝密，準備周到，富實行力，可受上司良好評價。事業過程平穩順調，可得社會地位、名聲。

適任於文化、宗教、學術、藝術方面之工作。

○火星、鈴星

火星、鈴星入官祿宮者，主發展事業中，苦勞多而功少。待遇菲薄，勞動環境惡劣，易轉職，雖有工作然難長久。尤以早年艱辛困苦，難得安定。工作時恐因放任部屬，而自招困火星、鈴星入廟者，早年因職業多苦勞，而不安定。中晚年可伺良機，而致成功。

火星、鈴星落陷，主不得地位、名聲，一生地位低賤。事業不安定，頻頻轉職，難得信用，常不滿現任職業。

若逢紫微、貪狼，則可減其凶意。

適任於廣播電台、電信局、電力公司、電氣機械、發電所，與電有關之事業。亦適任於瓦斯、化學藥品工業、鋼鐵、造船、建築、計程車、船舶、火車、飛機、運動員、鬪士、探險等重工業、運輸業及須勞力體力之工作。

○擎羊星、陀羅星

擎羊、陀羅入官祿宮者，主事業過程中多障礙、挫折，常惹事端、麻煩。易與上司起對立，或引起部下反感，而迫辭職，或遭減俸之虞。勞動環境苛刻惡劣，命運慘憺。

擎羊、陀羅入廟，宜從事具變動性，且富危險工作，如計程車、船舶、車輛之運輸，運動選手、消防員、電器工程、土木工程、警察、軍人、鋼鐵製造、造船、探險、運動員、鬪士等職業，易較成功。如與吉星同宮者，可就任高位。

擎羊、陀羅落陷，主工作中易遭傷害、事故。從事一般職業，多轉職，不安定。薪俸微薄，工作環境嚴苛、惡劣。勞苦多而功少。與吉星同宮者，凶意微弱，可得地位，難握實權。

〇祿存星

祿存入官祿宮者，主發展事業中，可受物質資助，擅於管理、運用金錢，不喜揮霍、浪費，容易蓄財。事業發展順調，宜經營大規模事業。

適任於銀行、金融、財界。與吉星同宮，不遇火星、鈴星、地刼、天空等凶星者，主具能力，可獲良好評價，就任高位。

〇左輔星、右弼星

左輔、右弼入官祿宮者，主事業早成功，行事具計劃性，人事管理才能優秀，早卽展露頭角，並獲高位。受同僚、友人、部屬助力尤多，而致事業發展。與吉星同宮則更佳；與凶星同宮者，則可減少凶意。

〇天魁星、天鉞星

天魁、天鉞入官祿宮者，主事業早成，凡事熱心，具處理事務能力。可得上司信賴、讚賞，並就高位。縱不苦勞，事業亦可發展順遂。尤以尊長、上司助力頗大，而致事業得以發展。與吉星同宮者更佳；與凶星同宮，則可減其凶意。

○地刼星、天空星

地刼、天空入官祿宮者，以正當方法經營企業，易遭失敗。或任負責之職，亦可遇破敗。事業不穩，轉職頻頻，支出過巨而招損失。具勞多而功少之傾向。

○化祿星

化祿入官祿宮者，擅於運用金錢，而致事業發展擴張。更與祿存、天馬、化科、化權加會者，主獲意外成功。

○化權星

化權入官祿宮之人，主行事愼重，善於計劃，正當經營事業，少失敗。可發揮人事管理能力，掌握權力，獲上司信賴，就任高職。化權與巨門、武曲、化科、化祿加會者，妙不可言，可得意外發展，受部屬尊敬、信賴，並獲好評。

○化科星

化科入官祿宮者，主具收集與職業有關之知識、情報、記錄等才能，並可發揮盡致。頗得上司信賴、讚賞。化科與化祿、化權加會者，亦妙，可獲意外成功。如與地刼、天空、截空、旬空、化忌同宮，縱具才能，亦難發揮，主有懷才不遇之嘆。

○化忌星

化忌入官祿宮者，主事業常遭事故、挫折、失敗、破綻、妨礙。不宜從事一般商業工作，難能成功。宜巧技安身，或研究法律，可有發展機會。

第九節　田宅宮

根據田宅宮可知個人一生不動產、屋宅之多寡，可否繼承祖業，與居處附近環境、人緣關係，及適宜居住的地點。

①田宅宮所涉及的範圍極廣，其中包括紫微斗數與堪輿風水，因涉獵範圍甚廣，故僅能綜論，難以逐項詳細說明，尙祈見諒。

②上述所舉居住環境及人緣關係，除可依田宅宮外，尙可就命宮、身宮內諸星之配置而加以判斷。

③田宅宮內吉星多者，主來訪客人多，與近鄰關係良好，家庭和樂。反之凶星多者，來訪者多爲不速之客，與近鄰少交際，家庭煩悶而寂靜。

〇紫微星

紫微入田宅宮者，主不動產多，自置田產甚旺，繼承祖業則不動產益增。

近鄰多爲心存誠厚、心胸寬大之人，且爲高官或居高位者，豪華邸宅鱗次櫛比。宜居高地、山丘、微高之平原、丘陵、盆地、高層建築、別墅等。

○紫微、天府入田宅宮者，田宅茂盛，不動產多，可大富。

○紫微、貪狼入田宅宮者，主有祖業、不動產。家宅買賣頻繁。

○紫微、天相入田宅宮者，有現成家業。有祖業更可自置，然爲數不多。

○紫微、七殺入田宅宮者，從事不動產、田宅買賣可獲厚利，可自置田產。

○紫微、破軍入田宅宮者，不動產、家屋買賣頻繁。祖業少有。

○紫微、文曲、文昌、左輔、右弼、天魁、天鉞入田宅宮，祖業甚多，邸宅豪華。

○紫微、火星、鈴星、擎羊、陀羅、地刼、天空、化忌入田宅宮者，主不動產、家屋買賣頻繁，其量不多，且少置產。

（註）紫微象徵豪華、高貴之意。入田宅宮者，主家屋廣而華麗，家內裝潢精美。

○天機星

天機入田宅宮，爲廟旺者，可保有田宅，然數量不多。落陷則難保有產業或祖業。然而自置田宅，爲數不多。

近鄰多爲勤勉，具批判精神者，尤以藝術家、學者爲多。

宜居樹木、森林、電柱、木棚、木造建築、田地之附近。

〇天機、太陰入田宅宮者，可從事不動產、家屋之買賣，自置田宅旺。

〇天機、巨門同宮，居卯宮者可擁祖業。居酉宮則難守祖業，先多後少。

〇天機、天粱同宮，可承祖業。自置更旺，晚年富。

〇天機、文曲、文昌、天魁、天鉞、左輔、右弼同宮，有關田宅知識、情報活絡，多田宅。

〇天機、火星、鈴星、擎羊、陀羅、地刼、天空、化忌同宮，無祖業，難有田宅。

〇太陽星

太陽入田宅宮者，主可經營、買賣不動產。田宅數量頗豐。入廟有祖業，多田宅。落陷則少，晚年全無。

居所近鄰多爲富裕、運勢強盛之人，或因競爭得勝蓄財者。其人與高地、小山丘、空地、高樓、陽光充足之地有緣，宜居附近。

〇太陽、太陰同宮，田宅買賣頻繁，獲利豐。居所多處。

〇太陽、巨門同宮，先無後有。以寅宮爲旺，可承祖業。申宮則難守祖業。

〇太陽、天粱同宮，居卯宮旺盛，可承祖產，並可增加。居酉宮平平，雖有祖業，然無增減。

〇太陽、文曲、文昌、左輔、右弼、天魁、天鉞同宮，可買賣田宅而獲利，晚年富，多田宅家業。

〇太陽、火星、鈴星、擎羊、陀羅、地刧、天空入田宅宮者，難守祖業，買賣田宅無利可圖。

（註）太陽入田宅宮之人，宜避免居住在陽光過烈之處。

〇武曲星

武曲入田宅宮者，主不動產旺，可繼承祖業或自置，數量甚多。居處近鄰多爲剛毅、正直、經營商業之人，與神殿、佛宇、教會、墳墓、煙囪、土山、土牆、高樓有緣，並宜居附近。

〇武曲、天府入田宅宮者，可守祖業，更能自置。從事田宅買賣，可獲巨利。

〇武曲、貪狼入田宅宮，晚年可自置田宅，見火星、鈴星全無。

〇武曲、天相入田宅宮，可承祖業，或自置田宅。先衰後成，晚年安定。

〇武曲、七殺入田宅宮，雖有田宅，數量不多，難保祖業。

〇武曲、破軍入田宅宮，主破蕩產業，縱有亦不耐久。

〇武曲、文曲、文昌、天魁、天鉞入田宅宮，宜從事不動產、家屋買賣。可保有多量田宅。

○武曲、火星、鈴星、地刧、天空、化忌入田宅宮，難守祖業，或有增減。

○天同星

天同入田宅宮者，先少後多，自置甚旺，少繼承祖業。

居所鄰人多為文武精英、財旺、小康之人。宜居河川、井、池、湖、河、海、低地、窪地附近。

○天同、太陰同宮，白手置產，難承祖業。多田宅。

○天同、巨門同宮，早年難守田宅，晚年則豐。

○天同、天梁同宮，少承祖業、田宅。晚年白手自置有成。

○天同、文曲、文昌、左輔、右弼、天魁、天鉞入田宅宮，主田宅多，晚年更增。

○天同、火星、鈴星、擎羊、陀羅、地刧、天空同宮，先敗後成，晚年可有田宅，然量少。

○廉貞星

廉貞入田宅宮者，所承祖業量少。入廟可保祖業。落陷則破蕩祖業。

居所附近多吵雜、嫉妬、長舌之人。宜居樹木、森林、草叢、土山、堆積物、祠堂附近。

○廉貞、天府同宮，從事田宅、家屋買賣，可獲厚利。可守現成家業，祖業榮昌。

○廉貞、貪狼同宮，雖有祖業，然不耐久。晚年可自置產業。

○廉貞、天相同宮，田宅先無後有，早年少有，晚年可自置。

○廉貞、七殺同宮，難守祖業，可白手自置，然欠安定。

○廉貞、破軍同宮，難承祖業。先破後成，晚年可自置田宅，然量少。

○廉貞、文曲、文昌、左輔、右弼、天魁、天鉞入田宅宮者，主早有田宅，然數量不多。

○廉貞、火星、鈴星、擎羊、陀羅、地劫、天空入田宅宮者，難有田宅。

○天府星

天府入田宅宮者，可守祖業，自置尤旺，田宅茂盛。

居家近鄰多爲財運豐、地位高、競爭得勝握權之人。

宜居高地、台地、起伏不平山地、小山、廣場、別墅、高樓附近。

○天府、文曲、文昌、左輔、右弼、天魁、天鉞入田宅宮者，從事不動產、田宅買賣獲利豐厚。多住豪邸或華屋。

○天府、火星、鈴星、擎羊、陀羅、地劫、天空入田宅宮者，主難承祖業，縱有亦不保。晚年可白手置產，然量少。

○太陰星

太陰入田宅宮者，主田宅旺，可承祖業，更可自置增產。居所近鄰多好旅行、遷徙之人，或有新興之家、落沒之家。宜居池、井、河川、湖泊、海、低地、窪地、寧靜、田園、下坡、通風良好附近。

○太陰、文曲、文昌、天魁、天鉞入田宅宮者，主買賣田宅，可生大利，田宅頗豐。可居華美邸宅。室內裝潢氣派美觀，居家生活極富情趣。

○太陰、火星、鈴星、地刼、天空、擎羊、陀羅入田宅宮者，主田宅買賣有進有退，難有守成。

（註）太陰入田宅宮之人，不宜居住陽光過烈，或過於幽暗之處。

○貪狼星

貪狼入田宅宮，廟旺，有祖業亦難守。晚年可自置田宅。易因田宅而招糾紛、損失。居家附近多貪慾之人或商賈，少勤勉之人。

宜鬧中置產，適合住在美容院、餐廳、公共場所、廣場、冰果室、警察局、港口、貨物堆積處附近。

○貪狼、文曲、文昌、左輔、右弼、天魁、天鉞入田宅宮者，早敗晚成，難承祖業，中晚年可自置。宜居鬧市。

○貪狼、火星、鈴星入田宅宮者，反做美論，從事田宅買賣可獲厚利及田產。

○貪狼、擎羊、陀羅、地刼、天空入田宅宮者，難有田宅。

（註）貪狼入田宅宮之人，居家環境以不潔、煩亂爲佳。

○巨門星

巨門入田宅宮者，廟旺則橫發自置，棄承祖業。落陷則因田產招非。

居家附近多好是非、長舌之人。

宜居小路、鐵橋、河川、湖泊、池、海、路口、危牆附近。

○巨門、文曲、文昌、左輔、右弼、天魁、天鉞入田宅宮者，晚年可自置田產，然其量少。

○巨門、火星、鈴星、擎羊、陀羅、地刼、天空入田宅宮者，主難有產業。

○天相星

天相入田宅宮者，可承祖業，更可自置增加。

居家附近多性喜服務，或踏實經營事業者。

宜居淨水池、叉路、水井、池、湖、樹木、森林附近。

○天相、文曲、文昌、左輔、右弼、天魁、天鉞入田宅宮者，主田宅多、訪客多，家庭美好和樂。

○天相與火星、鈴星、擎羊、陀羅、地劫、天空入田宅宮者，主早敗晚成。早年無恒產，中晚年方可自置，然其量少。

○天梁星

天梁入田宅宮者，主田宅運安定。可住美宅，家屋頗多。可繼承祖業，或憑己力購置田宅，然須長久時日。

住家附近多爲老人，或好社會服務之人。

宜居小山丘、微高之地、小山、墓地、神殿、佛寺、教會、高樓等附近。

○天梁、文曲、文昌、左輔、右弼、天魁、天鉞入田宅宮者，宜從事田宅買賣，產業頗豐。

○天梁、火星、鈴星、擎羊、陀羅、地劫、天空入田宅宮者，雖有田宅，然量少。

○七殺星

七殺入田宅宮，廟旺可有祖業，更可自置增產。落陷則少承祖業，中年後可自購田宅。

住家附近多性格激烈、孤獨、從事勞動工作者，或爲通緝犯。

宜居神殿、佛寺、教會、墓地、公共場所、蔽屋、舊屋等附近。

○七殺與文曲、文昌、左輔、右弼、天魁、天鉞入田宅宮者，除可繼承祖業，中晚年更可增置田宅。

○七殺與火星、鈴星、擎羊、陀羅、地刧、天空等入田宅宮者，因買賣田宅而無所得。

（註）七殺入田宅宮者，不宜將家宅裝飾華麗美觀。

○破軍星

破軍入田宅宮者，先破後成，多沉浮。入廟可有祖業，然有進退故難安定。中晚年則安定。

居家附近多爲孤獨苦勞之人，或職業不明者。

宜居河川、窪地、鬧市、風化區、垃圾場、破建築、地面起伏不平的場所。

○破軍與文曲、文昌、左輔、右弼、天魁、天鉞入田宅宮者，早破晚成，早年難保有田宅，中晚年可白手置產。

○破軍與火星、鈴星、擎羊、陀羅、地刧、天空入田宅宮者，主難有田宅。

○文曲星、文昌星

文曲、文昌入田宅宮者，主可繼承祖業，落陷則須自購田宅。

居家鄰人多爲學者、藝術家或孤僻之人。宜居住學校、書店、補習班、公家機關、博物館、劇場、田園、稍低之地、丘陵等附近。

○火星、鈴星、擎羊星、陀羅星

與吉星同宮、入廟者，主有田宅。與凶星同宮、落陷，則難保家產。

居家附近多性情激烈、孤獨、身體殘障或與六親無緣之人。

宜居神殿、佛祠、教會、叉路、河川支流口、彎道、市郊、危屋、堆積物附近。

○左輔星、右弼星、天魁星、天鉞星

諸星入田宅宮，主產業豐厚，與吉星同宮則更旺。與凶星同宮，則田宅買賣頻繁。

居所近鄰多富慈悲、誠實、勤勉之人，且好服務人群。

宜居高台、丘陵、小河、樹木、樹林、廣場、墓地等附近。

○地刧星、天空星

地刧、天空入田宅宮者，主田宅多浮沉、變動，與吉星同宮，可減其凶。

居家近鄰多爲苦勞、晝伏夜出之人，或離家、失踪消息斷絕之人。

宜居空地、空屋、猪場、墓地、下水道、垃圾場、停屍間附近。

○祿存星

祿存入田宅宮者，主田宅運旺，宜從事不動產買賣，可獲重利。多不動產、家產。與紫微、武曲、天府、太陰、化祿、化權、化科同宮者，主居豪華美宅，可成巨富。

居家近鄰多爲金融業者、吝嗇商人或高所得者。

適居山、崗、高台、高樓附近。

○化祿星、化權星、化科星

諸星入田宅宮者，主可繼承祖業，更可自置增加家產。祿存與天馬、化權、化祿加會者，主田宅運佳，不因勞苦而得田產。

客人來訪頻繁，聚會歡談機會多，可獲鄰人助益。

○化忌星

化忌入田宅宮者，主田宅運沉浮、多變。如與紫微、天同、天府、天相、天梁等吉星同宮，可減其凶意。恐因不動產之事而招損害、麻煩。

○天馬星

天馬入田宅宮者，主易移居、遷徙，居無定所。田宅買賣頻繁，與吉星同宮，可獲利益，如與凶星同宮，則缺安定。家屋內外不宜飼養犬、貓、鳥等動物，或居豪華宅邸。

〇天姚星

天姚入田宅宮者，主少承祖業。其人重家庭裝飾，宜居隱密、陽光不足、稍幽暗之處爲佳。

〇天刑星

天刑入田宅宮者，主因田宅而起訴訟、火災。

第十節　福德宮

〇紫微星

紫微入福德宮者，其人主富情趣、興趣廣泛、生性勤勉。交遊廣，多喜樂。富慈悲心、熱心公衆事業、福運佳、長壽。

〇紫微與天府、天相同宮者，爲人勤勉，而孤高。

〇紫微、貪狼、破軍同宮者，早年多忙，晚年快樂。

〇紫微、七殺同宮，先勞後逸，晚年如心遂意，生活安樂。

〇天機星

天機入福德宮者，性喜研究宗教、學術、文化、神秘之事。先勞後逸。早年多勞苦，精神欠安定，外出奔走不得安寧。中晚年則精神安樂。天機入廟旺，精神安定多喜樂。落陷則苦勞成性，難望有成。

〇天機與太陰同宮，主好奇心旺，富活動性，趣味廣泛。

〇天機、巨門同宮，物質雖豐，然易有空虛感。

〇天機、天梁同宮，多享樂。

〇太陽星

太陽入福德宮者，主其人性格明朗活潑、交友廣泛、熱衷社交活動，有忙中發福傾向。行事積極進取，不拘小節。思想多變化，好奇，凡事喜加干涉。主與有地位者交遊，行事可不勞而成。熱衷公共活動、社會福祉。

〇太陽、太陰同宮，其人聰明，深入瞭解事物、多福運。

〇太陽、巨門同宮，其性樂觀，且好享樂。

〇太陽、天梁同宮，早年身心多忙，晚年則安樂渡日。

〇武曲星

武曲入福德宮之人，主有巧藝懷身。一生多忙，然精神常感空虛。性急，勇於邁前。早年多忙、多娛樂。中晚年生活安穩、長壽。

○武曲、天府、天相同宮，物質充裕，然精神生浩欠佳。
○武曲、貪狼、七殺、破軍同宮者，身心不寧，多憂少喜，致力工作。
○天同星
天同入福德宮者，一生亨通、福厚，可獲意外吉運，終身快樂。有福有壽，度量寬宏，縱逢逆境亦不頹喪。順應環境之能力頗強。感情纖細、異性緣佳，重精神享樂。
○天同、太陰同宮，可受貴人庇護，身心安泰，與異性緣厚。
○天同、巨門同宮，富品性修養，人格高尙，生活快適。
○天同、天梁同宮，終日多忙，難得安寧。
○廉貞星
廉貞入福德宮者，忙中生福，喜追求社會地位、名聲。勤勉工作，一生多忙，精神安定。凡事不假借於人，早年多勞苦，成功後主有物質之喜。
○廉貞與天府同宮，身安心忙，早年刻苦勤勞，中年後得安樂。
○廉貞、貪狼同宮，善於社交，終身可獲貴人助力。主有好運，可逢凶化吉。
○廉貞、天相同宮，思考富於變化，生性樂觀明朗。
○廉貞、七殺同宮，積極進取，可享受生活。

○廉貞、破軍同宮，具堅忍不拔精神，可耐辛苦。中年後可得財富、名望、安泰。

○天府星

天府入福德宮之人，主一生亨通、安樂、安靜享福。少工作勞苦、多娛樂。其人多才多藝，興趣廣泛，可獲實益，壽命長。

○太陰星

太陰入福德宮者，終身享福，多快樂。生活安穩平靜。喜研究神秘、宗教、哲學、占術等學問。具文藝、美術、歌舞、音樂才能。太陰入廟享福快樂，落陷則勞多功少，具悲觀傾向。

○貪狼星

貪狼入福德宮者，終日忙碌，少快樂。勞心不安。重精神、物質，且致力實現。生活喜變化。與異性交遊，易起問題紛爭。沉溺食色酒肉。

○巨門星

巨門入福德宮者，主文藝、學術、哲學造詣深厚。重精神享受。巨門入廟旺，多才多藝，並具辯才。落陷則主有頭痛，精神衰弱。

○天相星

天相入福德宮者，安逸享福、有壽。入廟旺一生安穩無憂，重生活起居及家事。落陷則多忙，生活不得安逸。

〇天梁星

天梁入福德宮者，主生活安穩，熱心事業，淡泊物質，重精神生活。喜研究宗教、哲學、醫學。天梁入廟旺者，清閑不忙，心靜平穩。落陷忙碌，易陷於悲觀。

〇七殺星

七殺入福德宮者，多工作少娛樂。衣食雖無虞，然苦勞多少有成就。七殺入廟旺，享福，積極進取，富行動力，生性活潑。居閑宮則苦勞多，而少收穫。

〇破軍星

破軍入福德宮者，外華而內蕪。多苦悶，生活不得快適。凡事有不足之感。破軍入廟旺，早年難望安定，中晚年則安樂。落陷主精神受迫苦悶，情緒不安，多勞苦，宜有信仰，則可得安穩。

〇文曲星、文昌星

文曲、文昌入福德宮者，主生活富裕，興趣廣泛。快樂，多才多藝，並可得實利。重情趣，天性樂觀。

○左輔星、右弼星、天魁星、天鉞星

主終身生活安定，享受生活，為人樂觀，喜享樂。度量寬宏，盡力助人。喜參加社會服務。

○擎羊星、陀羅星、火星、鈴星、天空星、地刧星、化忌星

工作忙碌，少清閑、快樂。諸星入廟旺者，雖忙然有充實感，晚年生活安泰。落陷則忙於工作、愁苦，精神不安。

○天馬星

天馬入福德宮者，生活富移動、變化。可赴海外旅遊，或海外移居。

○天姚星

天姚入福德宮者，好修飾外表。多與異性有緣，具藝術才能。人際關係廣泛而良好。

○祿存星、化祿星、化權星、化科星

諸星入福德宮者，主福運厚。生性樂觀，喜享受生活。

第十一節　父母宮

①論父母宮之吉凶，應著重太陽、太陰二星。

太陽爲父，入廟，主與父親緣厚，落陷則緣薄。

太陰爲母，入廟，主與母親緣厚，落陷則緣薄。

②太陽、太陰同入廟旺、落陷之地者，生於寅至未時之人，因陽氣盛，故與父親緣厚。生於申至丑時者，因陰氣盛，故與母緣厚。

③次觀父母宮內吉星、凶星之多寡，與其他諸星配合，併論對宮、三合宮之關係，以此判斷父母宮內之吉凶。

④判斷父母宮諸星之吉凶，與兄弟宮相同，請參閱兄弟宮一章。

〇紫微星

紫微入父母宮者，主父母可得高位，並受其物質、精神恩惠。一生亨通，可受尊長、上司提拔相助。

〇紫微、天府同宮，不剋，主父母物質豐裕，精神多空虛感。

〇紫微、貪狼同宮，主父母經濟不自由。父母早年不合。

〇紫微、天相同宮，不剋，可受父母大恩，親子關係良好。

〇紫微、七殺同宮，主父母富裕，敎養嚴格，可獲高等學歷。稍剋，與吉星同宮者不剋。

○紫微、破軍同宮，主家庭環境優渥，然親子間易起對立爭執。

○紫微、左輔、右弼、天魁、天鉞同宮，主父母關係良好圓滿，可受長上援助。

○紫微、擎羊、陀羅、化忌同宮者，主剋，身體虛弱。父母中有不喜照拂子女者。

○天機星

天機入父母宮者，主得父母庇護、受安穩教養。天機落陷，則子女獨立心旺，少依賴父母。

○天機、太陰同宮，不剋，主父母性格溫和，重子女教育，凡事考慮週詳。

○天機、巨門同宮，稍剋，主受父母物質、經濟恩惠大。然親子缺少溝通。

○天機、天梁同宮，不剋，一生可受父母、年長者援助。

○天機、文曲、文昌、左輔、右弼、天魁、天鉞同宮者，主父母具才能，性格慈善，可得名望，與高位者交遊。

○天機、火星、鈴星、地刧、天空同宮者，主父母富慈悲心，信仰虔誠。

○太陽星

太陽入父母宮者，主家庭環境優渥。性格形成多受雙親影響。

○太陽、太陰同宮，主事親至孝。與年長者關係良好，然彼此思想却各異。

〇太陽、巨門同宮，主父母管教嚴格，難承祖業，須自開拓。

〇太陽、天梁同宮，與父母、尊長感情良好，一生多受助力。

〇太陽、文曲、文昌、左輔、右弼、天魁、天鉞同宮者，主父母人際關係良好，可與高位者結交。

〇太陽、天空、地劫、化忌同宮者，主父母缺經濟觀念，性喜浪費、揮霍。

〇武曲星

武曲入父母宮者，主家庭環境良好。經濟、精神受惠良多。父母感情彌堅，教養子女嚴格，與上司、尊長關係不佳，故少受支援。

〇武曲、天府同宮，主父親事業盛大，社會地位崇高。

〇武曲、貪狼同宮，主父母早年不睦。然與子女感情深厚。

〇武曲、天相同宮，主受父母溺愛，常起反抗、誤解。

〇武曲、七殺同宮，主子女性格剛毅，獨斷獨行，少受父母影響。

〇武曲、破軍同宮，主父母恩惠深厚，然意見易起對立、爭執，難以相互理解。

〇武曲、文曲、文昌、左輔、右弼、天魁、天鉞同宮，主受父母嚴格教育，對子女人格形成上主有大益。

○武曲、擎羊、陀羅、化忌同宮者，主父母身體虛弱，然可受其恩惠。

○天同星

天同入父母宮者，主父母經濟援助大，而精神影響少，父母不喜管束教養子女。天同入廟旺，主父母社會地位高。落陷則爲人溫厚、謙虛、深得人望。

○天同、太陰同宮，主父母社會地位高，可受其物質精神之助。

○天同、巨門同宮，主親子關係淡泊。子女獨立自主，喜獨斷而行，親子時起對立。

○天同、天梁同宮，主家庭環境良好，一生亨通，可受年長者提攜。

○天同、文曲、文昌、左輔、右弼、天魁、天鉞同宮，主親子關係良好，可受父母恩惠。

○天同、擎羊、陀羅、化忌同宮，主父母健康有疾，慈愛子女。

○廉貞星

廉貞入父母宮者，主父母性急，凡事易焦慮。教養子女週全，重子息教育，因監督嚴謹，而致子女遠離。廉貞入廟旺，主一生受父母物質、精神援助大。落陷則易與父母起爭執對立。

○廉貞、天府同宮，可受父母、尊長恩惠。

○廉貞、貪狼同宮，主父母早年不合，溺愛子女。

○廉貞、七殺同宮，主子女早熟、獨立，少依賴父母。

○廉貞、天相同宮，主家庭環境良好，父母管教嚴謹，而遭子女反感。

○廉貞、破軍同宮，子女獨立心旺盛，與父母意見對立。

○天府星

天府入父母宮者，主父母性格溫和，家庭環境極爲富裕。與凶星加會者，亦少有惡現象。

○天府、文昌、文曲、左輔、右弼、天魁、天鉞同宮，主父母具社會地位，名聲頗隆。

○天府、天空、地刼、化忌同宮，主父親多爲旁事忙碌，少照顧家庭。

○太陰星

太陰入父母宮者，主受母親影響甚巨。太陰入廟旺，家庭環境優渥。父母恩惠深大。落陷則子女早離家獨立。

○太陰、文曲、文昌、左輔、右弼、天魁、天鉞同宮，主父母多才多藝、博學多文，對子女人格形成頗具影響。

○太陰、天空、地刼、火星、鈴星同宮者，主父母富慈悲心，虔誠信仰宗教。

〇貪狼星

貪狼入父母宮者，父母早年多不合。貪狼入廟旺，家庭環境良好，然易與父母起爭執對立。貪狼落陷，則早離家外出獨立。

〇貪狼、左輔、右弼、天魁、天鉞、火星、鈴星同宮者，主父母具決斷力，可獲社會高位，並受其助力。

〇貪狼、文昌、文曲、擎羊、陀羅、天空、地刧、化忌同宮，主易與父母起意見對立。

〇巨門星

巨門入父母宮者，主父母管教嚴格。入廟旺，子女人格形成上深受父母影響。落陷則對父母起反抗心，父母感情不睦。

〇巨門與文昌、文曲、左輔、右弼、天魁、天鉞同宮者，主父母管教嚴格，可受其恩惠。

〇巨門與擎羊、陀羅、火星、鈴星、天空、地刧、化忌同宮，主父母健康不佳，親子易起意見、對立。

〇天相星

天相入父母宮者，不剋，可受父母、長上資助。與凶星加會，亦不爲惡，一生可受長上恩惠。

〇天相與文曲、文昌、左輔、右弼、天魁、天鉞同宮，父母人際關係良好，可受大恩惠。

〇天相與天空、地刧、化忌同宮，主父母多爲他事忙碌，而疏忽家庭。

〇天梁星

天梁入父母宮者，主父母善良，性喜助人，重子女教養，親子關係良好，可得長上恩惠。天梁入廟旺，父母社會地位高。落陷則信仰宗教虔誠。

〇天梁、文昌、文曲、左輔、右弼、天魁、天鉞同宮，主父母多才多藝，重子女教養，並可受其恩惠。

〇天梁、火星、鈴星、天空、地刧同宮，主父母富慈悲心，性喜助人，信仰虔誠。

〇七殺星

七殺入父母宮者，主父母早年不合。教養子女任其自由，作風開明。七殺爲廟旺，可得父母恩惠，然意見多對立。居閑宮者，子女早年外出獨立。

〇七殺、文曲、文昌、左輔、右弼、天魁、天鉞同宮，主父母管教嚴格，對子女期望頗大。

○七殺、擎羊、陀羅、化忌同宮，主父母健康欠佳，親子易起對立。

○破軍星

破軍入父母宮者，主雙親早年不合。教養子女嚴苛，故易引起子女反抗心。難與長者協調、少恩惠。破軍入廟旺，家庭富裕。落陷則少得父母恩惠，早離祖外出。

○破軍、左輔、右弼、天魁、天鉞同宮，主父母性果敢、富行動力。可得社會高位，教養子女多放任而不嚴格。

○破軍與擎羊、陀羅、化忌同宮，主父母體質虛弱，親子易起對立。

○文曲星、文昌星

文曲、文昌入父母宮者，主父母具學識，富於情趣，交際範圍廣，生活環境良好，子女深受影響。

○左輔星、右弼星、天魁星、天鉞星

諸星入父母宮者，主家庭環境良好，父母地位崇高，與年長者關係佳良，一生可受其援助。

○祿存星

祿存入父母宮者，主可受家庭助力，而致事業發展，父母恩惠大。

○化祿星、化權星、化科星

諸星入福德宮者，主父母性格溫厚柔和。對子女性格形成，及事業上影響甚巨。

○擎羊星、陀羅星、火星、鈴星

諸星入父母宮者，主父母之一健康有疾。

○天空星、地刧星、天馬星

諸星入父母宮者，主與父母緣薄，或父母常外出，共處時間短。

○化忌星

化忌入父母宮，主父母早年不合，健康不佳。子女早離家外出獨立。

第八章　斗數格局之解說

紫微朝垣格　貴命

命宮天相、三合紫微、天府，更與左輔、右弼、天魁、天鉞、祿存、化權、化祿、化科加會者，爲本格。本格生人，主可結交政界、財界、文化、藝能界權責之人，可獲其援助，並獲助益而致成功。主得社會高位、福祿厚，生活優渥。

如與火星、鈴星、擎羊、陀羅、地刧、天空、截空、旬空、化忌等加會者爲破格。主招困難，然可受長上助力，轉凶爲吉。

府相朝垣格　貴命

命宮天府、加會天相，更與文曲、文昌、左輔、右弼、天魁、天鉞、祿存、化祿、化權、化科等加會者，爲本格。本格生人主與尊長、上司關係良好。精神、物質可受其助力，並獲地位、名聲。

如與火星、鈴星、擎羊、陀羅、地刼、天空、截空、旬空、化忌加會者爲破格，凡事遭障礙，主可受貴人援助，而不致成災。

石中隱玉格　貴命

命宮巨門，入子、午宮，與文曲、文昌、左輔、右弼、天魁、天鉞、祿存、化祿、化權、化科加會者，爲本格。本格生人主有高遠理想抱負。其思想、學說可獲社會認可，具不撓精神，得以發揮才能。本格爲石中隱藏珠玉，須經風霜研磨，方可顯露光輝。早年多苦勞，中晚年則可顯名。

如與火星、鈴星、擎羊、陀羅、地刼、天空、化忌加會者，爲破格，主一生多艱難，其學說、思想少獲社會佳評，終身清貧。

機月同梁格　貴命

命宮加會天機、太陰、天梁、天同四星，更與文曲、文昌、左輔、右弼、天魁、天鉞、祿存、化權、化祿、化科加會者爲本格。本格生人主擅長計劃、企劃，具超群處理事務能力。有輔佐他人之才，可獲上司信賴。常可化解危機，得安泰。

如與火星、鈴星、擎羊、陀羅、地刼、天空、化忌同宮、加會者，爲破格。雖具處理事務能力，然難得上司助力，常因職業所困，而自招苦惱。

巨日同宮格（官封三代）　貴命

太陽、巨門守命，入寅、申宮，加會文曲、文昌、左輔、右弼、天魁、天鉞、祿存、化祿、化權、化科者爲本格。命宮以寅宮爲佳，申宮較差。本格生人財運旺盛，然多伴有苦勞。

事業上多強敵，歷經困苦，終可有成。其性富進取心，行事積極果敢，具雄辯之才，爲人勤勉努力，凡事先苦後成，功成名就。富慈悲心腸，熱心公益、善心事業。

如與火星、鈴星、擎羊、陀羅、化忌加會者，爲破格。主事業心旺盛，然多競爭對手而慘敗，事業多破敗。

日照雷門格（日出扶桑）　貴命

太陽、天梁入命宮、官祿宮，居卯宮，與文曲、文昌、左輔、右弼、天魁、天鉞、祿存、化祿、化權、化科加會者，爲本格。本格生人主豪放磊落，性情耿直，具優越統率能力。

具責任感、正義感，並富俠義心。擅長社交，勤於參加各類活動，人際關係廣範，可得社會高位、名聲。

如與擎羊、陀羅、地刼、天空、化忌加會者，爲破格。雖富俠義心，然時有獨斷獨行之傾向，而損人際關係。

明珠出海格　貴命

命宮居未地，三會太陽、太陰，與文曲、文昌、左輔、右弼、天魁、天鉞、祿存、化祿、化權、化科加會者，爲本格。本格生人興趣廣泛，爲人誠實、明朗、學識、才能優越，可得社會名聲，事業發展無礙順遂。

如與火星、鈴星、擎羊、陀羅、化忌加會者，爲破格。主其人好奇心旺盛、勤勉。然有懷才不遇，難於發揮才能之嘆！

日月並明格　貴命

命宮在丑、太陽在巳、太陰在酉宮。或太陽在寅、太陰在子、命宮在午，與文曲、文昌、左輔、右弼、天魁、天鉞、祿存、化祿、化權、化科加會者，爲本格。本格與「明珠出海格」略同。所異之點爲，命宮居丑爲天梁，居午宮則無正曜，而對宮太陰、天同可發揮強烈作用。明珠出海格，命宮居未者，無正曜，對宮天同、巨門主可發揮強烈作用。

如與火星、鈴星、擎羊、陀羅、化忌加會者，爲破格，主學識才能優越，然有懷才不遇之嘆！難發揮能力。

月生滄海格　貴命

天同、太陰守命，居子宮，更與文曲、文昌、左輔、右弼、天魁、天鉞、祿存、化祿、化權、化科加會者，爲本格。（田宅宮入子宮者，亦同。）本格生人主眉目清秀、舉止優雅、聰明、幽默，富謙讓美德，深得異性助力，人際關係頗佳。

終其一生多酒食、歡談機會，主得財富、名聲。

如與火星、鈴星、擎羊、陀羅、化忌加會者，爲破格。主其人頗具神秘魅力，主重精神，物質方面多不如意。恐因異性交遊而身憂。

日月夾命格　貴命

①天府守命，入丑、未宮，太陽、太陰居鄰宮挾命。（財帛宮居丑、未宮者亦同。）

②武曲、貪狼守命，入丑、未宮，太陽、太陰居鄰宮挾命。（財帛宮入丑、未宮者亦同）更與文曲、文昌、左輔、右弼、天魁、天鉞、祿存、化祿、化權、化科加會者，爲本格。本格生人性格開朗，財運極佳。

如與火星、鈴星、擎羊、陀羅、地刧、天空、截空、旬空、化忌同宮者，爲破格，主財運時退時進，欠穩。

壽星入廟格（官資清顯）貴命

天梁守命，入午宮，與文曲、文昌、左輔、右弼、天魁、天鉞、祿存、化祿、化權、化科加會者，爲本格。本格生人主正直無私、學識優越。健康佳、壽命長。性格穩健，具長者之風。富俠義心，性喜助人。尤具處理難題、統御衆人之才，廣受尊敬。淡泊名利，人際關係頗佳，衣食無虞，不致清貧。

與火星、鈴星、擎羊、陀羅、地刧、天空、化忌加會者，爲破格，其人主富俠義心，一生多爲助人而奔走苦勞，然少有報酬。

七殺朝斗格　貴命

七殺守命，入子、午、寅、申宮，與文曲、文昌、左輔、右弼、天魁、天鉞、祿存、化祿、化權、化科加會者，爲本格。本格生人一生多變，早年多艱難。然爲人富忍耐力、勇猛果敢，主可克服艱困，而致成功。多不甘居人之下，自創事業，而有發展。

如與火星、鈴星、擎羊、陀羅、地刼、天空、化忌加會者，主具忍耐、決斷力。然與父母、兄弟、夫妻、子女緣薄，早離故鄉，頻頻轉職，多起伏變動，雖可獲一時成功，然難長續，自創事業恐招損失破敗。

英星入廟格（加官進祿）　貴命

破軍守命，居子、午宮，與左輔、右弼、天魁、天鉞、祿存、化祿、化權、化科加會者，爲本格。本格生人主個性強烈，富行動力，好奇心頗盛。事業發展順遂。成功、失敗遽訪。宜離鄉外赴，可橫發。

如與文曲、文昌、火星、鈴星、擎羊、陀羅、地刼、天空、化忌加會者，爲破格。主遭橫禍、災難。成功、失敗起伏不定。性格優柔寡斷。健康欠佳，一生多變化。

馬頭帶箭格　貴命

①七殺、破軍、貪狼與擎羊同守命宮，入午宮者。②天同、太陰守命，入午宮，或與擎羊守命，入午宮者，爲本格。

本格生人一生多變動，常有外出旅行、離鄉外赴之運。前途多舛，危困重重，創業之初多難，然其人性格果敢，終可打破難局，獲致成功，衣錦榮歸。早年多苦勞，晚年可獲好機運，發展順遂。

如與火星、鈴星、地刼、天空、化忌、擎羊、陀羅加會者，爲破格。主離鄉外出，可遭危難，事業難獲發展，多勞苦。

月朗天門格（月落亥宮）　貴命

太陰守命，居亥宮，與文曲、文昌、左輔、右弼、天魁、天鉞、祿存、化祿、化權、化科加會者，爲本格。本格生人，男命主眉目清秀，舉止優雅。女性外表美貌，多教養，聰明多智，學術、藝術才能豐富，好研究學問，知識淵博高深，並可發揮。財運豐，性格溫和、敏銳、感受性強，人際關係頗佳。

如與火星、鈴星、地刧、天空、化忌加會者，爲破格。主具學術、藝術才能，然難發揮。主具魅力，對神秘、玄妙事務尤感興趣。除精神、文化外難有發展。

巨機同臨格（巨機居卯） 貴命

天機、巨門守命，居卯、酉宮，與文曲、文昌、天魁、天鉞、左輔、右弼、祿存、化祿、化權、化科加會者，爲本格。命宮入卯宮較吉，居酉宮平常。此格生人主富研究心，從事高度技術、知識、技能工作，主可成功。理解力、記憶力、表現力特優。多具雄辯之才。性格頑固不屈。多不繼祖業。早年苦勞，中年過後則安穩。本格之人凡遇障礙困難，可憑毅力排除，終可獲致成功。

如與火星、鈴星、擎羊、陀羅、地刧、天空、化忌加會者，爲破格。以巧藝安身。人事關係不佳，凡事易招紛爭、對立。其性孤高，一生多變。可自創事業，宜從事投資、證券、飲食、高級品銷售、廣告、電視、演藝、藝術、推銷及百貨經營等行業。不宜從事單調工作。

命無正曜格

命宮無紫微、天府系十四正曜者，謂命無正曜格。如命宮見文曲、文昌、左輔、右弼、天魁、天鉞、擎羊、陀羅、火星、鈴星、祿存等甲級星，而無十四正曜時，亦可視爲命無正曜格。此格生人主與六親緣薄，早年離家外出獨立，或受他人撫育，爲人螟蛉子，受育家庭環境複雜。

上述情形必須父母宮也沒正曜，方可做此論。觀本宮之吉凶時，應取對宮正曜而決定，其吉凶作用爲原有力量的七成左右。命無正曜格，共計二十四種。其吉凶因對宮星曜配置之不同而各異。然其共通之點爲，早年苦勞、物質窮困、精神不安、苦惱、健康欠佳。所遭經歷對人格、思想之形成，具莫大影響。

命宮多加會吉星者，主可飛騰顯達，發揮才能。多凶星加會者，則以巧藝安身，宜爲僧道。

天乙拱命格（坐貴向貴）　貴命

命宮、身宮見天魁、天鉞沖照、加會、挾照，並與吉星同宮者，爲本格。本格生人主學識高深、具教養，性喜助人。容姿端麗、禮儀端正，具威儀。縱遇困難，可獲貴人相助，轉災爲吉，一生金錢、物質豐裕，衣食無虞。

三奇加會格　貴命

化權、化祿、化科三化曜爲三奇。三化曜居命宮之三方四正內爲本格，有二化曜者亦吉。此格生人主早有僥倖之惠，事業發達。縱遇困難，可受貴人相助，化解危難，可致意外成功。

左右同宮格（八座之貴）　貴命

命宮、身宮入丑、未宮，左輔、右弼同宮，更與吉星同宮者，爲本格。本格生人性喜助人，人際關係良好。富計劃、企劃能力。凡事可解凶，圓滿達成。縱與火星、鈴星、擎羊、陀羅、地劫、天空、化忌同宮，亦可轉凶爲吉，然須以命宮內甲級星入廟旺爲限。

文桂文華格（博學多能）　貴命

命宮、身宮入丑、未宮，與文曲、文昌同宮，更加會吉星者，爲本格。本格生人主舉止優雅，富知性、勤學好讀，早可發揮才能。於學術、藝術、藝能界，可致成功。與貪狼、破軍、擎羊、陀羅、地劫、天空、化忌等同宮者，爲破格。以巧藝安身，或可發揮才能。

貪火相逢格（名鎭諸邦） 貴命

貪狼與火星、鈴星守命，入辰、戌、未宮，生於東方、南方者，爲本格之人。與左輔、右弼、天魁、天鉞、祿存加會者更佳。如與擎羊、陀羅、地刧、天空加會，則爲破格，主以巧藝安身，方有成功希望。此格生人主勇敢、俊敏，如逢良機必可遽然而發。不宜從事單調工作，難發揮才能。

粱馬飄蕩格 貧賤命

天粱守命入巳、亥宮，落陷，與天馬、火星、鈴星、擎羊、陀羅、地刧、天空同宮者，爲本格。本格生人主富仁慈，然多爲他人忙碌、奔走而招損失、辛勞。飄蕩四方，居處不定。與肉親消息隔絕、不明。終身難安定。

馬落空亡格 貧賤命

命宮天馬，與地刧、天空同宮，對宮爲祿存星者，爲本格。本格生人多勞苦，方漸有財。一生多變動，常轉職、轉業。勞多而功少。

金燦光輝格　富命

太陽守命入午宮，與文曲、文昌、左輔、右弼、天魁、天鉞、祿存、化祿、化權、化科加會者，爲本格。本格生人豪放磊落，思想敏捷，好速戰速決。交際廣、喜助人，具優越統率力。主有財富、地位。太陽居午宮，因爲廟旺，故其人多自信、態度強硬，易引人反感，致使人際關係受礙。

如與火星、鈴星、擎羊、陀羅、化忌加會者，爲破格。主其人具統率力，然性格傲慢不遜，反有害於己，而威脅事業。

貪武同行格（先貧後富）　富命

武曲、貪狼守命，居丑、未宮，更與左輔、右弼、天魁、天鉞、祿存、化祿、化權、化科同宮、加會者，爲本格。本格生人難承家業，宜離鄉外出可獲成功。性好自由，不受拘束，具行動力。早年多勞苦，卅歲後可獲良機，一舉而發。

如與擎羊、陀羅、地刧、天空、化忌加會者，爲破格。其人主具行動力、性格剛毅，常固執己見，多自私，而損信用，可有一時發展，難長續。

紫府同宮格（終生福厚） 富命

紫微、天府守命，入寅、申宮，與左輔、右弼、天魁、天鉞、祿存、化祿、化權、化科加會者，爲本格。本格生人主具社會地位、財富、名望。然精神易陷於困苦、空虛感。其原因爲紫微、天府皆爲帝星，兩星同宮極旺，反有上述傾向。

如與火星、鈴星、擎羊、陀羅、地刼、天空、化忌等加會者，爲破格。物質、錢財雖無虞，然主夫妻、子女、父母、兄弟關係惡化，精神多煩悶。

日月照璧格（日月同臨） 富命

太陰、太陽同入田宅宮，居丑、未之地，與文曲、文昌、天魁、天鉞、左輔、右弼、祿存、化祿、化權、化科加會者，爲本格。本格生人，主不動產、家屋多，可承祖業，爲富豪之命。

如與火星、鈴星、擎羊、陀羅加會者，爲破格。雖有不動產、家屋之惠，然可因不動產之買賣，而招損失。可繼承祖業、田產，但其數量難超越先祖。

祿合鴛鴦格　富命

命宮、身宮爲財帛宮，祿存與化祿同宮者，爲本格。本格生人主擅於運用金錢，一生多動產、不動產、物質豐裕。

如與地刧、天空、化忌、截空、旬空等同宮、冲破者，爲破格，又名「兩重華蓋格」，雖可得財，然終致散佚，一生多爲金錢而憂。

祿馬交馳格　富命

命宮、身宮爲財帛宮，與祿馬加會、同宮，更加會天馬者，爲本格。本格生人，環境須有變化，方有發展而招財。宜從事運輸、海運、交通、貿易業等。轉職、轉業可獲良機，一生多旅遊機會。

▲商人　命宮、財帛宮臨紫微、天府、祿存、化祿、太陽、武曲、貪狼、廉貞、天馬等諸星者爲之。以「日月夾財格」爲佳。

▲軍警　命宮臨武曲、七殺、破軍、化權、天魁、天鉞、天刑、火星、鈴星、擎羊、陀羅諸星等。尤以命宮爲「英星入廟格」「七殺朝斗格」「馬頭帶箭格」「貪武同行格」爲佳，成

功無疑。

▲政治　紫微、天府、天相、化權、化科、天魁、天鉞臨命宮。或天機、太陰、天同、天梁入命宮，加會者爲之，卽「機月同梁格」。

▲學術　天機、巨門、天梁、天相、太陰、文昌、文曲、化科、化忌臨命宮者爲之。

▲旅遊　貪狼、七殺、破軍、天馬臨命宮爲之。卽「同梁對照」「日月拱照」「祿馬交馳」格。

▲藝術　廉貞、天同、太陰、貪狼、天機、左輔、右弼、化科、化祿、化忌、地刧、天空臨命宮者爲之。

▲藝能　廉貞、貪狼、太陰、紅鸞、天喜、天姚、文昌、文曲、天魁、天鉞、化祿、天馬等臨命宮者爲之。

▲醫療　七殺、破軍、天梁、天相、廉貞、太陰、天刑、陰煞、天月等臨命宮者爲之。

▲法律　天機、巨門、天梁、天相、文昌、文曲、化科、化忌等臨命宮、官祿宮者爲之。

▲工業技術　武曲、七殺、破軍、巨門、天機、文曲、文昌、擎羊、陀羅、火星、鈴星、化忌臨命宮、官祿宮者爲之。

▲土地、建築　天府、太陽、太陰、武曲、七殺、破軍、擎羊、陀羅等臨命宮。七殺、破軍

、貪狼、武曲入官祿宮。太陰、祿存、化祿、天馬臨田宅宮者爲之。

◀手工藝　天同、太陰、廉貞、文曲、紅鸞、天喜、天姚臨命宮、財帛宮者爲之。

◀服務業　太陽、太陰、天同、天相、貪狼、化祿、天馬、天姚、天魁、天鉞臨命宮者爲之。即「府相朝垣」「紫府朝垣」「同梁對照」格。

◀宗教　命宮居卯酉，與貪狼、紫微同宮，見地刧、天空者。或命宮居辰戌，天機、天梁同宮，見地刧、天空者。或命宮、福德宮爲天機，見地刧、天空者爲之。

◀占卜星相　天同、文曲；太陰、文曲；貪狼、文曲同入命宮。福德宮見天機、巨門、地刧、天空、化忌者爲之。

第九章　行限之看法

①求大限　大限主十年間所發生之吉凶禍福。求大限時以五行局數爲準則，由命宮起初行，如水二局由二歲、木三局由三歲起，推算十年吉凶。陽男陰女順行，陰男陽女逆行。

②求小限　小限主一年間所發生之吉凶禍福。小限須用生年支來求（小限可查前表）。男命順行，女命逆行。

③求太歲　太歲與小限相同，主一年之吉凶禍福。以該年年支於十二宮位中相當之支安太歲，卽子年在子宮，丑年在丑宮。不論男女均順行。

④求流年斗君　流年斗君與太歲、小限相同，主觀一年之吉凶禍福。求流年斗君前，須先求子年斗君（查表28.），自子年斗君所落之宮位起子，順數至流年之支，卽爲本流年斗君。

⑤求流月　以流年斗君所落宮位起一月（農曆），順行數至該月，可依宮內諸星所示觀月運。流月主一個月之吉凶禍福。

⑥求流日　以流日所在宮位起初一，順行數至該日，爲流日。流日以晚上十一時（亥時

）爲界。

⑦求流時　以流日所落宮位爲子時，順行。流時每一時辰，主二小時內之吉凶禍福。

第一節　大限・小限・太歲之看法

一、大限之看法

大限主十年之吉凶禍福。其判斷要訣如下：

①大限宮內具紫微、天府、天同、天相、天梁、祿存、左輔、右弼、天魁、天鉞、化祿、化權、化科等吉星者，主有吉變，可待良機變化。

②大限宮內見太陽、太陰、武曲、貪狼、廉貞、巨門、天機、七殺、破軍等，須視諸星強弱程度（廟旺地利平不陷），及三合、加會情形而加以判斷。

③上述正曜入廟旺，不逢火星、鈴星、擎羊、陀羅、地刧、天空、化忌等凶星，主十年大運安定，事業可發展、招財，並得社會好評。

④前述正曜入平和、不得地、落陷，更逢火星、鈴星、擎羊、陀羅、地刧、天空、化忌等凶星者，主十年不如意，恐有爭辯、衝突、破財、失敗、疾病、傷害、家庭風波等。如逢祿存、左輔、右弼、天魁、天鉞、化祿、化權、化科等吉星，可減其凶意。

⑤大限主十年之吉凶禍福。其星又可分爲北斗諸星與南斗諸星，各星所具作用，及司管期間各有不同。

北斗諸星　紫微（北斗主星）貪狼（北斗一）巨門（北斗二）祿存（北斗三）文曲（北斗四）廉貞（北斗五）武曲（北斗六）破軍（北斗七）左輔、右弼、擎羊、陀羅（北斗助星）計十二個。

南斗諸星　天府（南斗一）天梁（南斗二）天機（南斗三）天同（南斗四）天相（南斗五）七殺（南斗六）文昌、火星、鈴星、天魁、天鉞（南斗助星）計十一個。

中天諸星　太陽、太陰、化祿、化權、化科、化忌，計六個。

中天吉曜（乙級以下）台輔、封誥、恩光、天貴、天官、天福、三台、八座、龍池、鳳閣、天才、天壽、紅鸞、天喜、天馬、解神、天巫等，合計十七星。

中天凶曜（乙級以下）地刼、天空、天刑、天姚、天月、陰煞、天傷、天使、天哭、天虛、孤辰、寡宿、截空、旬空、蜚廉、破碎等，合計十六星。

今來討論各星吉凶，及司掌時間之不同之處。

(1)北斗諸星入大限者，主司上五年之吉凶禍福。

(2)南斗諸星入大限者，主司下五年之吉凶禍福。

(3)中天諸星入大限者，不論吉曜凶曜，均司十年之吉凶禍福。

根據上述原則可知，諸星所顯現的吉凶禍福，具有一定期限。然而事實上却非如此，仍有少數之星，其吉凶作用期間，並不依據上述原則而行。可參閱本書第四章，「諸星南北斗陰陽化吉凶一覽表」。以紫微星爲例，紫微爲帝星，統率南北斗中天諸星。於大限中主宰上五年的吉凶禍福，是依原則而行，並無例外，故不再詳述。下列特別爲讀者介紹，不循原則判斷大限吉凶禍福的諸星。

(1)貪狼星爲北斗第一星，依原則理應主宰大限上五年吉凶禍福，然而却不然，自成例外，反於大限中主宰下五年之吉凶禍福。

貪狼最喜逢火星、鈴星，因火星、鈴星爲南斗助星，主大限下五年之吉凶，故貪狼可超越北斗諸星的特性，而具主宰大限下五年的作用。

(2)太陽星爲中天諸星，理應主宰大限十年間之吉凶禍福，然在中天諸星中，却主宰大限上五年之吉凶禍福，其星之特性與北斗諸星相同。

(3)與太陽同爲中天諸星的太陰星，亦不主宰大限十年之吉凶禍福。其作用、特性與南斗諸星相同，主司掌大限下五年之吉凶作用，於中天諸星中亦屬例外。

(4)擎羊、陀羅、火星、鈴星爲四殺。擎羊、陀羅爲北斗助星，依原則應主掌大限上五年吉凶。火星、鈴星爲南斗助星，依原則應主掌大限下五年吉凶。然而事實却不然，四星作用與中天諸星相同，於大限中自成例外，主十年間之吉凶禍福。

(5)大限中見文昌、文曲、天魁、天鉞、左輔、右弼諸星時，並不單獨判斷，需視與何星同宮而併論。如與北斗諸星同宮時，則主大限上五年之吉凶；與南斗諸星同宮時，則主大限下五年之吉凶。

根據上述可知，諸星的作用並非依原則一成不變，其間仍有變化。如果僅將古籍原典奉爲圭臬，視爲金科玉律，不知考究、變通者，就不免失之於膚淺了。學問之難，縱使有原理、原則可循，有時仍有疑義不明之處，凡事皆有例外。而星象學中之「例外」，被視爲各家的秘傳，而不公諸於世。

二、小限之看法

求小限方法，於前已述說過，今將注意要點，逐一解說如下：

(1)小限主一年間所發生的吉凶禍福。此處所指的一年，以農曆一月一日爲始，而非以立春爲境，其理由已於前章述及，故在此省略不敍。

(2)小限中所指的年齡爲虛歲。虛歲卽出生時卽爲一歲，以後每過農曆正月初一再加一歲。

(3)小限每隔十二年巡一次命盤，然而個人運氣，並非依小限而行，每隔十二年爲一週期。其原因爲小限每隔十二年，雖然坐落於相同宮位中，然因大限不同，而有差異。

(4)小限與大限相同，其看法又分上半年、下半年。

三、太歲之看法

太歲爲太歲派看行限時所用的方法。

①求「太歲」的方法非常簡單。以該年地支，所在十二宮之支安太歲。如子年太歲在子宮，午年太歲在午宮。

②論太歲與大限、小限之併運。

太歲與大限，太歲與小限重複時，其吉凶禍福現象明顯，可依宮內諸星之配合，而判斷所發生的事象。

男命、女命各有不同。太歲與大限併運時，男女均有變運。太歲與小限併運時，女命有變運，男命則無。

其原因爲女命小限依十二宮逆行，而太歲順行，故每隔六年必有一次併運。男命太歲與小限均順行，故不重複併運。

③太歲與流年斗君併運時，主一年之吉凶禍福現象明顯。太歲與流年斗君併運的條件如

下：

農曆一月子時生人	農曆二月丑時生人
農曆三月寅時生人	農曆四月卯時生人
農曆五月辰時生人	農曆六月巳時生人
農曆七月午時生人	農曆八月未時生人
農曆九月申時生人	農曆十月酉時生人
農曆十一月戌時生人	農曆十二月亥時生人

小限與流年斗君併運時，其條件雖有不同，然判斷要領却相同無異。

四、定盤、動盤

在瞭解大限、小限、太歲概要後，重要的問題是，如何運用於實際的判斷上，在解說前特茲舉出幾點重要注意事項。

①以大限、小限、太歲所居宮位，視爲命宮，此時其他宮位，如兄弟宮、夫妻宮亦有變化，依序類推而下。

此種變動又稱動盤，爲南派斗數飛星派中之宮動派常用的秘法。

②不用動盤。主要根據本來命盤的十二宮位，與命宮及其他宮位的相互關係，而加以判

斷。如小限在父母宮時，不須動盤，將命盤之夫妻宮與命宮併論卽可。小限在夫妻宮過度，主一年感情，夫妻之吉凶變化。

③飛星派中分宮動派、宮不動派，已於第二章中說明過。而宮動派又分爲小限派與太歲派二種。小限派的行限看法，應與大限宮併論而加以判斷。太歲派的行限看法，與小限派相同，須與大限併論。

④飛星派看行限時，以四十三流星（不同的流派，所用的流星也各有增減）爲判斷標準。不重十二宮的變化，且其十二宮亦無變動，仍爲定盤。其在宮不動派中，別樹一幟，以流星爲判斷標準。

因礙於篇幅的關係，在此無法將斗數的精要，一一闡解，僅做略述，敬乞讀者見諒。

第二節　大小限十二宮內諸星之吉凶

紫微星（北斗主星）上五年、上半年

紫微入大小限宮，與左輔、右弼、天魁、天鉞加會者，主事業興隆旺盛，投資順利，事業擴充，或得尊長、上司提拔援助，有陞遷機會，並獲好評。與火星、鈴星、擎羊、陀羅加會，再會前述吉星者，則勿庸爲懼。如不會吉星者，主苦勞多，因工作而苦惱，常伴有金錢

損失。

紫微入子、午宮，丁、己、庚年生人，大小限逢之，主爲吉運。丙、戊年生人，反爲不美。

紫微居丑、未，與破軍同宮，甲、乙、丁、己、庚、壬年生人，大小限逢之，主爲吉運。

紫微居寅、申與天府同宮，甲、丁、己、庚年生人，大小限逢之，吉運。

紫微居卯、酉，與貪狼同宮，大小限逢之，乙、己、辛年生人，主爲吉運。

紫微居辰、戌，與天相同宮，大小限逢之，以甲、乙、己、庚、癸年生人，吉運。

紫微居巳、亥，與七殺同宮，大小限逢之，以乙、丙、戊、壬年生人，吉運。

紫微居午宮，大小限逢之，以甲、丁、己、庚年生人，吉運。丙、戊年生人，反爲不美。

天機星（南斗第三）下五年、下半年

大小限宮逢天機星時，主生活環境、職業有變動。其變動之好壞，須依天機星之強弱而決定。天機入廟旺，與化科、化祿、化權加會者，人際關係良好，收穫頗多，爲吉運。落陷，與化忌同宮，則易見異思遷，難以成事，處事不順，須多次修正，而招損失、煩惱。

天機居子、午宮，入廟。大小限逢之，甲、丁、己、庚、壬、癸年生人，吉運。
天機居丑、未宮，落陷。大小限逢之，以乙、丙、丁、戊、辛、壬年生人，吉運。
天機居寅、申，與太陰同宮。大小限逢之，以甲、丙、丁、己、庚、癸年生人爲吉運。
天機居卯、酉，與巨門同宮。大小限逢之，以乙、丙、己、辛年生人爲吉運。
天機居辰、戌，與天梁同宮。大小限逢之，以丁、己、庚、壬年生人爲吉運。
天機居巳、亥宮，平和。大小限逢之，以乙、丙、丁、戊、壬年生人爲吉運。

太陽星（中天諸星）上五年、上半年

大小限宮逢太陽時，因太陽廟旺、不得地、落陷之不同，其吉凶差別甚巨。
太陽入廟旺，與文曲、文昌、左輔、右弼、天魁、天鉞、祿存加會者，主可發展新事業。凡事皆可獲得好評、招財，或有陞遷之吉，戀愛機會出現。太陽入不得地、落陷，遇擎羊、陀羅冲破者，恐有財來財去之憂，事業可招破敗。
太陽居子宮。大小限逢之，以丁、己、庚、辛年生人爲吉運。
太陽居丑、未宮，與太陰同宮。大小限逢之，以甲、丁、戊、庚、壬年生人爲吉運。
太陽居寅、申，與巨門同宮。大小限逢之，以甲、丁、己、庚、辛、癸年生人爲吉運。
太陽居卯、酉宮。大小限逢之，以乙、辛、壬年生人爲吉運。

太陽居辰、戌宮。大小限逢之，以丁、己、庚年生人爲吉運。

太陽居巳、亥宮。大小限逢之，以丙、戊、庚、辛、壬年生人爲吉運。

※前述中會提及過，太陽雖爲中天諸星，然其作用與北斗諸星相同，於大小限中主判斷上半年、上五年之吉凶。

武曲星（北斗第六）上五年、上半年

大小限官逢武曲時，宜從事金融、工商等商業行爲。主財運旺盛。與化祿、化權、化科、左輔、右弼、天魁、天鉞加會者，主凡事依計劃而行，可得社會地位、招財。武曲與擎羊、陀羅、火星、鈴星、化忌加會者，則因傷害、疾病而煩惱，或因工作過失而致金錢損失。

武曲居子、午，與天府同宮。大小限逢之，以甲、丁、己、庚、癸年生人爲吉運。

武曲居丑、未，與貪狼同宮。大小限逢之，以甲、戊、己、庚、辛年生人爲吉運。

武曲居寅、申，與天相同宮。大小限逢之，以甲、丁、己、庚年生人爲吉運。

武曲居卯、酉，與七殺同宮。大小限逢之，以甲、乙、辛年生人爲吉運。

武曲居辰、戌。以甲、庚年生人爲吉運。

武曲居巳、亥，與破軍同宮。大小限逢之，以甲、戊、壬年生人爲吉運。

天同星（南斗第四）下五年、下半年

大小限逢天同星之人，主有慶賀、喜慶之事。可受上司、部屬援助。凡事亨通，有所進展。多酒食、外遊、旅行、社交機會。可受異性之惠。天同落陷，與火星、鈴星、擎羊、陀羅加會者，易逢傷害，恐有血光、手術之災。與化忌同宮者，主精神極度疲憊。

天同居子、午，與太陰同宮。大小限逢之，以丁、己、辛、癸年生人爲吉運。

天同居丑、未，與巨門同宮。大小限逢之，以丙、辛年生人爲吉運。

天同居寅、申，與天梁同宮。大小限逢之，以甲、乙、丁、己、庚年生人爲吉運。

天同居卯、酉，大小限逢之，以乙、丙、丁、辛年生人爲吉運。

天同居辰、戌，大小限逢之，以丙、丁年生人爲吉運。

天同居巳、亥，大小限逢之，以丙、丁、戊、壬年生人爲吉運。

廉貞星（北斗第五）上五年、上半年

大小限宮逢廉貞星之人，主吉凶顯現極端。除入巳、亥、卯、酉宮外，均有突然發展，可獲好機，並與理想異性交遊。廉貞與貪狼、擎羊、陀羅、破軍、火星、鈴星、化忌、天刑同宮者，可因職業變更，或擴展事業而致金錢損失。與人起衝突、不和而有訴訟之事，陷於逆境。恐爲異性而生問題。

廉貞居子、午，與天相同宮。大小限逢之，以甲、丁、己、庚、癸年生人爲吉運。

廉貞居丑、未，與七殺同宮。大小限逢之，以甲、戊、辛年生人爲吉運。

廉貞居寅、申，入廟。大小限逢之，以甲、丁、己、庚年生人爲吉運。

廉貞居卯、酉，與破軍同宮。大小限逢之，以甲、乙、丙、戊、辛、壬年生人爲吉運。

廉貞居辰、戌，與天府同宮。大小限逢之，以甲、庚、壬年生人爲吉運。

廉貞居巳、亥，與貪狼同宮。大小限逢之，以甲、丙、戊、己、辛、壬年生人爲吉運。

（註）廉貞入廟，多與吉星加會者，主可期待鴻圖大展。落陷地，與凶星加會者，主遭挫折、失敗。其吉凶現象極端。

天府星（南斗第一）下五年、下半年

大小限宮逢天府之人，主有幸運。商人可擴展事業，順利亨通，可不勞而得財。工作中有陞遷、升職機會，凡事進展順利。縱遇困難亦可受貴人助力。與文昌、文曲、左輔、右弼、天魁、天鉞加會者，更增吉兆。縱與火星、鈴星、擎羊、陀羅、化忌加會者，縱有事端，亦不致成大事。如遇地刦、天空沖破，可遭困難。

天府居卯、酉宮。大小限逢之，以乙、丙、己、辛年生人爲吉兆。

天府居巳、亥宮。大小限逢之，以乙、丙、戊、己、辛年生人爲吉兆。

太陰星（中天諸星）下五年、下半年

大小限宮逢太陰星者，因太陰入廟旺、落陷地之不同，其吉凶差別甚巨。入廟旺時，主可獲名聲、地位，有招財之喜。如與文昌、文曲、左輔、右弼、天魁、天鉞加會，則更吉。太陰落陷，與火星、鈴星、擎羊、陀羅、地刼、天空、化忌加會，有勞多而功少之傾向。金錢、精神易招損失。或主健康、家庭、戀愛發生問題，引以爲憂。

太陰居卯、酉宮。大小限逢之，以乙、戊、辛、壬年生人爲吉運。

太陰居辰、戌宮。大小限逢之，以乙、戊、庚、辛、癸年生人爲吉運。

太陰居巳、亥宮。大小限逢之，以乙、丙、戊、辛、壬年生人爲吉運。

※前述曾提及，太陰爲中天諸星，然其作用與南斗諸星相同，在判斷上主下五年、下半年之吉凶。

貪狼星（北斗第一）下五年、下半年

大小宮限逢貪狼之人，主多忙、多酒食機會，與異性交遊可受恩惠。貪狼入廟，與化權、化祿、化科、火星、鈴星加會者，主行動快速，可獲意外成功。如有良機到來躊躇不決，恐有錯失吉運之嘆。貪狼與擎羊、陀羅、地刼、天空、化忌等加會者，主多不如意，事與願違。因異性而困惱。易陷於三角關係、不倫之戀，而招痛苦。

貪狼居子、午宮。大小限逢之，以甲、丙、丁、戊、己、庚年生人爲吉運。

貪狼居寅、申宮。大小限逢之，以甲、丁、己、庚年生人，為吉運。

貪狼居辰、戌宮。大小限逢之，以甲、戊、己、庚年生人，為吉運。

※前述曾提及，貪狼雖為北斗諸星，然其作用與南斗諸星相同。大小限逢之，主掌下五年、下半年之吉凶。

巨門星（北斗第二）上五年、上半年

大小限宮逢巨門星之人，因巨門所居強弱之地的不同，而在吉凶判斷上相差甚巨。巨門入廟旺，與文曲、文昌、左輔、右弼、天魁、天鉞、化祿、化權、化科加會者，主事情依計劃而行，先得社會名聲、評價，後招財。巨門落陷地，與火星、鈴星、擎羊、陀羅、地劫、天空、化忌加會者，易與人起衝突、不和，而導致困難、障礙，而生法律、訴訟之事。

巨門居子、午宮，為旺地。大小限宮逢之，以丁、己、辛、癸年生人為吉運。

巨門居辰、戌宮。大小限宮逢之，以辛、癸年生人為吉運。

巨門居巳、亥宮。大小限宮逢之，以辛、癸年生人為吉運。

天相星（南斗第五）下五年、下半年

大小限宮逢天相星，與左輔、右弼、天魁、天鉞同宮，主交際活動機會多。可與社會地位高者交友。凡事進展順利，主有財運之惠，多喜樂。天相入廟，與化祿、化權、化科、祿存加會者，可得社會好評、地位、衣食無虞，凡事發展有望。

天相入陷地，不與火星、鈴星、擎羊、陀羅、地刼、天空、化忌同宮者，則不致窮困。縱遇困難，亦有貴人相助，不至成大事。與凶星加會者，恐招文書錯誤、金錢錯誤，或健康有疾。

天相居丑、未宮，入旺地。大小限宮逢之，以乙、辛、壬年生人爲吉。主事業興隆，有

文書、醫療之吉。

天相居卯、酉宮，入陷地。大小限宮逢之，以乙、辛、壬年生人較爲平穩無災。

天相居巳、亥宮，入得地。大小限宮逢之，以乙、辛、壬年生人爲吉。

天梁星（南斗第二）下五年、下半年

大小限宮逢天梁星，與文昌、文曲、左輔、右弼加會者，平安無事。縱遇困難亦無憂。

凡事順和，其人有晉陞機會，並可獲好評，受人信賴，主有工作之吉及名望。然少有金錢之

獲，但衣食無虞。

天梁入陷地，遇火星、鈴星、擎羊、陀羅、地刼、天空、化忌沖破者，主多爲他人忙碌

，而不重自己，以致健康有疾，或招金錢損失，然不至成大事。

天梁居子、午宮，入廟。大小限宮逢之，以丁、己、癸年生人爲吉。主有與老人、醫療

有關之喜，並受人信賴尊敬。

天粱居丑、未宮，入旺地。大小限宮逢之，以乙、丙、丁、戊、壬年生人爲吉運。

天粱居巳、亥宮，入陷地。大小限宮逢之，以乙、丙、戊、壬年生人較吉。

七殺星（南斗第六）下五年、下半年

大小限宮逢七殺者，主其人不喜居家，多外出，具活動力。宜離祖赴外，新創事業。此際爲事業多變時期。旅行、轉職、轉業機會多。七殺入廟旺，與文曲、文昌、左輔、右弼、天魁、天鉞加會者，主可遽然而發，獲意外成功。

七殺與火星、鈴星、擎羊、陀羅、地刧、天空、化忌等加會者，主行事多遇困難，易遭挫折。或因工作而招疾病、傷害，宜愼加注意。

七殺居子、午宮，入廟。大小限宮逢之，以甲、丙、丁、戊、己年生人爲吉。運勢盛旺，事業興吉。

七殺居寅、申宮，入廟。大小限宮逢之，以甲、丙、丁、戊、己年生人爲吉，主運勢旺，宜積極進取。

七殺居辰、戌宮，入廟。大小限宮逢之，以甲、丁、己、庚年生人爲吉，主運勢旺強，可待機發展。

破軍星（北斗第六）上五年、上半年

大小限宮逢破軍星者，主事業有所變動，多轉職、遷移機會。宜從事特殊職業，可致事業興盛，並可發展。破軍入廟旺，可獲意外成功，及僥倖之惠。反之，破軍遇火星、鈴星、擎羊、陀羅、地刼、天空、化忌沖破者，主招錢財損失、事業破敗，或健康有疾。與配偶、子女、友人、部屬關係惡化，而致窮困。

破軍居子、午宮，入廟。大小限宮逢之，以甲、丁、己、癸年生人爲吉，運勢強旺。

破軍居寅、申宮，入得地。大小限宮逢之，以甲、丁、己、庚年生人爲吉運。

破軍居辰、戌宮，入旺地。大小限宮逢之，以甲、丙、丁、戊、己、癸年生人爲吉。

文昌星（南斗）文曲星（北斗第四）

大小限宮逢文昌、文曲星者，主學業可獲佳績，或重新研究新學問，就任新職。從事文學、藝術、創作工作者，此時期作品，可博社會認可，而得名聲。此時財運安定，雖不致富貴，然可延續不絕。

如與左輔、右弼、天魁、天鉞、祿存、化祿、化權、化科加會者，可獲財富，且延綿不絕。

文昌、文曲星入陷地，遇火星、鈴星、擎羊、陀羅、化忌沖破者，主發生支票、契約、文書方面問題，而招是非爭論，或起訴訟之事。

左輔星、右弼星（北斗助星）

大小限宮逢左輔、右弼星者，主凡事進行順調。與事業、金錢、婚姻、考試有關方面，有良好結果。

尤宜與友人共營事業，可受其助力，財源安穩，可兼營副業增加收入。更與文曲、文昌、天魁、天鉞、祿存、化祿、化權、化科加會者，更吉。

天魁星、天鉞星（南斗助星）

大小限宮逢天魁、天鉞之人，主可得長上、貴人援助、提拔，並有陞遷吉運，商人宜發展事業。於大企業任職者、公務員可獲功名。財運良好、財源平均。與文曲、文昌、左輔、右弼、祿存、化祿、化權、化科加會，更吉。

火星、鈴星（南斗助星）

大小限宮逢火星、鈴星，入廟者，主福運遽降，可獲良機，而招財。精神雖不安定，然積極進取，仍為吉運。

落陷，則易與人起口舌爭論，或逢嫉妬、衝突，而獲破財。與肉親、友人分離，精神煩悶，因疾病、傷害而煩惱。

擎羊星、陀羅星（北斗助星）

大小限宮逢擎羊、陀羅星者，主行事發展有進有退。錢財入出頻繁。或與人起衝突、爭論。精神煩悶，多爲疾病、傷害而惱。此時運勢最衰，凡事宜愼重，如能積極進取，可免災禍。以東方、南方生人災禍較輕。

祿存星（北斗第三）上五年、上半年

大小限宮逢祿存星之人，主吉。事業可成功，財源旺盛，從事證劵投資可致富，並有不動產之喜，從事田宅買賣獲利。

祿存獨守時，恐爲金錢而致精神損耗。與友人關係惡化。遇火星、鈴星、擎羊、陀羅、地刧、天空、化忌冲破，雖可得財，然難留。常爲債務而憂，易招金錢損失。

化祿星（中天諸星）主十年、全年

大小限宮逢化祿星之人，主財富豐裕，可得金錢喜樂。凡事進展順調，可得社會地位、名聲。最喜逢祿存、天馬，吉運，財富、名聲具吉。化祿最恐逢凶星。

化權星（中天諸星）十年、全年

大小限宮逢化權星之人，主事業興盛，可改善營業方針。雖因事業多忙，然有成果。工作可得陞遷機會，擔任重責，鴻圖大展，而獲意外成功。化權最喜逢巨門、武曲、化祿，逢之，可擁重權。遇擎羊、陀羅、地刧、天空者，不吉，主事業頻遭困難。

化科星（中天諸星）十年、全年

大小限宮逢化科星者，主有獎賞、及第之喜。尤可發學術、文化、藝術等才能，而受社會認可。逢天魁、天鉞更喜，縱有困難考試，亦可高中及第，測驗成績優良。逢地刧、天空、截空、旬空者，主考試難以發揮實力，或因疏忽而落榜，才能難受大衆認可。

化忌星（中天諸星）

大小限宮逢化忌星者，主有突發災禍，凡事難順心如意。商賈事業破敗、地位失墜、難守信用、破財。文人難以發揮實力，衆叛親離，與人對立、爭執。

○紫微、天府、天同、天相、天梁入廟旺，與化忌同宮，主有抑災制厄功用。

○太陽、太陰入廟旺，與化忌同宮，可突然發展。落陷，與化忌同宮，則更凶。

○天同入戌宮，丁年生人；巨門入辰宮，辛年生人，與化忌同宮，縱遇災禍，亦可轉凶爲吉。其原由爲上述二者，與祿存、化祿、化權、化科加會，大小限逢之，爲吉運。尤以天同入戌宮，丁年生人最吉，因其鄰宮爲天魁星、天鉞星。

○諸星入廟旺之地，多與文曲、文昌、左輔、右弼、天魁、天鉞、祿存、化祿、化權、化科加會者，則不恐逢化忌星。如遇火星、鈴星、擎羊、陀羅沖破，雖可得財，然難長續。

○諸星落陷地，與化忌同宮，益凶。最恐逢廉貞、巨門、七殺、破軍、貪狼。

○水二局人，唯一例外，不恐逢化忌星。

地劫星、天空星（中天諸星）

大小限宮逢地刼、天空者，主招金錢損失，凡事不順遂如意，將有成就前，即轉惡化、破敗，而致失望、挫折，故轉而研究哲學、心理、宗教等學問。

與火星、鈴星、擎羊、陀羅多加會者，爲凶。有破財、孤獨、疾病之惱。如與上述任何一星加會，尙不致危害，然有精神受打擊之兆。

天馬星（中天諸星）十年、全年

大小限宮逢天馬星，主事業多變化。外出、旅遊機會多。宮內正曜入廟旺，可有晉陞之喜，赴遠方主得財利。反之宮內諸星落陷，動則不利，易招困惑。

遇火星、鈴星擎羊、陀羅、地刼、天空、化忌等凶星沖破者，主逢意外、不祥之事，或起交通事故，赴遠方恐招金錢損失。

天馬最喜與祿存同宮、冲照。爲「祿馬交馳格」。宜赴遠方，可得大財利。

天刑星（中天諸星）十年、全年

大小限宮逢天刑星，主發生與法律、醫療有關之事。天刑入廟，可招上述吉事。落陷，遇火星、鈴星、擎羊、陀羅、地刼、天空、化忌等凶星同宮、沖破者，可起法律問題而入獄，或致事業失敗、破財、出家、遭祝融之災。

天姚星（中天凶星）十年、全年

大小限宮逢天姚星，入廟，主對戀愛積極進取，夫婦感情融合快樂。落陷地，遇火星、鈴星、擎羊、陀羅、地刼、天空、化忌等凶星沖破者，主受誘惑，而有違反人倫之戀，或有同居、破壞他人家庭等苦戀，難望結果。

天月星（中天凶星）十年、全年

天月星入大小限宮者，恐罹疾病。與紫微、天府、天同、天相、天梁等吉星加會、同宮者，可獲良醫療治，不致爲憂。與天機、太陽、武曲、廉貞、太陰、貪狼、巨門、七殺、破軍入弱地，更遇火星、鈴星、擎羊、陀羅、地刼、天空、化忌等凶星沖破者，主因疾病而煩惱，恐爲慢性病，長期困惱。

天哭星、天虛星（中天凶星）十年、全年

大小限宮逢天哭、天虛二星同宮、加會者，主家人、親友中，有罹患重病、傷殘之人。如與喪門、弔客星同度，小限入父母宮，多凶星聚集者，更確實無疑，易陷於悲哀感，精神疲弊。天哭、天虛入廟，其凶較輕。

紅鸞星、天喜星（中天吉星）十年、全年

大小限宮逢紅鸞星、天喜星，主有戀愛、婚慶之喜。財運佳惠，快樂。如逢擎羊、火星、鈴星、破軍（疾厄宮亦同）主有血光之災（刀劍、流血事件）。

第三節　流年斗君・月日時運之看法

一、流年斗君之看法

求流年斗君的方法，已於第四章詳述過，故不再贅言，僅將看法解說如下。

流年斗君以該年農曆正月爲宮位。流年斗君巡到命盤宮位時，主司該宮位一年之吉凶。如流年斗君入財帛宮，則主該年財運之吉凶，變化大。

①流年斗君巡到命宮，見紫微、天機、太陽、武曲、天同、天府、太陰、天相、天梁等吉星，入廟旺之地，更與文曲、文昌、左輔、右弼、天魁、天鉞、祿存、化祿、化權、化科加會者，主其人該年事業亨通，萬事順意，可決定未來進取方向，可飛黃騰達。見廉貞、七殺、巨門、貪狼、破軍，入陷地，更與火星、鈴星、擎羊、陀羅、地刼、天空、化忌加會者，主其人該年運勢不振，諸事不如意，恐留禍根，甚者喪命。

（註）廉貞、貪狼、巨門、七殺、破軍守命，入廟旺之地，與吉星加會者，主有大發展

。貪狼守命，喜會火星、鈴星，可伺機發展。

②流年斗君巡到兄弟宮，見紫微、天機、太陽、武曲、天同、天府、太陰、天相、天梁等吉星，入廟旺之地，更與文曲、文昌、左輔、右弼、天魁、天鉞、祿存、化祿、化權、化科加會者，主手足感情甚篤，關係良好，與友人感情佳，可多受助益，以致事物進行順利。

見廉貞、貪狼、巨門、七殺、破軍等凶星，更與火星、鈴星、擎羊、陀羅、地刧、天空、化忌等加會者，則易與手足、友人不睦、對立，或招損失。

③流年斗君巡到夫妻宮，見紫微、天機、太陽、武曲、天同、天府、太陰、天相、天梁等吉星，入廟旺之地，更與文曲、文昌、左輔、右弼、天魁、天鉞、祿存、化祿、化權、化科加會者，主有戀愛、婚慶之喜。夫妻感情安穩，不逢災厄。

見廉貞、貪狼、巨門、七殺、破軍，入陷地，更與火星、鈴星、擎羊、陀羅、地刧、天空、化忌加會者，主因戀愛、婚姻之事而遭困惑、破敗。夫婦恐有離別、不和之兆。

④流年斗君巡到子女宮，見紫微、天機、天梁、太陽、武曲、天同、天府、太陰、天相等吉星，入廟旺之地，更與文曲、文昌、左輔、右弼、天魁、天鉞、祿存、化祿、化權、化科加會者，主該年有子女之喜，子女發育健康，其發展可受衆人注目。

如見廉貞、貪狼、巨門、七殺、破軍，入陷地，更與火星、鈴星、擎羊、陀羅、地刧、天空、化忌加會者，主因子女而生煩惱，子女易罹疾病、傷害，或離家外出。

⑤流年斗君巡到財帛宮，見紫微、天機、太陽、武曲、天同、天府、太陰、天相、天梁等吉星，入廟旺之地，更與文曲、文昌、左輔、右弼、天魁、天鉞、祿存、化祿、化權、化科加會者，主該年財運豐裕，財源不絕，可獲良機。

見廉貞、貪狼、巨門、七殺、破軍，如入廟旺之地，亦可有財；落陷地，與火星、鈴星、擎羊、陀羅、地刼、天空、化忌等加會者，主財源不定，來而復去，主有金錢損失，或有債務之惱。

⑥流年斗君巡到疾厄宮，見紫微、天機、太陽、武曲、天同、天府、太陰、天相、天梁等吉星，入廟旺之地，更與文曲、文昌、左輔、右弼、天魁、天鉞、祿存、化祿、化權、化科加會者，主該年身心安泰，健康無疾。

反之，見廉貞、貪狼、七殺、破軍、巨門，入落陷之地，更與火星、鈴星、擎羊、陀羅、地刼、天空、化忌加會者，主身體不適，突罹疾病、傷害。

（註）斗君巡到疾厄宮，判斷其吉凶，除須見命宮諸星之強弱外，尚須觀小限、太歲宮內，是否臨災煞、白虎、喪門、弔客、病符，而決定有無疾病，及疾病之輕重。

⑦流年斗君巡到遷移宮時，見紫微、天機、太陽、武曲、天同、天府、太陰、天相、天

梁等吉星加會，入廟旺之地，更與文曲、文昌、左輔、右弼、天魁、天鉞、祿存、化祿、化權、化科加會者，主該年多有遷居、轉職、旅行之事，人際關係轉吉，由移動、變化而獲利。

反之見廉貞、貪狼、巨門、七殺、破軍，入陷地，更與火星、鈴星、擎羊、陀羅、地劫、天空、化忌加會者，主人際關係不利，因遷移、轉職、旅遊而招災。

⑧流年斗君巡到奴僕宮，見紫微、天機、太陽、武曲、天同、天府、太陰、天相、天梁等吉星，入廟旺之地，且與文曲、文昌、左輔、右弼、天魁、天鉞、祿存、化祿、化權、化科加會者，主其人該年與部屬、小輩關係良好，可受助力，而致事業發展順遂。

見廉貞、貪狼、破軍、七殺、巨門，入陷地，更與火星、鈴星、擎羊、陀羅、地劫、天空、化忌加會者，主與部屬關係惡化，而遭困擾。

⑨流年斗君巡到官祿宮，見紫微、天機、太陽、武曲、天同、天府、太陰、天相、天梁等吉星，入廟旺之地，更與文曲、文昌、左輔、右弼、天魁、天鉞、祿存、化祿、化權、化科加會者，主其人該年在職業上有發展，並可得社會好評，然多忙碌。

見廉貞、貪狼、七殺、巨門、破軍，入陷地，更與火星、鈴星、擎羊、陀羅、地劫、天空、化忌加會者，主易與上司起對立、爭執，而遭免職、降職之災。

⑩流年斗君巡到田宅宮，見紫微、天機、太陽、武曲、天同、天府、太陰、天相、天梁等吉星，入廟旺之地，且文曲、文昌、左輔、右弼、天魁、天鉞、祿存、化祿、化權、化科加會者，主其人該年有不動產、田宅之喜，或置產、擴建，田宅安泰無災。

反之，見廉貞、貪狼、七殺、巨門、破軍，入陷地，與火星、鈴星、擎羊、陀羅、地刧、天空、化忌加會者，主不利田宅，恐起事端，或因家屋整修、租賃問題而煩憂。

⑪流年斗君巡到福德宮，見紫微、天機、太陽、武曲、天同、天府、太陰、天相、天梁等吉星，入廟旺之地，更與文曲、文昌、左輔、右弼、天魁、天鉞、祿存、化祿、化權、化科加會者，主其人該年多社交活動，極富趣味，精神愉快，多喜樂。

反之，見廉貞、貪狼、巨門、七殺、破軍，入陷地，更與火星、鈴星、擎羊、陀羅、地刧、天空、化忌加會者，主少與友人往來，忙碌而快樂少。

⑫流年斗君巡到父母宮，見紫微、天機、太陽、武曲、天同、天府、太陰、天相、天梁等吉星，入廟旺之地，與文昌、文曲、左輔、右弼、天魁、天鉞、祿存、化祿、化權、化科加會者，主該年父母身體健康，可受父母恩惠。父母運勢旺盛，發展順遂。

反之，見廉貞、貪狼、巨門、七殺、破軍，入陷地，更與火星、鈴星、擎羊、陀羅、地刧、天空、化忌加會者，主父母健康不佳，人際關係惡化，事業有礙，而多煩惱。

二、流月、流日、流時之看法

流月、流日、流時的看法，基本上與大限、小限、太歲的看法相同，其所不同之處，就是須併入考慮流年諸星的問題。

①月運，以流年斗君所在的宮位起，爲陰曆一月，而後順行至各月。

②日運，以流月所在的宮位起，爲陰曆該月一日，依序順行至二日、三日……。

③時運，以流日所在的宮位起，爲子時，以下順行丑時、寅時，每日以午後十一時爲境界，超過十一時後以次日論。

流年諸星廿四星之解說

在觀月運、日運、時運時，雖須注意流年諸星的配置，然而此非爲判斷月運、日運、時運的唯一根據，有關這一點讀者應加注意。上述各運的判斷方法與大限、小限、太歲相同，除了應見本宮內諸星的吉凶及強弱關係外，還須重三方、加會的配置，如此在判斷上，方可達到正曜無誤的程度。

如本宮、對宮、三合宮爲吉，而流年諸星爲凶時，則其凶意影響不大，但流年諸星之凶，並不完全消匿無跡。流年諸星又可分爲丁級星、戊級星，以看雜象之用，故其作用較甲級星、乙級星爲弱。適宜判斷日常雜象，因其特性使然，故僅用於判斷月運、日運、時運。

①流年斗君、月運宮位爲吉，流年諸星爲凶者，其凶影響不大。
②流年斗君、流月所居宮位，多凶星，流年諸星爲吉者，恐起凶事。
③流年諸星、流月所居宮位多吉星，流日與流年凶星同宮者，則其凶影響不大。
④流年諸星、月運所居宮位多凶星，流日多吉星者，主諸事不如意，難有進展。
⑤流年斗君、流月、流日、流時具吉者，諸事順調，不逢障礙。
⑥流年斗君、流月、流日、流時具吉者，此時應見太歲、小限之吉凶，而決定其凶之輕重。

將星（丁級星）本星逢其他流年凶星，具有解凶作用。逢之主運勢旺盛，諸事有進，可發揮領導力，掌握權力，頗受好評。喜臨命、身宮。

攀鞍（丁級星）學生、文人逢之，主可得社會佳評，而得名聲。各種考試皆可及第。攀鞍不恐遇其他流年凶星，喜臨命、身宮。

歲驛（丁級星）歲驛又名流年天馬。逢本星主有外出、旅行、遷移之事，可順利進展。宮內多吉星者，外出諸事順調、安穩。多凶星者，勞苦奔波，有突發凶事。喜臨命身宮。

息神（戊級星）逢本星者，主意志消沉，乏剛毅之氣，與人交際、商談、討論時，難以發揮實力。逢其他流年諸星時更凶。喜逢吉星，則其凶意較輕。

華蓋（丁級星）逢本星者，主意志消沉、精神多煩悶，易陷於悲觀、勞苦、逃避現實，無面對勇氣。具孤獨傾向。此時多勤於研究哲學、藝術、藝能、神秘學、宗教等學問中。

刼煞（戊級星）逢本星者，易遭失物、盜難。宮內見火星、鈴星、擎羊、陀羅、地刼、天空、化忌等凶星，必逢無疑。喜逢吉星，可解其凶。

天煞（戊級星）逢本星者，主與父、夫、男性起口舌之爭或對立，對象總爲男性。尤忌入命宮、父母宮、夫妻宮。喜逢吉星，可解其凶兆。

指背（戊級星）逢本星者，主遭中傷、誹謗，或遭人非議。喜逢吉星，可解其凶。

咸池（戊級星）逢本星者，主因戀愛、婚姻而困惱。或因畸戀、亂倫而致精神苦悶。

月煞（戊級星）逢本星者，主與母、妻、女性起口舌是非、對立。對象總爲女性。忌入命、身、父母、夫妻宮。喜逢吉星，可解其凶兆。

亡神（戊級星）逢本星者，主招金錢損失。逢凶星，破產、金錢散盡；或因債務而波及工作、家庭。

歲建（丁級星）逢本星者，主遇困厄、複雜之事，喜逢吉星可順利處理，可解其凶。

晦氣（戊級星）主咎。逢本星主爲錯誤、誤算而煩惱。諸事不如意，易生意外。運勢停滯不前。居丑、未宮，入廟，災輕。

喪門（戊級星）主喪亡。逢本星者，家人、親戚或各人健康上發生問題。喜逢吉星，可化解其凶。居子、午宮，入廟，災輕。

貫索（戊級星）主獄災。逢本星易與人起衝突，或生訴訟之事。喜吉星化解。居寅、申宮，入廟，災輕。

小耗（戊級星）主小失。逢本星有小額財產損失，或因飲食、日用品而多支出。忌見地刼、天空、截空、旬空。喜逢吉星化解。居寅午戌、申子辰宮，入廟，災輕。

大耗（戊級星）主大敗。逢本星錢財多損失，難達目的。忌逢地刼、天空、截空、旬空，喜諸吉化解。忌入命、身、財帛、田宅宮。居寅午戌、申子辰宮，入廟，災輕。

龍德（丁級星）主化凶爲吉。逢本星運勢旺盛，可獲發展，喜臨命、身宮。

白虎（戊級星）主凶。逢本星可遭意外災厄。時起疾病、傷害。事業破敗、損財。喜逢吉星化解。居卯、酉宮，入廟，災輕。

天德（丁級星）主化凶爲吉。不忌諸星，具化解作用。縱遇困厄，亦有援助。喜臨命、身宮。

弔客（戊級星）主孝服。逢本星家族、親戚恐有不幸或悲哀之事。喜吉星化解。居辰、戌宮，入廟，災輕。

病符（戊級星）　主疾病。逢本星恐罹疾病。喜吉星化解。

（註）流年諸星在行限看法上，必須先以該年年支在命盤上求出宮位後，再根據諸星性質而做判斷。

三、變動運之看法

在行限看法上，因角度的不同，故在判斷上亦有出入，此地特別利用簡明的方法，來補足變動運的觀法。

①七殺、破軍、貪狼三星，必在命盤上加會。大小限逢之，必可改變環境，或投入新環境中，此際為變動時期。其變化的吉凶，須根據宮內諸星的配置，而加以判斷。

②太陽、太陰同宮，三方加會時，亦有變動運。逢本星主發生遷居、外出、旅遊、轉職等事情。其變化之吉凶，須以宮內諸星之配置而加以判斷。

③天同、天梁居寅、申同宮，巳、亥冲照，主有變動運。大小限逢之，主多忙，身心皆勞。然可忙中偷閑，多旅遊、社交活動。

④天機、太陰居寅、申同宮；巳、亥冲照，主有變動運。大小限逢之，主赴外地、外鄉，期間長久。

⑤天馬星，一般而言以生月求月馬，要較年支求年馬正確。求年馬時，子年起寅宮、丑

年起亥宮、寅年起申宮、卯年起巳宮，依序逆行寅、亥、申、巳四馬之地。其吉凶須視宮內諸星配置而加以判斷。

四、戀愛運之看法

在紫微斗數命盤中，對於戀愛、婚姻問題，已做過種種詳述，此地僅做簡明補足。

①貪狼星

(1)貪狼入廟，可受此時出現異性的金錢之惠。雙方進展快速，常提婚事。嫉妬心強，如無戀人消息，則廢寢忘食，感情堅固，戀愛對象多人。

(2)貪狼入利益、平和，雖有異性出現，然不宜過於急切，或大膽表露愛意，原因爲兩人僅限於是泛泛之情。

(3)貪狼落陷，難與異性交遊。逢擎羊、陀羅、地刼、天空、化忌等凶星，主因異性而招醜聞。

②太陰星

女命逢太陰、太陽可遇相知異性。然男命逢太陽時，則無與異性交遊的機會，此時應視命盤上諸星的配置，如有戀愛發生，則爲太陰作用。太陰主戀愛浪漫，洋溢歡愉，雙方交往認眞，不兒戲。

(1)太陰入廟旺，主戀愛彌堅如一，過程浪漫，受人羨慕。

(2)太陰落陷，恐有失戀、悲戀。因直接表明情意，而令對方退縮。

③廉貞星

大小限宮逢廉貞，主戀愛順利，多爲友人、親戚介紹。雙方經濟環境、教育程度大致相當。

④天同星、天梁星

天同、天梁居寅、申同宮，居巳、亥宮冲照，可在自然情況下與異性相識，工作或旅遊中有結交異性的機會。

⑤紅鸞星、天喜星

大小限宮逢本星，主戀愛過程圓滿，愛情熱熾，不惜爲愛情付出一切，愛情順利，且具誠意。

（實例）貪火相逢破格之命

命宮廉貞、貪狼同宮守命，與羊陀刧空加會，主其人愛酒色、風流。感情起伏激烈，凡事短慮，多失敗，爲人樂觀。

命宮貪狼，對宮見火星，命身宮左右加會「貪火相逢格」。好機到來，主可橫發。

大限酉宮，逢左右、天府，主運佳。廿五歲辛亥年小限過度丑宮，天相入廟。流祿存於大限回座，在一流化工廠任職，受上司提拔，擔任主任。而後小限寅宮，天機、天梁同宮，工作順遂。小限卯宮，殺破狼加會，主有變動運。時因職業病，恐而退職。此年流羊回座丑宮，流陀回座亥宮，定盤上羊陀加會，動盤上命宮、夫妻、財帛、遷移、官祿、福德六宮受冲破，而有轉職。該年於外語補習學校就任老師，定盤上羊陀刼空加會命宮，爲破格，因薪俸微薄而困惱。卅歲丙辰年，小限午宮，宮內天機、祿存、昌曲、祿權科加會，流祿爲天同、流權爲天機、流科爲文昌，自創外語補習學校，不出半年光景，即名聞遐邇。因經營不善二年後倒閉，機運不濟。此後大限入申宮，天機、天同同宮，主有變動運。卅四歲庚申年，小限戌宮，本宮太陰化科，對宮太陽化祿，定盤上見祿權科三奇，甚吉。移居台北，再聚資開創外語學校，並辦多所分校。根據命宮所示，主罹下半身疾病，婚前有失戀經驗，家庭可望安泰。事業成敗迭起。身主天機化科，宜從事教育事業。與祿存同宮，鈴星入廟，三方見祿權科，主發展迅速。命宮廉貞、貪狼，逢羊陀刼空，雖有吉運，然過於自信，不聽人言，而招失敗。

身主巨門化忌，一生多勞苦。易起口舌爭論，觀其面相屬貧賤相，故難東山再起。

貪火相逢破格之命

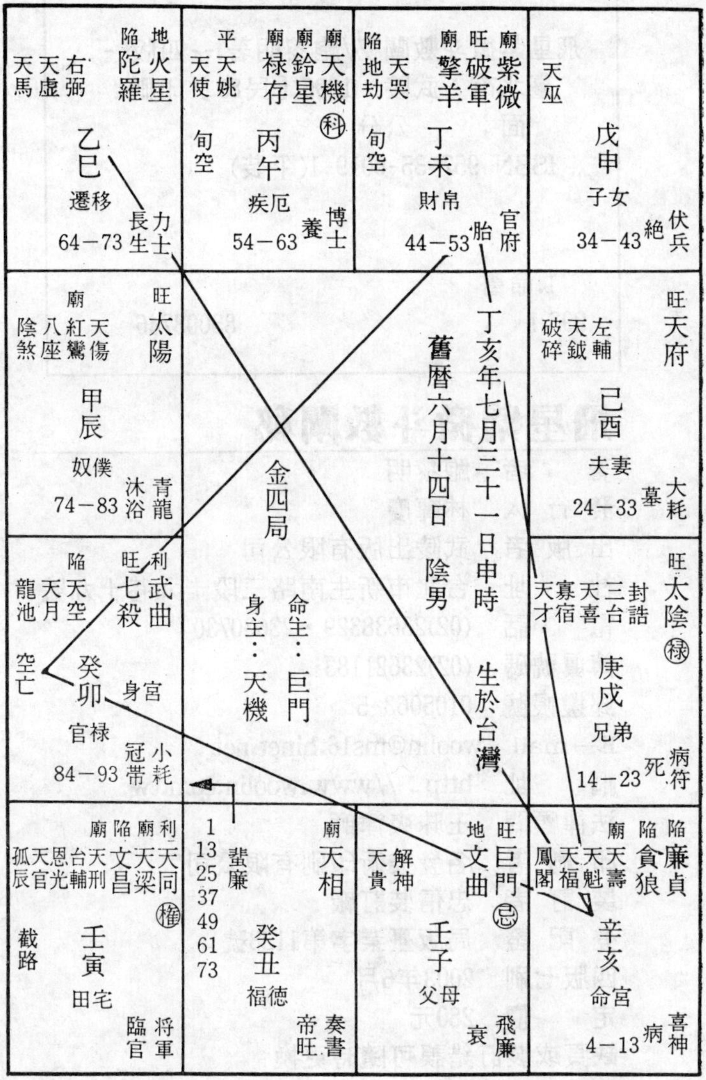

<table>
<tr>
<td>地 火星
陷 陀羅
右弼
天虛
天馬
乙巳
遷移
力士
長生
64－73</td>
<td>廟 天機 (科)
廟 鈴星
廟 祿存
平 天姚
天使
旬空
丙午
疾厄
博士
養
54－63</td>
<td>廟 紫微
旺 破軍
廟 擎羊
天哭
陷 地劫
旬空
丁未
財帛
官府
胎
44－53</td>
<td>天巫
戊申
子女
伏兵
絕
34－43</td>
</tr>
<tr>
<td>旺 太陽
天傷
廟 紅鸞
八座
陰煞
甲辰
奴僕
青龍
沐浴
74－83</td>
<td colspan="2" rowspan="2">丁亥年七月三十一日申時
生於台灣
舊曆六月十四日
陰男
金四局
命主：巨門
身主：天機</td>
<td>旺 天府
左輔
天鉞
破碎
己酉
夫妻
大耗
墓
24－33</td>
</tr>
<tr>
<td>利 武曲
旺 七殺
陷 天空
天月
龍池
空亡
癸卯
身宮
官祿
小耗
冠帶
84－93</td>
<td>旺 太陰 (祿)
封誥
三台
天喜
寡宿
天才
庚戌
兄弟
病符
死
14－23</td>
</tr>
<tr>
<td>利 天同 (權)
廟 天梁
陷 文昌
廟 天刑
台輔
恩光
天官
孤辰
截路
壬寅
田宅
將軍
臨官</td>
<td>蜚廉
1
13
25
37
49
61
73
廟 天相
解神
天貴
癸丑
福德
奏書
帝旺</td>
<td>旺 巨門 (忌)
地 文曲
壬子
父母
飛廉
衰</td>
<td>陷 廉貞
陷 貪狼
廟 天壽
天魁
天福
鳳閣
辛亥
命宮
喜神
病
4－13</td>
</tr>
</table>

國立中央圖書館出版品預行編目資料

飛星紫微斗數闡秘/鮑黎明著.--四版--
臺北市：武陵，1996〔民85〕印刷
面； 公分
ISBN 957-35-0019-1(平裝)

1.命書
293.1 85003746

飛星紫微斗數闡秘

著 者 鮑黎明
發 行 人 林輝慶
出 版 者 武陵出版有限公司
社 址 台北市新生南路三段十九巷十九號
電 話 (02)23638329・23630730
傳眞號碼 (02)23621183
郵撥帳號 0105063-5
E－mail woolin@ms16.hinet.net
網 址 http：//www.woolin.com.tw
法律顧問 王昧爽律師
印 刷 者 名發美術印刷有限公司
裝 訂 者 忠信裝訂廠
登 記 證 局版臺業字第1128號
四版七刷 2003年6月
定 價 280元

ISBN 957-35-0019-1